ACTES

DU SEIZIÈME

CONGRÈS INTERNATIONAL DES ORIENTALISTES

SESSION D'ATHÈNES

(6—14 AVRIL 1912)

ATHÈNES
IMPRIMERIE "HESTIA,,
C. MEISSNER & N. KARGADOURIS
1912

L'UNIVERSITÉ NATIONALE DE GRÈCE

CONGRÈS INTERNATIONAL DES ORIENTALISTES

XVI SESSION — ATHÈNES, 1912

Première partie

Historique du Congrès

C'est le 20 Août 1908, à la séance de clôture du quinzième Congrès international des Orientalistes tenu à Copenhague, que M. Spyridion P. Lambros, en sa qualité de délégué de la Grèce, a fait connaître que le Gouvernement hellénique invitait le Congrès à tenir sa XVIe Session à Athènes pendant les vacances de Pâques 1911.

«Cette communication fut accueillie par des acclamations chaleureuses».[1]

'A cause de difficultés imprévues, le Gouvernement grec a dû différer quelque temps la constitution du Comité d'organisation. Il a été composé par décret Royal du 4/17 Septembre 1911 des membres suivants:

Haut protecteur: S. M. le Roi des Hellènes.
Président d'honneur: S. A. R. le prince Royal de Grèce.
Président: M. le Ministre de l'Instruction publique.
Secrétaire général: M. Spyridion P. Lambros, Recteur de l'Université Nationale et de l'Université Capodistrias.
Trésorier: M. Zaphire Matsas, Directeur de la Banque d'Athènes.
Membres: M. le Maire d'Athènes.
M. Paul Carolidès, Professeur d'histoire grecque à l'Université Capodistrias.

---

[1] Actes du XVe Congrès International des Orientalistes. Session de Copenhague 1908. Copenhague — Imprimerie Graebe, 1909 p. 84.

M. R. M. Dawkins, Directeur de l'École archéologique britannique à Athènes.

M. Guillaume Dörpfeld, premier Secrétaire de l'Institut archéologique allemand à Athènes.

M. Charles Burton Gulick, Professeur annuel de l'École archéologique américaine à Athènes.

M. Georges Hatzidakis, Professeur de linguistique à l'Université Capodistrias.

M. B. Hodge Hill, Directeur de l'École archéologique américaine à Athènes.

M. Théophile Homolle, Directeur de l'École française à Athènes.

M. Georges Karo, second Secrétaire de l'Institut archéologique allemand à Athènes.

M. Basile Leonardos, chef de la section archéologique au Ministère de l'Instruction Publique.

M. Nicolas Papajannopoulos, Professeur de l'exégèse du Vieux Testament et d'hébreu à l'Université Capodistrias.

M. Louis Pernier, Directeur de l'École archéologique italienne à Athènes.

M. Nicolas Politis, Professeur des Antiquités et de la mythologie grecques à l'Université Capodistrias.

M. Antoine de Premerstein, premier Secrétaire de l'École archéologique autrichienne à Athènes.

M. Christos Tsountas, Professeur de l'histoire de l'art ancien à l'Université Capodistrias.

Ce Comité, conformément à l'autorisation conférée par le décret Royal ci-dessus mentionné, a fixé comme jours du Congrès, les vacances de Pâques 1912, fête célébrée cette année à la même date par toutes les confessions chrétiennes.

Une des premières décisions du Comité fut de déterminer les sections du Congrès; elles furent ainsi constituées:

Section I.   Linguistique. Langues indo-européennes.
Section II.   Histoire comparée des religions de l'Orient. Mythologie comparée et Folklore. Inscriptions cunéiformes.
Section III.   Inde (Littérature, histoire, archéologie).
Section IV.   Iran (Littérature, histoire, archéologie).
Section V.   Chine et Japon. Asie centrale.
Section VI.   Indo-Chine, Birmanie, Madagascar, Malaisie.
Section VII.   Langues et littératures sémitiques (Phénicien, Assyrien, Babylonien, Hébreu, Araméen, Éthiopien).
Section VIII.   Monde musulman (Histoire, littérature, archéologie).
Section IX.   Égyptologie et langues africaines.
Section X.   Langues, peuples et civilisations de l'Amérique.
Section XI.   Grèce et Orient.

    a. Grèce et Orient dans l'antiquité.
    b. Grèce et Orient pendant le moyen-âge.
    c. Grèce et Orient dans les temps modernes.

Le Secrétaire général procéda ensuite aux démarches nécessaires pour assurer aux futurs congressistes tous les avantages possibles et leur faciliter le voyage à Athènes.

Les Compagnies maritimes et les Sociétés de Chemins de fer qui accordèrent des réductions sont les suivantes:

A. Compagnies maritimes.

a **Compagnies maritimes grecques.** Compagnie Papaléonardos, Compagnie Hellénique Transatlantique, Compagnie

Athanassoulis, Compagnie Hermoupolis, Compagnie Goudis, Compagnie John Mac-Dowall & Barbour, Compagnie Panhellénique, Compagnie Achéenne, Compagnie Crétoise Katrakis, National Steam Navigation C° L^{td} of Greece.

b **Compagnies maritimes étrangères.** Messageries maritimes, Lloyd autrichien, Società Nazionale di Servizi marittimi, Khedivial Mail Steamship, Austro-americana, Service maritime roumain, Société commerciale bulgare de navigation, Compagnie générale transatlantique (Siège social à Paris).

B. Sociétés de chemins de fer.

a **Sociétés grecques.** Société des Chemins de fer Pirée-Athènes-Péloponnèse, Société des Chemins de fer helléniques, Société des Chemins de fer de la Grèce occidentale, Société des Chemins de fer de l'Attique, Société des Chemins de fer de Thessalie.

b **Sociétés étrangères.** Chemins de fer français, Ministère Impérial autrichien des Chemins de fer, Société Imperiale des Chemins de fer du Sud de l'Autriche, Chemins de fer de l'État italien.

Sur la proposition de M. Spyr. P. Lambros, qui était en même temps Secrétaire général du Congrès et Recteur de l'Université, le Comité d'Organisation décida que les séances et les cérémonies du Congrès pourraient se combiner avec les fêtes du soixante-quinzième Anniversaire de l'Université.

Ce projet de programme fut soumis par le Recteur au Conseil de l'Université, qui l'accepta à l'unanimité, ainsi que le Comité d'Organisation du Congrès. Il fut aussi accepté par le Comité des Jeux Olympiques, qui coïncidaient précisément avec les fêtes de l'Université et celles du Congrès.

Nous rapportons ici le texte du programme, tel qu'il

fut formulé définitivement peu de jours avant le commencement des fêtes mêmes, avec les modifications introduites dans sa première rédaction.

PROGRAMME

DES FÊTES JUBILAIRES

DE L'UNIVERSITÉ NATIONALE DE GRÈCE

(1837 – 1912)

ET DU XVIᵉ CONGRÈS DES ORIENTALISTES

Samedi 6 Avril

4 p. m. Réunion des Délégués aux fêtes de l'Université dans l'Aula, afin de désigner un orateur pour l'inauguration du lendemain et les orateurs des divers groupes de Délégués pour la seconde journée du Jubilé.

5 p. m. Réunion des Congressistes dans l'Aula, pour constituer les bureaux des Sections du Congrès et pour désigner un orateur pour la fête du lendemain.

11.30 p. m. Cérémonie officielle de la Résurrection sur la Place de la Métropole. Assistance facultative.

Dimanche 7 Avril

2 p. m. Inauguration solennelle du Jubilé et du Congrès au Parthénon.
Allocution de S. A. R. le Prince Royal de Grèce.
Discours de S. E. Monsieur le Ministre de l'Instruction Publique.
Discours du Recteur de l'Université.
Allocution de l'orateur des Délégués.
Allocution de l'orateur des Congressistes.
Visite des travaux de relèvement d'une partie du portique ionique des Propylées.

5 p. m. Réception offerte par les Étudiants dans le «Zappeion».

9.30 p. m. Réception de gala à l'Aula de l'Université,

Lundi 8 Avril

10 a.m. Te-Deum à la Métropole.
2 a.m. Seconde journée du Jubilé de l'Université dans l'Aula. Discours du Recteur.
Allocution des orateurs des divers groupes de Délégués et remise des adresses des Académies, des Universités et des Sociétés savantes.
4 p.m. Séances des diverses sections du Congrès.
5 p.m. Séance plénière du Congrès dans l'Aula de l'Université.
9-10.30 p.m. Retraite aux flambeaux par les Étudiants de l'Université.
9.15-9.35 p.m. Illumination de l'Acropole.

Mardi 9 Avril

9 a.m. Séance plénière du Congrès dans l'Aula de l'Université.
1.15 p.m., 1.30 p.m. Départ de deux trains de la gare du Chemin de fer Athènes-Péloponnèse et du yacht de la Marine Royale «Sphactéria» du port du Pirée pour Eleusis. Explication des antiquités d'Eleusis par groupes. Assistance à la danse nationale de Pâques exécutée par les femmes du pays.
Départ d'Eleusis pour Athènes à 5.30 et 5.45 p.m.
9.30 p.m. Réception offerte par le Recteur de l'Université et par Madame Lambros à l'Actaion (Nouveau-Phalère).

Mercredi 10 Avril

9.30 a.m. Séances des diverses sections du Congrès.
3 p.m. Troisième journée du Jubilé de l'Université. Nomination de docteurs honoraires des diverses facultés.
6 p.m. Après-midi musicale dans la grande salle de la Société Littéraire le «Parnasse».
9.15 p.m. Pour la première moitié des Délégués et des Congressistes, Représentation de gala au Théâtre Royal:
Première partie. *Œdipe Roi* de Sophocle d'après la traduction en grec moderne de M. Ange Vlachos.
Seconde partie. Tableau vivant: *La Grèce ancienne et nouvelle*.

Jeudi 11 Avril

9.30 a.m.
2 p.m. } Séances des diverses sections du Congrès.

3.30 p.m. Commencement des Jeux Panhelléniques au Stade Panathénaïque.

Ces concours continueront à la même heure le Vendredi et le Samedi.

4.30-7 p.m. Garden-party aux Écoles archéologiques américaine et anglaise.

La soirée est réservée à des réceptions particulières.

Vendredi 12 Avril

9.30 a.m.
3.30 p.m. } Séances des diverses sections du Congrès.

5-7 ½ p.m. Réception chez Mme Henri Schliemann dans le Ἰλίου Μέλαθρον.

9.15 p.m. Pour la seconde moitié des Délégués et des Congressistes, Représentation de gala au Théâtre Royal:
Première partie. *Œdipe Roi* de Sophocle d'après la traduction en grec moderne de M. Ange Vlachos.
Seconde partie. Tableau vivant: *La Grèce ancienne et nouvelle*.

9.30 p.m. Pour la première moitié des Délégués et des Congressistes, Représentation du cinématographe Pathé au Théâtre Municipal: Reproduction des fêtes du Jubilé et du Congrès.

Samedi 13 Avril

9.30 a.m. Séance de clôture du Congrès et désignation du siège du futur Congrès.

5 p.m. Réception des Délégués dans le palais de S. A. R. le Prince Royal de Grèce.

Dimanche 14 Avril

3. p.m. Sports scolaires et couronnement des vainqueurs des Jeux Panhelléniques au Stade.

9.30 p.m. Pour la seconde moitié des Délégués et des Congressistes, Représentation du cinématographe Pathé au Théâtre: «Panhellénion». Reproduction des fêtes du Jubilé et du Congrès.

CONGRÈS INTERNATIONAL DES ORIENTALISTES

XVIᵐᵉ SESSION. ATHÈNES 1912

CARTE DE MEMBRE PERSONELLE

Le Président
Ministre de l'Instruction Publique

Signature du Titulaire

Le Secrétaire Général

CARTE DE CONGRESISTE

Pendant l'exécution du programme le Recteur fut honoré de la confiance et du concours du Gouvernement. Il fut, en outre, aidé par le Conseil de l'Université, le Comité du Congrès et celui des Jeux Olympiques, et secondé par le dévouement des employés de l'Université.

Très efficace fut aussi la collaboration d'un bureau spécial, composé de deux docteurs ès lettres, MM. Christo Lambrakis et André G. Dalleggio.

De plus une vingtaine d'autres docteurs ès lettres, grecs et étrangers, choisis par le Recteur, contribuèrent au succès de l'œuvre aussi bien durant la période de préparation que pendant les fêtes mêmes.

Un document spécial leur exprima les chaleureux remercîments du Recteur.

En outre, un groupe d'une centaine d'étudiants parlant des langues étrangères fut aussi d'une grande utilité. Ils furent tellement accueillants et hospitaliers envers les Délégués et les Congressistes, que le Professeur de l'Université de Bologne, M. Pullé, mit aux voix, à la séance de clôture du Congrès, un ordre du jour exprimant à ces dévoués jeunes gens la satisfaction unanime.

D'autres personnes encore contribuèrent de diverses façons au succès des fêtes et méritent nos remercîments.

On ne doit pas d'abord oublier les services rendus par le Conservatoire d'Athènes, qui prépara un chœur d'étudiants pour accompagner la retraite aux flambeaux, dont le matériel fut fourni par la maison Hermann Weissenbach de Munich.

Les remercîments du Recteur furent aussi exprimés aux propriétaires et aux locataires des maisons environnant la Métropole, qui en cédèrent les fenêtres et les balcons aux étrangers et qui les reçurent avec la plus cordiale hospitalité.

On doit aussi remercier chaleureusement les demoiselles

qui donnèrent un charme spécial aux deux tableaux vivants représentant l'un l'ancien Erechthéion et l'autre la Grèce moderne. Les noms de ces demoiselles sont inscrits dans le programme; on y trouve aussi les noms des acteurs et des autres artistes à qui nous dûmes une représentation de l'Œdipe Roi [1].

Le tableau vivant de l'Erechthéion

Nous devons aussi l'expression de notre vive reconnaissance au peintre M. Nicolas Othonéos qui, avec beaucoup de goût et de désintéressement, prépara tous les détails des tableaux représentant la Grèce antique et moderne. La reproduction en bois de l'Erechthéion fut confiée à M. Winter, mécanicien du Théâtre Royal.

Des remercîments sont aussi dus à M. le professeur

---

[1] Voir l'Annexe D à la fin de ce volume.

Mariani, qui a bien voulu surveiller à Rome la préparation de l'insigne commémoratif du Congrès, exécuté à l'Hôtel de la monnaie Royale de Rome d'après l'esquisse du distingué graveur M. Aurèle Mistruzzi.

On ne doit pas non plus oublier de remercier vivement tous ceux qui firent leur possible pour rendre, par leurs réceptions et invitations, le séjour des étrangers à Athènes

L'insigne du Congrès.

plus agréable et plus attrayant: S. A. R. le Prince Royal Constantin, le Recteur et plusieurs professeurs, les Légations et les Instituts archéologiques étrangers, la Société littéraire le «Parnasse»[1] et quelques particuliers, avant tout M.me Schliemann, qui offrit une charmante après-midi à l'«*Iliou Mélathron*». Quant à la Mairie, elle a eu l'amabilité et le soin d'éclairer splendidement la Rue du Stade et les Places de la Constitution et de la Concorde pendant toute la durée des fêtes et d'offrir à nos hôtes le spectacle féerique de l'illumination de l'Acropole[2].

M. An. Orlandos fut chargé de rédiger en français le Guide d'Athènes, distribué aux Congressistes à leur arrivée.

---

[1] Voir dans l'Annexe E le programme de cette après-midi musicale avec l'allocution du président M. S. K. Sakellaropoulos, Doyen de la Faculté des Lettres à L'Université Nationale.

[2] L'École française a rendu des services précieux toutes les fois qu'on s'est adressé à elle pour reviser les Bulletins du Congrès des Orientalistes et nos autres publications rédigées en français, ces Actes y compris. Nos remercîments les plus sincères surtout à M. Joseph Chamonard et à M. Charles Dugas.

C'est enfin notre devoir d'adresser les remercîments du Comité d'organisation aux maisons qui ont offert leur concours, avec un parfait désintéressement et avec un plein succès, pour le prompt placement des cartes de Congressistes. Ces maisons ont été celles de: Otto Harrassowitz à Leipzig, Ernest Leroux à Paris, Luzac et C° et Probsthain et C° à Londres, E. J. Brill à Leyde.

Les facilités qu'elles nous ont faites et les grandes réductions accordées par les Compagnies maritimes et les Sociétés de chemins de fer, ci-dessus mentionnées, ont fortement contribué à l'affluence des Congressistes, dont le nombre s'est élevé à plusieurs centaines[1].

C'est surtout à l'empressement des divers Gouvernements étrangers, des Académies, des Universités et des Sociétés savantes du monde entier que nous devons l'affluence de délégués éminents, dont la présence a assuré le succès et rehaussé l'importance du Congrès[2].

A l'occasion du Congrès, il a paru intéressant d'organiser deux expositions, une d'icônes byzantines, et une autre des tous les manuscrits orientaux conservés à Athènes.

L'exposition des icônes byzantines a été preparée par une commission composée de MM. Georges Jacobidès, Directeur de l'École des Beaux-arts, Jean Caftandjoglou, ancien Député, et Adamantios Adamantiou, Ephore des Antiquités médievales.

C'est ce dernier qui a été chargé de l'execution du projet, et il s'en est acquitté avec le zèle le plus louable.

L'exposition a eu lieu dans une des salles du rez-de-chaussée de l'Université.

La plupart des icônes exposées ont été tirées de la

---

[1] Voir dans l'Annexe B la liste des Congressistes.
[2] Voir dans l'Annexe A la Liste des délégués.

riche collection privée de M. Alexis Colyvas ou de celles d'autres amateurs qui les ont prêtées avec la plus grande libéralité. Un Catalogue spécial était distribué gratuitement aux visiteurs[1].

On avait l'intention d'exposer aussi la riche collection des fac-similés des portraits des empereurs byzantins, réunie, par les soins de M. Spyr. P. Lambros, en sa qualité de vice-président de la Commission hellénique de l'Exposition internationale de Rome, et qui figura aux Thermes de Dioclétien en 1911[2]. Malheureusement cette collection ne fut retournée de Rome à temps.

Quant à l'exposition des manuscrits orientaux, c'est dans une salle de la Bibliothèque Nationale de Grèce qu'elle a eu lieu. Les manuscrits exposés appartenaient à cette Bibliothèque même[3] et à celle de la Chambre des Députés[4]. M. Thémistocle Volidès, Conservateur des manuscrits de la Bibliothèque Nationale, a pris la peine d'organiser cette exposition.

Plusieurs Orientalistes qui ont eu le loisir de glaner dans cette collection, y ont trouvé quelques manuscrits de grande importance. M. le professeur E. Kuhn, de Munich, et M. F. P. E. Pavolini, de Florence, ont signalé entre autres quelques manuscrits des traductions de Démétrius Galanos.

Voici la lettre adressée sur ce sujet par M. Kuhn au Secrétaire général du Congrès.

---

[1] Voir Congrès international des Orientalistes. Exposition d'icônes byzantines. Catalogue des icônes. Athènes. 1912.

[2] Voir «Athènes-Rome. Exposition internationale de Rome en 1911. Section hellénique. Empereurs byzantins. Catalogue illustré de la collection de portraits des empereurs de Byzance d'après les statues, les miniatures, les ivoires et les autres œuvres d'art, rédigé par Spyr. P. Lambros. Athènes, 1911.»

[3] *Ἰωάννου Σακελλίωνος* καὶ *Ἀλκιβιάδου Φ. Σακελλίωνος* Κατάλογος τῶν χειρογράφων τῆς Ἐθνικῆς βιβλιοθήκης τῆς Ἑλλάδος. Ἐν Ἀθήναις, 1892 p. 303-310 Nos 1800-56.

[4] Il n'existe pas de catalogue des manuscrits orientaux de la Bibliothèque de la Chambre des Députés; seul le catalogue des manuscrits grecs a été publié dans la Revue «Νέος Ἑλληνομνήμων» du Professeur Spyr. Lambros Vol. I-VI (1904-1909).

München, 3. Juli 1912.

Hochgeehrter Herr College,

Mein Interesse an der Geschichte der indischen Philologie veranlaßte mich, während des letzten Orientalisten-Congresses die in der National-Bibliothek zu Athen aufbewahrten Manuskripte des allen Kennern des Sanscrit rühmlichst bekannten Demetrios Galanos einer, wenn auch nur flüchtigen, Durchsicht zu unterwerfen. Dabei stellte sich heraus, 1) daß eine genauere Prüfung dieser Handschriften auch jetzt noch nicht ohne Bedeutung sein dürfte, 2) daß beim Einbinden der verschiedenen Stücke allerlei Versehen vorgekommen sind, welche die Benützung der Handschriften erschweren und nur durch einen wirklichen Sachkenner bei längerer Untersuchung richtig gestellt werden können. Dies alles läßt es im höchsten Grade wünschenswert erscheinen, die sämtlichen Handschriften von Galanos außerhalb Griechenlands — wo eben die für die Sache erforderlichen Sanskrit-Werke leider gänzlich fehlen — einem eingehenderen Studium zu unterziehen.

Leider stehen — wie ich in Athen hörte — einer Versendung von Handschriften außer Landes gesetzliche Bedenken entgegen, was im Interesse der Wissenschaft (und zwar nicht nur für diese Handschriften) sehr zu bedauern ist. Sollte es nicht möglich sein, die für alle wissenschaftlichen Bestrebungen so verständnisvollen gesetzgebenden Faktoren Griechenlands, Parlament und Regierung, für eine Änderung, oder wenigstens Milderung, der gesetzlichen Bestimmungen zu interessieren? Ein solches Vorgehen würde auch hier in München auf das freudigste begrüßt werden.

Ich bitte Sie, hochgeehrter Herr Kollege, meine Worte freundlichst zu erwägen, und verbleibe in vorzüglicher Hochachtung

Ihr
aufrichtig ergebener
Ernst Kuhn

Cette occasion a signalé de nouveau la nécessité pour la Bibliothèque Nationale de Grèce d'entrer en relations d'emprunt et de prêt de manuscrits et d'incunables avec les bibliothèques de l'Étranger.

Un autre attrait du Congrès a été l'exposition dans le Palais des Expositions (Zappeion) du moulage du grand monument Nestorien de Peilin ou «Forêt des tablettes» de Sianfu en Chine, qui date de l'an 781. M. Frits v. Holm de Danemark a été assez heureux, lors de son expédition au Sian en 1907 pour se procurer la réplique de ce monument[1]. C'est un moulage de celle-ci qu'il a offert avec un désintéressement des plus délicats, à l'occasion du Congrès et des fêtes jubilaires de l'Université, au Gouvernement grec[2].

Conformément au programme, les représentants officiels se rassemblèrent le 6 Avril, à 4 heures de l'après midi, dans l'Aula de l'Université. Les membres du Congrès des Orientalistes se joignirent à eux, en vue de désigner les orateurs pour l'inauguration des fêtes solennelles du lendemain sur l'Acropole.

[1] Voir «The Nestorian Monument. An ancient record of Christianity in China. With special reference to the expedition of Frits v. Holm, member of Royal Asiatic Society, London, etc. etc. Chicago. The open Court Publishing Company 1909».

[2] M. Holm, qui s'était inscrit parmi les membres du Congrès, mais s'était trouvé empêché de venir à Athènes, a chargé M. Charles Lyall, K. G. S. J., Vice-président de la Royal Asiatic Society de Londres, de représenter le donateur et de lire une courte notice Concerning «**Monumentum Syro-Sinicum**». Cette communicatione annoncée par le programme pour le Mercredi 10 Avril 5 p.m. au Zappeion devait être lue devant le moulage même du Monument, mais elle a été empêchée par suite d'un malentendu. En voici le texte:

The President, Officers and Members, the XVI Congress of Orientalists,

ATHENS

Your Excellency, Ladies and Gentlemen:

Upon my arrival, nearly four years ago, in New York from China I found a letter from my famous countryman, Professor Dr. Vilhelm Thomsen, in which he, as the President of the XV Congress, which was held in Copenhagen

Sur la proposition de M. Lambros, Recteur et Secrétaire général du Congrès, il fut décidé qu'en plus des deux orateurs, qui, selon le programme, étaient destinés à parler sur l'Acropole, l'un au nom des délégués aux fêtes universitaires during August 1908, asked me whether it might not be possible to bring to Copenhagen the two-ton monolithic replica of the ancient Chinese Nestorian Monument of A. D. 781, which I had brought from Sian-fu, the provincial capital of Shensi, to the Metropolitan Museum of Art in New York, where it is still placed as a loan. Unfortunately this was not possible for several reasons; but I submitted to the preceding Congress a report on my expedition, of which I have the honour to attach a copy in booklet form.

„The Nestorian Monument" will be found to contain all information concerning the results of my expedition, and as this entreprise is not any more an undertaking of yesterday, I shall refrain from quoting myself and thus tire the Congress.

For certain reasons I desire, however, to point out, that the two main-results of my Nestorian Quest in 1907-08 were these:

1. The original Nestorian Monument was moved from its resting place outside the western suburban gate of Sianfu, where it had stood since its accidental discovery by Chinese in 1625 exposed to wind and weather, into the city proper and there placed permanently and safely under roof in the PEILIN or „forest of tablets", where the unique document will be preserved for all ages-barring accidents. Varius European Governments and several Missionary Bodies hat in vain endeavored to induce the Chinese Officials to protect the Monument since 1886, when a picture of the Stone appeared in The Graphic in London. It needed the suspicion which my expedition awoke to make the Chinese grasp that the Chingchiaopei, as they call the s t e l a, possessed great value at least to barbarian outsiders.

2. A perfect monolith replca of the priceless monument, which ranks in importance with the Rosetta, the Moabite and the Aztec Calendar Stones, weighing, as the original, two tons and stading some ten feet in hight, with the full inscription of about 2000 Chinese ideographs and Syriac

LE MONUMENT NESTORIEN DE PEILIN

et l'autre au nom des Congressistes, on accorderait encore la parole à un représentant des Académies.

On désigna donc MM. les Professeurs Max. Collignon, Berthold Delbrück, et Jean Mahaffy.

characters chiselled with the utmost accuracy, was obtained by me at considerable risk and great expense and successfully transported on a specially constructed cart 350 miles to the nearest railway station, wherefrom it was comparatively easy to take it to Hankow, Shanghai and New York. While this two-ton replica, which, after rigid investigations, has been pronounced absolutely accurate by sinologues and museum authorities, who have compared it with photographs of the original and, last but not least, with rubbings of the original inscription, brought by me from Sian, will, of course, be an important acquisition for the University or Museum that finally obtains it, it should not be overlooked that PLASTER CASTS of the Replica may now be taken, reproductions that would not be more accurate in every detail, had they been obtained directly from the original Chingchiaopei, which is now, so to speak, locked up for good in one of the least accessible corners of northwest China-a few days from NE Thibet.

With the sole exception of myself I believe that the learned Professor Chavannes and his companion Professor Alexieff, respectively from Paris and St. Petersburgh, were the last archaeologists to behold the original Nestorian Monument on its clumsy stone-tortoise outside Sian-fu, for the removal of the stone took place on October 2nd 1907. Only a very limited number of savants, however, have visited the Stone since its discovery in 1625-the trip to Sian-fu is not utter pleasure.

During 1907 I made two trips to Sian-fu; during the first month's sojourn in this provincial capital I made the secret contract with a „firm" of stone-cutters and artists to carve the replica; and it should not be overlooked, that the dark limestone, of which the replica is made, is exactly the same material, from the identical quarry at Fuping, as that of which the original was made 1131 years ago. The second time I went to Sian, in the autumn of 1907, I took charge of the marvellously carved replica; and after trou-

On élut ensuite les orateurs qui devaient représenter les délégués le second jour des fêtes universitaires.

Le lendemain, 7 Avril, fut célébrée l'inauguration des fêtes jubilaires et du Congrès, en la présence de S. M. le Roi,

Le Parthénon.

de S. M. la Reine, de S. A. R. le Prince Royal de Grèce,
bles innumerable started the transport to the coast.

It gives me the very greatest pleasure at this time, when the Jubilee of the National University is celebrated together with the holding of the sessions of the XVI International Gongress of Orientalists, to be able, in a measure, to carry out Professor Vilhelm Thomsen's suggestion to me of nearly four years ago: You are now looking at a plaster reproduction of the Nestorian Monument, taken from the Replica in New York.

His Hellenic Majesty's Government has graciously accepted this Nestorian Reproduction for the Royal Archaeological Collections in the ancient capital of historic Greece.

Président d'honneur du Congrès, de S. A. R. la Princesse Sophie, ainsi que de tous les autres membres de la famille Royale, des membres du Gouvernement, des représentants des Nations étrangères, des membres du Conseil et des Professeurs de l'Université, des autorités helléniques et des adhérents au Congrès des Orientalistes.

S. A. R. le Prince Royal prit la parole en grec et s'exprima en ces termes:

C'est avec une grande joie que nous avons convoqué ici les membres du seizième Congrès international des Orientalistes, dont les votes ont désigné, il y a trois ans et demi à Copenhague, la ville d'Athènes comme siège de leur prochaine réunion. Non moins que les archéologues, qui se sont réunis pous notre ville, il y a sept ans, vous avez le droit d'inaugurer vos travaux dans ce même temple de la déesse de la Sagesse, où j'ai proclamé alors l'ouverture du premier Congrès international d'archéologie, fondé par la Grèce.

En effet, la Grèce ancienne n'aurait peut-être pas porté à un dégré de suprême perfection, objet d'admiration pour les siècles, les lettres et les arts, dont le rocher sacré de l'Acropole est devenu comme l'éternel fondement, si elle n'avait pas été devancée par la civilisation des anciens peuples de l'Orient, dont l'étude trouve en vous ses plus éminents représentants.

Je suis, d'autre part, heureux que les travaux du seizième Congrès des Orientalistes, dont je proclame l'ouverture, et qui vont donner une impulsion nouvelle aux recherches relatives aux peuples de l'Orient, coïncident avec la célébration du soixante-quinzième anniversaire de l'Université nationale.

La jeune science grecque trouve là une occasion favorable d'accueillir, en même temps que les Orientalistes, les délégués des Gouvernements, des Académies, des Universités et des Sociétés savantes, auxquels leurs patries ont confié la mission d'apporter à la ville de Pallas Athéna le salut des corps savants de toutes les parties du monde.

C'est ainsi que, grâce à cette double fête scientifique, la

ville d'Athènes redevient, en ces jours, un foyer de lumières, convergeant de toutes parts. Le génie humain, dont vous êtes les représentants d'élite, n'a pas de patrie; mais, à cette heure où nous sommes tous, en ce lieu, assiégés par les inoubliables souvenirs de l'antiquité, vous êtes tous, insensiblement, transformés en Athéniens, comme nous-mêmes. Et c'est pourquoi je vous exprime, ὦ ἄνδρες Ἀθηναῖοι, la persuasion du trône et du peuple grecs que, tout absorbés que vous soyez par le culte de la grandeur antique, vous ne vous défendrez pas d'un mouvement d'intérêt et d'affection pour la ville nouvelle qui vous accueille à bras ouverts, à la fois avec respect et enthousiasme, interprète des sentiments de la Grèce entière envers des hommes qui ont pris pour devise et but de leur vie la recherche de la vérité.

Voici le discours que prononça ensuite en grec le Ministre de l'Instruction Publique, M. Apostole Alexandris, Président du Congrès des Orientalistes:

Il y a soixante-quinze ans, dans cette ville, antique foyer de la science et de la liberté, fut fondée, à l'aube de notre indépendance, l'Université de Grèce.

Les lettres et la science grecques avaient autrefois déchiré le voile des superstitions primitives, dissipé les erreurs de l'ignorance, formé l'admirable citoyen dont Aristote a tracé le portrait, ouvert à l'intelligence les voies de la pensée, fondé la loi sur la raison et la liberté sur le droit, fait apparaître, enfin, dans l'histoire du progrès et de la civilisation, cette forte personnalité grecque qui, nourrie de la sagesse, y puisa l'inspiration de ces grandes actions qui appartiennent à l'histoire du monde, dont elles ont changé la face politique et morale. C'est pourquoi furent restaurées ensemble dans leur ancienne patrie, d'où la tyrannie les avait toutes deux bannies, la Liberté et l'Instruction, — les deux plus beaux présents de la Grèce au monde.

A la place même où il avait lui jadis, fut rallumé le flambeau de la Science, qui devait dissiper les ténèbres de l'ignorance et faire briller de tout son éclat la Liberté. L'Instruction fut rappelée en même temps de son exil dans sa patrie d'élection, pour réveiller la pensée du peuple à la lumière libératrice de la raison, l'armer d'une forte conscience du droit discerné de l'erreur, de la vérité discernée du mensonge, et la conduire à la claire notion des idées directrices de la vie, de la légalité nouvelle, de l'organisation politique, en vue de la réalisation définitive et complète du bonheur national.

Cette haute mission d'enseignement, la volonté du peuple grec l'a confiée à l'Université nationale, dont nous célébrons aujourd'hui le soixante quinzième anniversaire. C'est à ses professeurs qu'il a remis le soin d'inculquer ces nobles principes à l'âme pure de la jeunesse studieuse, montrant ainsi qu'il considérait l'Université comme le plus puissant instrument de la conservation nationale. Et il en a promulgué l'organisation du haut de ce rocher sacré de l'Acropole, où se dresse le temple de la déesse de la Sagesse, — impérissable leçon, a dit le poète, de conscience et de sincérité.

Notre Université accomplit sa soixante-quinzième année. Si nous jetons un regard sur cette carrière, encore bien courte, nous avons le droit d'être fiers de la voir déjà si bien remplie. Grâce à elle, la culture scientifique et l'instruction sont devenues accessibles à tous; elle a non seulement enseigné, mais inspiré les bonnes lois, fait progresser les arts et encouragé la vertu; la religion lui doit des prélats éclairés, la justice de savants et fidèles serviteurs du droit, la santé publique des médecins éprouvés, la jeunesse des maîtres dignes de leur tâche, la patrie d'utiles et vertueux citoyens. C'est donc de grand cœur que le Gouvernement s'associe aujourd'hui aux fêtes de cet anniversaire, c'est avec fierté qu'il partage la joie du monde savant grec, l'estime du monde savant étranger, qui voit avec faveur briller d'un nouvel éclat le flambeau de la science hellénique. L'effort de notre Université a attiré les regards bienveillants de l'Occident savant; elle est devenue notre lien le plus fort avec lui, elle a valu à notre pays l'amitié de tous les amis de la civilisation et de la science. Ces amis sont en ce moment nombreux autour de moi. Je les salue cordialement, au nom du Gouvernement grec, personnellement et comme représentants de leurs Universités. Je salue également le Recteur et les maîtres de nos Universités. Puisse leur enseignement, comme une source abondante, étancher la soif de savoir innée au peuple grec et lui dispenser toutes les connaissances utiles à la réalisation de notre bonheur commun! Puisse-t-il sortir de leurs mains éclairé sur ses hauts devoirs, afin de lutter avec les armes de la science contre toute idée fausse et de recevoir des mains de l'Instruction la couronne immortelle de la véritable gloire, de la gloire des œuvres destinées à l'émancipation de l'esprit humain!

Si, malgré leur courage indomptable, nos ancêtres furent obligés de limiter à un étroit espace le territoire de ce royaume, simple promesse pour l'avenir, première pierre de l'édifice futur de l'unité nationale, du moins la divine inspiration de leur vertu a légué à la pensée grecque un admirable instrument de conquête au delà des frontières, en fondant ce vaste temple de la science en Orient, l'Université de Grèce.

C'est vers l'Orient, avant tout, que la pensée grecque s'était tournée, bienfaisante, dès la jeunesse de l'humanité. De bonne heure, elle mit en commun avec lui ses hautes aspirations, grâce à l'intelligence d'Hérodote, si grec quoique asiatique, à la science de Thalès, à la muse de Sappho. Si elle a reçu de la Thèbes égyptienne les premiers éléments de l'art, elle sut, en revanche, lui donner aussitôt la souplesse, l'intelligence, la vie, dans les statues du temple d'Aphaia à Égine. En formant Cyrus, elle atteignit au désert libyque; par l'œil du grand-prêtre Manéthon, elle perça le mystère de la vie égyptienne; par l'épée d'Alexandre enfin, elle étendit la civilisation grecque jusqu'aux Indes, au Caucase, à l'Ethiopie. L'enseignement du grec, en Bactriane, à 80.000 enfants asiatiques rassemblés, fut comme la prise de possession par la langue et l'esprit grecs de l'Asie occidentale et de l'Afrique orientale. La bibliothèque d'Aristote, à Skepsis, rayonna au loin, comme un foyer de lumière, répandant les trésors de sa science. Des villes célèbres, Tarse, Antioche, Séleucie, Laodicée, se glorifiaient de leur origine grecque. Dès lors, ce qui faisait le Grec c'était, non pas la communauté de la race, mais celle de l'éducation, non pas la parenté par le sang, mais la parenté par l'intelligence. Et la mère commune, la Grèce.

récolta, juste retour, pendant dix siècles, une abondante moisson de gloire dans ce champ que l'esprit grec avait ensemencé. La haute intelligence de Ménippe, le profond esprit politique d'Euthydème et d'Hybréas sont une floraison de la Carie. Et les grands géomètres et géographes, les Euclide et les Strabon, les illustres ingénieurs et astronomes, les Héron et les Hipparque, ne sont-ils pas des fruits de ces colonies d'Asie?

De préférence, enfin, à tous les idiômes asiatiques, la langue grecque fut choisie par la Providence pour être l'universelle interprète des Saintes Écritures, comme seule capable de réunir les peuples de langues et de mœurs différentes dans un culte commun de la Divinité. L'hellénisme reçut et enseigna avec joie la nouvelle philosophie du christianisme, sut donner à la pensée divine un vêtement grec, afin d'étendre à tous les peuples le rayonnement de la connaissance de Dieu.

Ainsi la pensée grecque a présidé glorieusement à la civilisation antique. Dans la lutte de deux races opposées, entre la puissance matérielle de l'Asie et la force morale de la Grèce, c'est à cette dernière que resta la victoire. Elle offrit à notre patrie, comme carrière d'action et de gloire, les nobles luttes de l'Intelligence. Et lorsque fut mise en cause, après la chute du dernier des Paléologues, l'existence même du peuple grec, elle refusa de mourir, et émigra avec ses chefs-d'œuvre chez les peuples d'Occident, où elle devint la mère de la renaissance des lettres. Reprenant enfin possession du sol des ancêtres, avec le premier sourire de la Liberté, elle regarda comme un ordre de l'histoire, venu de ces ruines augustes, de couronner son œuvre en fondant cette Université, centre amphictionique des peuples voisins d'Orient, pour célébrer en commun le même culte de l'Idée et s'allier pour la lutte contre l'ignorance.

Lorsque de tels liens d'origine, de religion, de langue nous unissent à l'Orient, et que, au seuil de l'Asie, nous travaillons, l'œuvre de renaissance nationale accomplie, à faire de notre enseignement, propogateur de la civilisation et des lumières de l'Occident, un bien commun à tous les peuples qui nous entourent, les étrangers comprendront sans peine la joie qu'éprouve aujourd'hui la science grecque de ce que cette fête anniversaire d'une Université qui remplit dans le Levant une si haute mission humaine, coïncide avec la session à Athènes du Congrès des Orientalistes. Les savants qui ont consacré leur intelligence lumineuse à l'étude du monde oriental, sont de trop sincères amis de ce pays pour ne pas partager notre allégresse. Ils travaillent à ajouter de nouvelles pages à l'histoire des événements les plus importants d'une civilisation qui s'est la première manifestée sur la terre, et dont le développement a si profondément influé sur le cours du monde. Si ces travaux émeuvent considérablement l'intérêt de l'humanité, ils ne peuvent qu'exciter l'enthousiasme de la Grèce, du moment que des périodes communes d'action et de vicissitudes nous ont préparé une histoire commune avec l'Orient, que nous avons produit des gloires communes et que nous portons la marque des mêmes influences historiques.

Je salue donc sincèrement, au nom du Gouvernement grec, les savants pionniers de l'Orient. Je les remercie de leur présence, qui nous fait un si grand honneur, et je souhaite à leurs travaux le plus complet et le plus fructueux succès.

M. Spyr. Lambros, Recteur de l'Université et Secrétaire général du Congrès, prononça ensuite en grec ce discours:

Sur ce roc où les Athéniens, au temps glorieux de Périclès, élevèrent, d'or et d'ivoire, l'image de la déesse de la Sagesse, la Grèce nouvelle a voulu vous adresser son premier salut, à vous tous, qui, de toutes les régions du monde civilisé, venez apporter à notre Université les félicitations fraternelles des Académies, des Universités et des autres sociétés savantes, à l'occasion du soixante-quinzième anniversaire de sa fondation. L'une des plus jeunes parmi les institutions scientifiques, notre Université sentait pour ainsi dire le besoin de reculer son passé en vous conviant à gravir avec elle la hauteur d'où ont rayonné sur le monde la beauté de l'art et la force de la pensée.

Mais ce rocher symbolise aussi l'éternité de l'art et des lettres. C'est ici que l'esprit grec fit éclore, d'une poussée immortelle, la semence reçue du vieil Orient. C'est d'ici qu'il a transmis au monde, comme d'un autre Sinaï, les tables de la Loi du Bien, du Beau et du Vrai. C'est donc ici que devaient être réunis, pour la première fois dans notre ville, avec les „théores" de la fête universitaire, les membres du seizième Congrès des Orientalistes, en une cérémonie solennelle commune. Ceux qui ont pris pour devise „Ex Oriente Lux", fraterniseront volontiers avec ceux qui reconnaissent Athènes comme la Grèce de la Grèce, comme l'antique „alma mater" de la sagesse humaine.

Frères cadets, venus pour prendre part à vos côtés à la course du flambeau et partager avec vous la noble obligation de transmettre à nos descendants le flambeau de la science, nous nous sentons grandis par votre présence; mais, nous l'avouons, il nous semblait en vous conduisant ici, que notre premier accueil y gagnerait en solennité par l'évocation, au milieu de nous, des ombres de nos ancêtres devant lesquels vous ne pliez pas le genou moins bas que nous-mêmes.

Fortifiés par de tels souvenirs, nous sommes tous, et ceux-là mêmes qu'a blanchis l'âge, rajeunis au souffle immortel de l'antiquité qui nous caresse tous sur cette Acropole. Nous pouvons donc répéter tous ensemble, à l'imitation des éphèbes Athéniens, le serment qu'ils prêtaient dans le sanctuaire d'Agraule, sur le versant de ce rocher: „Nous ne laisserons pas la science diminuée, mais nous la transmettrons plus grande et plus forte que nous l'avons reçue", de même qu'ils juraient de ne pas laisser la patrie diminuée. Et nous en prenons à témoins Agraule, Enyalios, Arès, Zeus, Thallo, Auxo et Hégémoné.

Au Recteur succéda M. Maxime Collignon dont nous reproduisons ici l'allocution:

Majestés, Altesses royales, Messieurs,

C'est au délégué de la très ancienne Université de Paris qu'est échu l'honneur de prendre la parole, dans cette solennité, au nom des Universités étrangères. Unies dans un même sentiment de reconnaissance filiale pour la Grèce antique, initiatrice éternelle de la libre recherche qui est leur fonction, elles rendent hommage à la Grèce moderne, héritière de la tradition des ancêtres. Comme au temps où les lettrés du monde ancien venaient demander à la cité de Pallas la plus haute culture, Athènes, par les efforts heureux de ses Corps savants, par la présence des Écoles et des Instituts étrangers qui trouvent ici le plus libéral accueil, est redevenue pour ainsi dire l'Université des peuples civilisés. Pour tous ceux qui professent le culte de la science et de l'art, l'Hellade est la patrie commune; elle leur ouvre généreusement le trésor de son incomparable patrimoine.

Messieurs, les Universités étrangères offrent cordialement à leur sœur athénienne leurs félicitations et leurs vœux de prospérité. Ce qui donne à ces vœux un accent particulier de chaleureuse sympathie, c'est qu'ils s'adressent à une institution dont l'histoire est intimément liée à celle de la rénovation du pays. Née d'un admirable élan du patriotisme héllénique, l'Université d'Athènes est l'œuvre de tous les Hellènes; elle est suivant le mot d'un des héros de la guerre de l'Indépendance, «la plusgrande maison de la nation». Nous saluons en elle la fille de la liberté grecque, l'active ouvrière de la régénération, le signe visible de l'indestructible unité de la race, le foyer des plus légitimes ambitions de l'hellénisme. Puisse-t-elle fournir une longue et glorieuse carrière, et continuer à servir avec un éclat croissant le progrès de la science et de la civilisation, dans le poste d'honneur où l'appelaient, il y a soixante quinze ans, la volonté et la confiance de la patrie affranchie, désormais maîtresse de ses destinées!

M. Berthold Delbrück prit ensuite la parole et prononça le discours suivant:

Hochverehrte Versammlung!

Wer auf der Akropolis von Athen redet, spricht naturgemäß zuerst von dem Glanz des alten Griechenlands. Wir denken an die Männer, die dieses Haus der Göttin geplant und gebaut haben, ein Wunderwerk für alle Zeiten, noch in der Zerstörung groß. Wenn wir etwa an der Bucht von Salamis vorüberfahren, kommt uns in den Sinn die schwere Pracht der Verse des Aischylos, und im Theater des Dionysos umflattern uns die leichten Scherze des ungezogenen Lieblings der Grazien. Mit staunender Bewunderung aber verweilt unser Sinn auf der ungeheueren Wirkung eines Mannes, Platons und der Akademie. Indessen unser Blick beschränkt sich nicht auf die Hauptstadt, er schweift auch über das ganze weite griechische Inselreich. Uns älteren, die wir noch ein Verhältnis haben zu Lord Byron, dem großen Philhellenen, kommen wieder die Verse ins Gedächtnis, die uns in unserer Jugend entzückt haben: „The isles of Greece, the isles of Greece, where burning Sappho loved and sung". Dann schauen wir auf Kreta, die sagenerfüllte Insel, wo einst der Minotauros die Blüte der Jugend verschlang, bis ein Held aus Athen kam und den Feind seines Volkes erschlug. Mehr aber als alles andere ist uns Homer. Wer dieses Land und dieses Meer durchreist, sieht sich fortwährend umgeben von homerischen Bildern. Mit den Augen Homers sehen wir das purpurne Meer, die windumbrausten Vorgebirge, und hier und da auf einer Insel noch den tiefschattenden Wald, wir sehen den Adler in den Lüften und die Schlange am Boden. Vor allem aber beschäftigen unsere Phantasie die Personen, die dieses Land der Poesie bevölkern, Achilleus und Aias, Hektor und Andromache, aber am nächsten steht unserem Herzen doch der göttliche Dulder Odysseus. Unsere Gedanken folgen ihm, wie er sich von dem Lager der göttlichen Frau hinwegstiehlt an den Strand des unfruchtbaren Meeres, wie er sehnsüchtig auf die See hinausblickt, nur mit dem Wunsch im Herzen, wenigstens den Rauch von seinem Lande aufsteigen zu sehen.

Dieses Heimatsgefühl, das ja uns moderne Menschen alle erfüllt, mag uns daran erinnern, das ja es nicht nur ein altes Griechenland gibt, sondern auch ein neues, das uns hier gastlich empfängt. Wir wünschen ihm, daß seine nationalen Hoffnungen sich erfüllen mögen und daß es ihm in immer wachsender Vollendung gelingen möge, das größte Menschenwerk zu bauen, einen harmonisch gegliederten Staat. Mit diesem ehrlichen Wunsche bringe ich im Namen eines nicht kleinen Teiles der gelehrten Republik, vielleicht aber darf ich sagen im Namen der gelehrten Republik, dem Volke der Hellenen Dank und Gruß.

Voici enfin l'allocution du Professeur Rev. John Mahaffy:

Il est curieux que moi, réprésentant d'une Université située dans une île lointaine et brumeuse, j'aie été choisi pour parler au nom de toutes les Universités dans le pays de la beauté et de la lumière. Et je dois avouer que les devoirs mondains et religieux auxquels j'ai dû me livrer ces jours-ci m'ont laissé peu de temps pour répondre dignement à l'honneur qui m'est échu.

Mais j'ai à faire cette remarque: il n'est pas juste d'appeler une jeune Université l'Université qui fête aujourd'hui son 75e anniversaire. Elle est fort antique et, jadis ensevelie, elle est sortie du tombeau en même temps que la nation grecque. Et c'est un heureux hasard qui fait coïncider le soixante-quinzième anniversaire de la résurrection de l'Université avec la Résurrection du Sauveur.

Si l'Université grecque n'a pas de moyen-âge c'est plutôt une qualité. Le moyen-âge a légué aux autres Universités des cérémonies et des formes qui ont perdu toute signification et ne servent plus qu'à entraver leur œuvre. Et je viens apporter les félicitations de toutes les Universités à l'Université en fête, leurs justes félicitations, — car le progrès est visible partout et de tous, je peux l'affirmer en connaissance de cause, — et aussi leur vœu que ce progrès continue et augmente. Nous avons la conviction que ce vœu se réalisera, car le peuple grec a pour guides un Souverain constitutionnel et un Gouvernement paternel.

Et ce progrès vise la nation toute entière, à laquelle s'applique le vers de Milton „les étoiles après leur coucher se lèvent plus que jamais brillantes" et pour l'avenir de laquelle nous formons les vœux les plus chaleureux.

Je crois aussi de mon devoir d'exprimer de chaleureux remerciements pour l'accueil que nous avons reçu de tous les Athéniens, hommes, femmes, enfants mêmes, pour l'hospitalité la plus chaleureuse que nous ayons jamais rencontrée et qui est une des plus grandes vertus des Athéniens d'aujourd'hui, comme des anciens Athéniens.

J'ai dit que nous fêtons aujourd'hui la Résurrection. Mais cela me rappelle une autre fête, celle de la Pentecôte.

L'Aula de l'Université Nationale.

Les disciples de Jésus assemblés en ce jour parlaient plusieurs langues, mais un seul esprit les inspirait. Ainsi aujourd'hui nous parlons plusieurs langues sans arriver à la confusion de Babel, car un seul esprit nous anime, l'esprit de la science, l'esprit d'estime pour l'Université que nous fêtons aujourd'hui et à laquelle, une fois de plus, nous exprimons nos félicitations.

Les Congressistes, et parmi eux les délégués officiels qui pour la plupart représentaient en même temps les Universités étrangéres au Jubilé universitaire, assistèrent le 8 et le 9 avril aux séances solenelles tenues dans l'Aula de l'Univérsité à l'occasion de son anniversaire. C'est à la seconde de ces séances que furent proclamés les docteurs « honoris causa ». Le Recteur inséra, à cette occacion, dans son allocution le paragraphe suivant:

„La joie que nous éprouvons est pourtant assombrie par deux regrets, et tout d'abord celui de ne pouvoir, pour le moment, étendre cette marque de haute estime aux savants représentants des sciences relatives aux études orientales. La raison en est que ces études sont encore chez nous à leur début. Le Congrès des Orientalistes, auquel ce pays a offert une hospitalité si enthousiaste, servira sans doute de point de départ à un développement scientifique, qui comportera à son tour pour l'Université d'Athènes l'obligation de témoigner sa reconnaissance aux savants éminents qui honorent ce groupe d'études".

Les sections s'étant réunies commencement par procéder à la constitution de leurs bureaux respectifs. Ils furent composés ainsi qu'il suit:

SÉANCES PLÉNIÈRES

(Siège: L'Aula de l'Université)

Président: M. le Professeur Comte Ange de Gubernatis.

SECTION I^e

Linguistique. Langues indo-européennes.

(Siège: Académie).

Président: M. le Professer A. Bezzenberger.
Secrétaire: M. le Dr N. Decavalla.

SECTION IIe et VIIe RÉUNIES

Histoire comparée des religions de l'Orient. Mythologie comparée et Folklore. Inscriptions cunéiformes.

Langues et littératures sémitiques (Phénicien, Assyrien, Babylonien, Hebreu, Araméen, Ethiopien).

(Siège: Bibliothèque Nationale)

Prémier président: M. le Professeur Paul Haupt.
Second président: M. le Professeur Charles Bezold.
Troisième président: M. le Professeur Charles Budde.
Premier secrétaire: M. le Recteur Vincent Zapletal.
Second secrétaire: M. le Professeur C. Clément.
Troisième secrétaire: M. le Dr Moses Schorr.

SECTION IIIe

Inde (Littérature, histoire, archéologie).

(Siège: Académie).

Premier président: M. le Professeur Rhys Davis.
Sesond président: M. le Professeur E. Kuhn.
Secrétaires: M. le Directeur G. Hakin et M. le Docteur Othon Strauss.

SECTION IVe

Iran (Littérature, histoire, archéologie).

Elle n'a pas été constituée.

SECTION V^e

Chine et Japon. Asie centrale.

(Siège: Ecole Française).

Présidents : M. le Professeur Ed. Chavannes et M. le Docteur Abraham Fokker.

Secrétaires : M. Andréj Rudnew et M. C. O. Blagden.

Cette section a tenu séance commune avec la

SECTION VIe

Indo-Chine, Birmanie, Madagascar, Malaisie.

(Siège: Ecole Française).

Président : M. le Professeur Ed. Chavannes.

Secrétaires: M.M. A. Fokker, K. Wulff, F. W. Thomes, A. Rudnew.

SECTION VIIe. Voir SECTION IIe

SECTION VIIIe

Monde musulman (Histoire, littérature, archéologie).

(Siège: Grande salle des séances de la Société littéraire le « Parnasse »).

Présidents : M. le Professeur Ignace Goldziher et M. le Professeur Chr. Snouck Hurgronje.

Secrétaire : M. L. Massignon et le Rev. David Margoliouth.

SECTION IXe

Egyptologie et langues africaines.

(Siège: Salle des sections de la Société littéraire le « Parnasse »).

Président : M. le Professeur Edouard Naville.

Secrétaire : M. le Dr Hermann Kees.

SECTION X^e

Langues, peuples et civilisations de l'Amérique.

(Siège: Ecole Française).

Présidents: S. E. M. R. Errazuriz Urmeneta et M. le Professeur J. M. Dihigo.
Secrétaire : M. le Professeur Felix Outes.

SECTION XI^a

Grèce et Orient dans l'antiquité.

(Siège: Ecole Française).

Président : M. le Professeur E. Reisch.
Secrétaire : M. le Dr A. Schober.

SECTION XI^b

Grèce et Orient pendant le moyen-âge.

(Siège: L'Aula de l'Université).

Président d'honneur : M. le Recteur Spiridion P. Lambros.
Présidents : M. le Professeur Charles Diehl et M. le Professeur D. C. Hesseling.
Secrétaires : MM. les Docteurs ès Lettres P. Maas, Socrate Koughéas et Czebe.

SECTION XI^c

Grèce et Orient dans les temps modernes.

(Siège: Salle des sections de la Société littéraire le «Parnasse»).

Présidents: M. le Professeur Georges Hadjidakis, M. Dem. Kambouroglou, Directeur de la Bibliothèque Nationale de Grèce, et M. Lorenzatos, Directeur de Gymnase à Athènes.
Secrétaire : M. le Dr Phédon Coucoulès.

CONGRÈS INTERNATIONAL DES ORIENTALISTES
XVI SESSION — ATHÈNES, 1912

Deuxième partie

Procès-verbaux des séances

SÉANCES PLÉNIÈRES
DANS L'AULA DE L'UNIVERSITÉ*

Séance du lundi 8 Avril, 5.20 p.m.
Présidence de M. le Professeur Comte Ange de Gubernatis.

S. A. Ahmed Zéki Pacha lit en français un discours rappelant l'hommage rendu par les Arabes au génie grec.

Il expose l'histoire des traductions des œuvres grecques qar les Arabes, la protection des lettres helléniques par les Califs, il cite l'histoire de l'illustre Henein, fils d'Isaac, élève du savant Chrétien Yohanna Messué, et donne de détails sur la traduction arabe de Dioscoride. Il accentue par divers exemples l'amour des Arabes pour la littérature grecque, et exprime le désir et l'espoir que l'heure d'un nouveau réveil ayant sonné, «grâce aux moyens rapides de communication qui met en contact fréquent toutes les nationalités, grâce à l'esprit libéral qui est la marque du temps présent, les Grecs comme les Arabes commenceront à sortir de leur long assoupissement». Il finit par ces termes: «En terminant, qu'il me soit permis d'adresser nos vœux les plus sincères de prospérité et de bonheur à nos hôtes: Sa Majesté le Roi, Son Gouvernement, et la Nation Grecque, et d'exprimer aussi la certitude que ce Congrès sera aussi fécond et aussi brillant que ceux qui l'ont précédé».

Son Altesse le Khédive ainsi que son Gouvernement ont voulu en s'asociant à cette manifestation, donner un gage d'amitié profond à la Nation Grecque qui à tant de liens et de traditions communes avec l'antique et avec la moderne Égypte».

---

* Les communications faites dans les séances plénières ont été accompagnés pour la plupart de projections. Il est à noter qu'on ne public ici que les résumés déposés aux bureaux des sections, à peu d'exceptions près dans la langue des communications mêmes.

M. Ed. Chavannes prend la parole.

Il traite de la sculpture funéraire et de la sculpture bouddhique en Chine, d'après les monuments qu'il a photographiés lors de sa dernière mission archéologique dans la Chine septentrionale. Il signale les problèmes que soulève la présence de certaines anologies qu'on remarque entre les monuments Chinois d'une part et les monuments de l'art mycénien, de l'art hellénistique et de l'art perse Sassanide.

M. R. Martin - Fortris présente au Congrès une épreuve du «Manuel international de transcription des sons de la langue mandarine» publié par l'Imprimerie Nationale, à Paris, conformément à la résolution adoptée à Rome, en 1899, par le XIIe Congrès des Orientalistes.

Après cette présentation, le projet de résolution suivant a été soumis à l'approbation du Congrès:

«Le XVIe Congrès des Orientalistes, réuni en séance plé-
» nière, le 8 Avril 1912, dans l'Aula de l'Université d'Athènes,
» exprime le vœu que les Gouvernements de tous les pays
» d'Occident qui ont des intérêts en Chine fassent parvenir
» au Gouvernement de la République Chinoise une note
» identique, l'invitant à prendre connaissance du *Manuel*
» *international de transcription des sons de la langue manda-*
» *rine* publié par l'Imprimerie Nationale, à Paris, et à choi-
» sir et promulguer un système de transcription incorporant
» en soi les équivalents en lettres latines de tous les sons
» chinois, d'après un mode de prononciation bien déterminé
» et réconnu officiel.

«Cette résolution sera transmise par la voie diplomatique
» à tous les Gouvernements intéressés».

La résolution n'a pas été mise aux voix.

M. le Professeur Félix von Luschan parle sur l'Anthropologie de l'Ouest de l'Asie.

Pour étudier, dit-il, les anciens élements de la population de l'Anatolie et Syrie c'est d'abord necessaire d'éliminer les élements plus ou moins accessoires, immigrès dans des temps modernes et recents — ex. les Nègres, les Circaciens, les Bulgares et Roumeliotes, les Bosniaques, les Francs et les Levantins, les Juifs (Sephardîm et Ashkenasîm), les «Bohemiens», Aptals etc.

Après ça il faut étudier les vrais *Nomades,* les Turcomans, venus presque du centre de l'Asie, les Yourouks avec leur déformation artificielle du crâne, et les Kourdes. Ces derniers sont d'un intérêt tout à fait spécial: Dans les montagnes, où il se sont conservés moins mixtes avec des autres élements, plus que 60 % sont blonds avec des yeux bleus ou grisâtres, nettement dolichocéphales avec un index céphalique de 75. Encore aujourd'hui ils parlent une langue aryenne, et des tablettes en écriture cunéiforme, trouvées à Boghasköi, pas loin du centre actuel des Kourdes modernes, nous savons, que dans un traité diplomatique du 13 siècle avant J. Chr. les Mitanni et *Harri* ont invoqué des Divinités aryennes, Indra, Varuna, Mithra et Vasathya! Ce sont ces anciens Européens, immigrés déjà avant le 13 siècle, qui sont les ancêtres des élements blonds, conservés parmi les peuples de l'Orient jusqu'à nos jours.

Un autre groupe d'importance extrême est formé par les différentes sectes. Les Tahtadjis, les Bektash, les Ansariyés, les Kyzylbash, et aussi les Maronites et les Druses du Mont Liban sont tous des restes d'une population très ancienne. Partout parmi eux on trouve la même ancienne réligion, avec des idées de la migration de l'âme etc. et partout des têtes très courtes et d'une hauteur extrême, combinées avec des longs nez très minces. Là, à l'abri des montagnes et protegés par des réligions mystérieuses et intolérantes se sont conservés des types très anciens, les mêmes types que nous trouvons déjà sur les monuments hethéens qui datent à peu près du 14 siècle avant notre ère.

Nous trouvons aussi les mêmes types conservés presque intacts dans la grande masse des Arméniens d'aujourd'hui et des habitants de la Perse, où l'invasion des Achéménides, probablement blonds et dolichocéphales, n'a laissé que très peu de traces dans les types de la population actuelle.

Un nouveau élement est formé par les Sémites, qui provenant, à ce qu'il parait, de l'Arabie, ont conquis une partie de la Mésopotamie, il y a déjà plus de six mille ans, et qui se sont avancés vers la Syrie à la fin de l'époque mycénienne, lorsque Abraham était leur heros éponyme. Ils étaient dolichocéphales avec des nez petits et courts. Quant aux longs et grands nez, que nous trouvons parmi beaucoup des races de l'Orient moderne, ils ne sont pas sémitiques, mais appartiennent à la population primitive de l'Asie Mineure et de la Syrie, aux Hethéens et leurs alliés.

Ensuite **M. Nicolas Balanos** donne lecture à sa communication « Quelques remarques sur le relèvement du Portique ionique des Propylées».

Sur la surface supérieure des architraves d'entrecolonnement du portique ionique des Propylées, est creusé, à une distance de 0,90 m. environ de ses deux extrémités, un canal de 75 m. m. de largeur et de 115 m. m. profondeur. Dans ce canal on aperçoit des traces de rouille indiquant qu'une poutrelle en fer avait dû y être encastrée. Cette poutrelle servait à supporter les poids de la poutre du plafond qui venait reposer au milieu de l'architrave».

La séance est levée à 7.30.

Séance du mardi 9 Avril, 9.25 a.m.
Présidence de M. le Professeur Ange de Gubernatis.

M. le Professeur F. Boll prend la parole. Son thème est « Der ostasiatische Tiercyclus im Hellenismus ».

Der Kreis der zwölf Tiere, die bei den Chinesen und im ganz Ostasien zwölf aufeinanderfolgende Zeiteinheiten bedeuten, ist schon vom A. von Humboldt auf der von Bianchini 1705 gefundenen griechisch-ägyptischen Marmortafel, freilich zum Teil nur vermutungsweise, erschlossen worden. Neue sowohl literarische wie auch monumentale Funde bestätigen seit 1900 die Zusammengehörigkeit der hellenistischen Dodekaoros mit dem ostasiatischen Cyklus. Es entsteht die Frage, ob es möglich ist, dass diese eigentümliche chronologische Systematik, die in China erst seit dem ersten Jahrhundert unserer Zeitrechnung sich nachweisen lässt, aus dem Hellenismus nach Ostasien übertragen wurde. In der That sprechen eine Reihe von Thatsachen, die sich namentlich aus den griechischen Zauberpapyri ergeben, dafür, dass die ostasiatische Form des Cyclus hellenistischen Einfluss erfahren hat. Noch nicht genügend erklärt ist die Frage, wo zuletzt der Cyklus entstanden ist; aus der Existenz einer hellenistischen Zeitenmythik, die sich unter anderem auch in der Schöpfung unserer siebentägigen Planetenwoche dokumentiert, und aus anderen Indizien ist die Wahrscheinlichkeit, dass der Cyklus aus babylonischen und anderen Elementen erst in hellenistischer Zeit zu Stande kam, zu folgern.

M. le Professeur August Heisenberg parle sur « Die Lage des heiligen Grabes in Jerusalem ».

Der Anteil des Orients und der römischen Kunst an der allgemeinen Entwickelung der altchristlichen Kunst bedarf immer noch der Prüfung im einzelnen. Wichtig ist in dieser Beziehung der Sarkophag 174 des Lateranischen Museums. Durch eine genaue Interpretation ergibt sich, dass der figürliche Schmuck nach hellenistischen Mustern gearbeitet ist. Die Langseite weisst den Einfluss kleinasiatischer Kunstübung auf, die beiden Schmalseiten geben in genauerer Weise, als es bisher erkannt wurde, Bauten aus dem Jerusalem des 4. Jahrhunderts wieder. Zugleich bietet sich ein neuer Beweis dafür, dass im 7. Jahrhundert die ursprüngliche Anordnung der konstantinischen Bauten am heiligen Grabe gründlich geändert worden ist. In den römischen Bildhauerstätten des 4. Jahrhunderts arbeitete man ohne selbständiges Schaffen nach östlichen, kleinasiatischen und syrischen Vorlagen.

M. Hubert Pernot a relevé l'utilité de la *phonétique expérimentale* dans les études linguistiques néo-helléniques.

Il en a brièvement exposé les principes. Passant à la prononciation athénienne et étudiant à l'aide des appareils quelques vers de MM. Drosinis et Polémis il a montré que ces appareils révèlent l'apparition dans la prononciation athénienne de phénomènes déjà complètement développés sur d'autres points du sol grec.

Il a ensuite traité de l'harmonie du grec moderne en se basant sur les données des instruments et de la linguistique.

Enfin il a attiré l'attention du Congrès sur ce fait que l'accent de hauteur du grec ancien a persisté en grec moderne. L'accent athénien actuel n'est pas, comme on le croit généralement, un accent d'intensité, mais un accent de hauteur combiné avec un accent de longueur.

M. Constantin Psachos parle sur la « Παρασημαντικὴ τῆς βυζαντινῆς μουσικῆς ».

Ἐπὶ ἱστορικῶν καὶ τεχνικῶν λόγων στηριχθείς, ἀπέδειξεν, ὅτι ἀπὸ τοῦ Θ΄-ΙΘ΄ αἰῶνος ἦτο *συμβολικὴ στενογραφία*. Ὡς πρῶτον σύστημα γραφῆς ἀνέφερε τὸ *ἐκφωνητικόν*, ὅπερ ἀπὸ τοῦ Δ΄ αἰῶνος ἦτο γνωστὸν ἐν Κύπρῳ καὶ ἐν Ἀλεξανδρείᾳ, οὗτινος δὲ δείγματα εὑρίσκονται ἐν τῷ κώδικι τοῦ Ἐφραὶμ τῆς Παρισινῆς Βιβλιοθήκης. Ἕτερον σύστημα, ἄσχετον ὅλως πρὸς τὸ ἐκφωνητικόν, ὑπέδειξε τὴν ἐν κώδιξι τοῦ ΙΑ΄-ΙΒ΄ αἰῶνος ἀπαντῶσαν *συμβολικὴν στενογραφίαν*, ἧς χαρακτηριστικὸν ἡ διὰ *συμβολικῶν ἱερογλυφικῶν σημείων μνημονικῶς ὑπονοουμένη μελῳδικὴ γραμμή*. Δι' εἰκόνων ἐκ χειρογράφων ἀπὸ τοῦ ΙΑ΄ αἰῶνος καὶ ἐφεξῆς ἀπέδειξεν, ὅτι ἡ συμβολικὴ στενογραφία ἀπὸ τοῦ ΙΖ΄ αἰῶνος ἤρχισε νὰ ἀναλύηται εἰς τρόπον, ὥστε αἱ ἀπὸ μνήμης ἐκτελούμεναι μελῳδικαὶ γραμμαὶ νὰ γράφωνται διὰ πλειόνων φθογγοσήμων. Καὶ ὡς κυριώτερον σταθμὸν ἀνέφερε *Πέτρον τὸν Πελοποννήσιον*, οὗτινος τὸ ἀναλυτικὸν σύστημα εἶναι συνεκτικὸς δεσμὸς μεταξὺ τῆς ἀρχαίας στενογραφίας καὶ τῆς σημερινῆς γραφῆς, ἥτις κατόπιν καὶ ἄλλων πλατυτέρων ἐξηγήσεων ἀπὸ τοῦ 1818 κατέστη τελεία ἀνάγνωσις, ἀντικατασταθείσης τῆς τέχνης τῆς μνημονικῆς ἐκτελέσεως διὰ τῆς γραφῆς ὁλοκλήρων πλέον τῶν μελῳδικῶν γραμμῶν διὰ μόνων τῶν φθογγοσήμων. Καὶ ὡς συμπέρασμα ἐξήγαγεν ἀφ' ἑνὸς μέν, ὅτι οἱ ἰσχυριζόμενοι, ὅτι ἀπ' εὐθείας ἀναγινώσκουσι τὴν ἀρχαίαν γραφὴν πλανῶνται, ἀφ' ἑτέρου δὲ, ὅτι ὁ μόνος τρόπος πρὸς κατανόησιν τῆς ἀρχαίας στενογραφίας εἶναι ὁ ἀναδρομικὸς παραλληλισμὸς τῆς σημερινῆς γραφῆς πρὸς τοὺς διαμέσους σταθμοὺς καὶ διὰ τούτων πρὸς τὴν ἀρχαίαν στενογραφίαν.

Séance du mercredi 10 Avril, 9.15 a.m.
Présidence de M. le Professeur Compte Ange de Gubernatis.

M. le Professeur J. J. Hess raconte « Die Selbstbiographie eines Beduinen aus dem Himâ Darîjah nebst einigen Bemerkungen über die Sprache der centralarabischen Beduinen ».

M. G. de Jerphanion parle sur la date des peintures de Tokali Kilissé en Cappadoce.

Malgré une triple exploration en 1907, la date des peintures de Tokali-Kilissé en Cappadoce est encore incertaine. M. Rott croyait avoir reconnu le nom de Nicéphore dans une inscription peinte autour de la prothèse. M. Grégoire affirmait catégoriquement que ce nom n'y figurait pas.

L'opinion de M. Grégoire a prévalu jusqu'à ce jour. C'est pourtant M. Rott qui avait raison en lisant le nom de Nicéphore; mais, par contre, il se trompait lorsqu'il voyait en cet empereur Nicéphore Ier. Le caractère des fresques ne permet pas une attribution si ancienne.

Restent Nicéphore Phocas et Nicéphore Botaniate. C'est au premier qu'il faut s'arrêter, ce qu'en peut établir par la série des propositions qui suivent:

1°) L'église se compose de deux parties — le fond avec le narthex et la partie supérieure — qui ont été creusées à des époques différentes (Une petite chapelle latérale parait avoir été taillée en même temps que la deuxième partie).

2°) Les fresques de la premiere partie ne sont pas, comme on l'a cru, une décoration tardive: elles ont précédé le creusement même de la deuxième partie.

3°) L'inscription de la prothèse se rapporte non seulement aux fresques de cette abside, mais à toutes celles de la deuxième partie de l'église.

4º) La plus importante de ces fresques, une Ascension présente une ordonnance très particulière qui, en Cappadoce ne se retrouve que dans une seule église, celle de Tchaouch In. Il y a eu influence d'un monument sur l'autre.

5º) D'autre part les peintures de Tchaouch In présentent aussi des analogies avec celles de la première partie de Tokali et avec l'ensemble de ce dernier monument tel qu'il est résulté de ces modifications successives. Ce n'est donc pas Tokali, œuvre progressive, qui a imité Tchaouch In, mais inversement Tchaouch In s'est inspiré de Tokali.

6º) Tchaouch In est daté avec certitude par une inscription qui mentionne Nicéphore Phocas.

Donc on ne peut placer sous Nicéphore Botaniate l'achévement de la décoration de Tokali, mais bien sous Nicéphore Phocas.

SECTION Ire

(Dans l'Académie).

Linguistique. Langues indo-européennes.

Séance du mardi 9 Avril, 10.30 a.m.

Présidence de M. le Professeur Adalbert Bezzenberger.

Présents: F. Knauer, Alf Torp, K. F. Johanssohn, A. Thumb, Evald Lidén, Herbart Baynes, Don. Round, E. Schwyzer, M. Vasmer, Th. Stcherbatsky, J. Jolly, Otto Lagerkranz, B. Delbrück, A. Mac Donald, H. Beck, W. Siegling, Adalbert Bezzenberger, H. Lüders, J. K. Steele, C. M. Ridding, C. Otto Blagden, H. Reichelt, Nivard Schlögl, I. J. Sorabji, Hillebrand, J. Eggeling, A. Carnot, Emil Reisch, N. Decavalla Secrétaire.

M. le Professeur Nivard Schlögl traite des « Neue bisher ungeahnte Bahnen der vergleichenden Sprachwissenschaft ».

Redner sucht unter Vergleich der semitischen Dialekte, des Türkischen, der Namasprache (Buschmännersprache), des Chinesischen und des Griechischen als Vertreters der indogermanischen Sprachen nachzuweisen, dass die Entdeckung des Wiener Aegyptologen Reinisch, die dieser an den chamito-kuschitischen Sprachen machte, von allen Sprachen der Welt gilt, nämlich: jedes Personalpronomen, jede Nominal- und jede Verbalform ist aus einem dreigliedrigen Sub-

L'Académie.

stantivsatze der isolierenden Ursprache entstanden, der aus einem Nomen, dem Pronomen der Ursprache und einer Variante des Verbums « Sein » bestand, z. B. assyrich an-a-kn = seiend ich sein, šarr-a-tun = König sie sein, griechisch λύ-ο-μεν = Löser wir sein.

La séance est levée vers midi.

Séance du mercredi 10 Avril, 10 a.m.
Présidence de M. le Professeur Adalbert Bezzenberger.

Présents: E. H. Alton, F. Knauer, H. Reichelt, Chr. Sarauw, Em. Boisack, F. W. Thomas, J. Eggeling, James Silnos,

A. Danon, G. Hopkins, Th. Stcherbatsky, Otto Lagerkranz, E. Schwyzer, G. N. Hadjidakis, Alf Torp, Don. Round, Evald Lidén, K. F. Johanssohn, Adalbert Bezzenberger, A. Thumb, A. Hillebrandt, C. M. Ridding, J. K. Steele, Dines Andersen, I. J. Sorabji, Todar Mall, H. Beck, A. Mac Donald, M. Siegling, Else Lüders, E. Thomas, Mlle Caterinopoulos, M. Vasmer, Theop. Saucine, N. Decavalla, secrétaire.

M. le Professeur P. Kretschmer lit sa communication intitulée « Zur Entwickelung der indogermanischen Sprachwissenschaft »[1].

M. le Professeur Herbert Baynes donne lecture de sa communication intitulée « On the origin of the Alphabet ».[2]

M. le Professeur A. Torp parle en allemand sur un mot d'une inscription du vase Fol. 2554.

Diese Gefässinschrift erläutert die am Gefässe dargestellte Szene, den Abschied des Admetos von der Alcestis; der letzte Teil der Inschrift hat man so gelesen *axvum slerdrce,* welches « und opferte sich selbst (oder ihr Leben) » bedeuten muss. Prof. Torp machte darauf aufmerksam, dass hier nicht *axv* sondern *átr* steht. Für dieses Wort *átr,* das in mehreren Grabschriften vorkommt hat er schon früher (cfr. Beitr.) die Bedeutung « das selbst » vermutet, und dies mit dem gleichbedeutenden *atla* oder *atra* « das Selbst » zusammengestellt. Diese Bedeutung wird durch die hier behandelte Inschrift als sicher erwiesen.

M. le Professeur Evald Lidén parle Zum Wortschatz der tocharischen Sprache » et donne des explications étymologiques et des remarques phonétiques des mots

---
[1] Voir l'Annexe F.
[2] Voir l'Annexe F.

tochariques, du dialecte B, suivants: *Kroççañne, walke, serke (saseryu A), retke, kesta, çwälle, kanṣeñca, ritt—, aik—*.

M. le Professeur Edouard **Schwyzer** fait une communication « Zur Geschichte der griechischen und indogermanischen Wortbildung ».

Die Wichtigkeit der historischen Betrachtungsweise für die indogermanische Wortbildung und die Möglichkeit paralleler Entwicklung in Fällen, in denen scheinbar indogermanisches Erbgut vorliegt, werden an einigen meist dem Griechischen entnommenen Beispielen dargelegt. Ausführlicher werden behandelt 1. das homerische ἄντησις in κατ' ἄντησιν ν 387. Die Annahme, dass ἄντησις eine Nebenform von ἄντησις sei (vgl. κνῆστις μνῆστις) ist auch deshalb unmöglich, weil bei Homer Bildungen auf -σι- zu Denominativen noch garnicht vorkommen; bei Homer hat das Suffix -τυ- diese Funktion. ἄντησις zerlegt sich in ἄντη + στι - ς zu ἵστη - μι (der Artikel wird in den Indogermanischen Forschungen erscheinen). 2. Neben den alten r-w-Stämmen mit Dingbedeutung, die fast durchweg isolierte Wörter sind, hat das Griechische einen andern Typus von Wörtern auf αρ Ϝαρ, die sich an lebendige Verbalwurzeln anschliessen und vereinzelt noch Aktionsbedeutung haben, so ἄλκαρ. Den gleichen Typus finden wir im Avesta wieder; wahrscheinlicher handelt es sich um zufällig parallele Entwicklung als um gemeinsames Erbe.

La séance est levée vers midi.

Séance du jeudi, 11 Avril, 2 p.m.
Présidence de M. le Professeur Adalbert Bezzenberger.

Présents: A. Bezzenberger, F. Knauer, M. Boisack, F. M. Brockdorff, F. W. Thomas, Otto Blagden, H. Reichelt, Alf Torp, G. N. Hadjidakis, S. Pachoundakis, M. Vasmer, Mme C. Vasmer, E. Schwyzer, K. F. Johanssohn, Evald Lidén, N. Decavalla, secrétaire.

M. le Professeur Emile Boisack parle sur quelques étymologies grecques.

L'identité du grec ἄπιος « poirier », ἄπιον « poire » et du latin *pirus pirum* (mêmes sens) a été récemment contestée par MM. Vendryes et Walde, pour qui un latin *pĕrus* succéderait nécessairement à un italique *piso-s*. M. Boisacq maintient le rapprochement, et, invoquant un grand nombre de mots d'agriculture qui ont passé des dialectes suburbains ou ruraux dans la langue de Rome, considère le latin *pirus* comme un mot rural. Quant à l'ἀ- initial du grec, on sait qu'un nombre considérable de vocables présentent en grec un ἀ-, un ἐ-, un ὀ-, dits prothétiques, là où les mots congénères des langues indo-européennes commencent par des consonnes; l'arménien présente le même phénomène au moins dans *ayr.* (i. e. +*anēr*) «homme» et *astł* «étoile». Le même traitement a dû atteindre les emprunts. Ἄπιος et *pirus* doivent remonter à un même mot méditerranéen et préindo-européen *apiso-*. Tout rapport avec R. *pî-, pôi-*, lat. *opīmus* «gras» doit être écarté.

M. A. Danon traite «Du Turc dans le judéo-espagnol.

Le castillan, importé en Turquie par les Juifs exilés de la péninsule ibérique en 1492, s'est laissé surtout pénétrer par la langue de leurs nouveaux compatriotes ottomans, dont un Glossaire (Essai sur les vocables turcs dans le judéo-espagnol) a été publié de ma part, avec son historique et sa linguistique, dans la Keleti-szemle (Revue Orientale) de Budapest (1904). Je me propose d'en explorer ici le domaine grammatical, les modifications imposées par l'espagnol sur sa phonétique (consonnes et voyelles), et les diverses parties du discours (nom, adjectif, pronom, verbe et mots invariables), le tout accompagné de quelques notes de syntaxe, de lexicologie et de rhétorique, avec quelques remarques sur les travestissements imprimés, sur un ton sarcastique, par le judéo-espagnol à certaines expressions turques.

M. Graham Bailey fait sa communication sur la question suivante: « Unknown modern Indian vernaculars ».

Part of the work; this Congress is to ascertain the work still to be done and the best means of doing it.

Field of modern vernaculars. Very large, largely unworked. Can be worked only by men on the spot. It is full of interest and scientific value.

Illustration from a particular instance. — The Panjab and Kashmir Himalayas. This field contains about 70 languages and dialects-only two propely studied, vic. Kashmiri and Hadakhī.

In all from 15 to 70 are Tibeto-burman; the rest Indo-European. Of the latter about 6 are connected with Ihīnā, 6 with Kaschmīrī, the rest connected with either Panjab or Kajasthanī.

An indicaiion of what has been done in the various languages.

2 properly studied. I have published short grammars of 25 and have 14 more in Ms. Brief notes on 3 more have been published. The remainder are untouched.

Indication of the work to be done.
1. Brief grammars of all dialects not yet studied.
2. Full studies of four groups.
3. Full comparative studies of two large groups.

The nature of the work.
1. Brief grammatical notes — to be compiled by any one, ever a non-expert.
2. Full studies by linguistic experts.
3. Philological study by European philologists.

Conclusion. The chief journals of Oriental learning should secure studies along the lines sketched above.

M. le Professeur E. Washburn Hopkins parle sur les « Sanskrit Kabairas and Greek Kabeiros ».

The verbal identity of the Greek and Sanskrit words has already been suggested by Wackernagel in a recent number of **Kuhn's Zeitschrift.** This present paper deals with the true nature of the Sanskrit Kabairas, the older form of the name of Kuberas, a god whom later mythology has so altered and magnified that it is difficult to trace in his appearance any resemblance to the older spirit, except for the fact that both early and late Kabairas or Kuberas remains „lord of treasure and wealth". But the early Vedic idea of Kabairas is not that of a god, but of a spirit of hiding, and there are also traits which show phallic tendencies. These traits appear in the great epic poem, the Mahabharata, and it is there, and in the still earlier Sutra literature, that we must look for the original notion underlying the conception of the Hindu god. At first he is no god, but an earth-spirit, whose function is to keep or reveal at pleasure the wealth of the earth. False conceptions are those of the later literature, that he is god of the North, hideously deformed, and possessed of many wives and sons. He has but one wife and one son. His deformity is that of a phallic spirit (three legs) only, to which were added later other marks of deformity. His original designation was „spirit of concealment". He has the knavish tricks of a kobald; prayers are addressed to him (later this is denied); he is an understudy of Siva as mountain-god; it is with fire and wind that one gets his treasure; he is a sort of Vulcan but chiefly he is concerned with gold rather than with baser metals. In short he is a fair parallel to Kabeiros in Greece, only that he becomes more exalted and passes into the plane of the higher gods. But the traces of his gradual development still remain clear in the epic poetry and it is not improbable that Kabeiros was originally an Indo-European spirit.

La séance est levée à 4 heures de l'après-midi.

Séance du vendredi 12 Avril, 2 p. m.
Présidence de M. le Professeur Adalbert Bezzenberger.

Présents: A. Bezzenberger, H. Pernot, Max Vasmer, K. F. Johanssohn, K. Lidén, Alf Torp, E. Schwyzer, Otto Lagerkranz, H. Reichelt, Johan Heiser, K. Wulff, F. Knauer, H. Bezzenberger, M. Schultdke, A. Thumb, A. Carnoy, Mlle Carnoy, B. Delbrück, P. Kretschmer,

L. Kretschmer, C. Vasmer, M. Boisack, A. Hesseling, G. N. Hatzidakis, N. Decavalla, secrétaire.

M. le Docteur Max Vasmer parle sur les « Standessprachliche Elemente im Russischen ».

Der Referent bespricht die Wortbildungsmittel des russischen Rotwelschs (d.h. der russischen Bettler-, Hausierer- und Handwerkersprache) die zum grössten Teil darin bestehen, dass gewöhnlichen russischen Wörtern künstliche Anlautssilben vorgeschlagen werden, wie *šu-ku-sš-*, die oft durch Kürzung die erste Silbe der russischen Wörter ersetzen (z. b. rotwelsch šust = russisch kust « Strauch » etc.). Solche rotwelsche Wörter versucht er auch in der russischen Gemeinsprache wiederzufinden (z. b. im russischen *šustryj* « gerieben, gewandt » : *ostryj; sivorotz* « kragen » : *vorotz* id.). Einzelne rotwelsche Lehnwörter der Gemeinsprache zeigen kleinrussische Lautform. Dies hält Ref. für sehr begreiflich, da er auch die Entstehung des russischen Rotwelsch in Süd - bezw. Südwestrussland sucht, wegen der zahlreichen griechischen und polnischen Lehnwörter, zu denen sich noch einige magyarische und rumänishe gesellen. Er verschweigt dabei nicht das Vorhandensein niederdeutscher Elemente in dem russischen Rotwelsch, glaubt aber doch an einen südlichen Ursprung des letzteren, weil ostsseefinnische Lehnwörter allgemeiner Verbreitung im Rotwelsch nicht nachzuweisen sind. Näheres darüber zu veröffentlichen behält Ref. sich für später vor. Vorläufig s. Wörter und Sachen Bd. III.

M. Hans Reichelt communique « Bewerkungen über eine neue Auffassung des iranischen Vokalismus ».

Sucht entgegen der Auffassung des Herrn Andreas nachzuweisen, dass die awestische Vulgata autoritativen Wert besitzt, in dem er sie in ihren älteren Teilen als phonetische Niederschrift erklärt, für die zum Zweck der Festlegung der traditionellen Aussprache das awestische Alphabet eigens erfunden worden ist. Zugleich legt er dar, dass die indogermanische Vokaltrias a, e, o im Iranischen nicht mehr erhalten gewesen ist, da die verschiedene Färbung der Vokale und Diphthonge auf Rechnung der Aussprache zu setzen ist.

M. le Professeur G. N. Hadjidakis parle « Περὶ φωνητικοῦ τινος νόμου ἐν τῇ ποντικῇ διαλέκτῳ ».

Ἐν τῇ ποντικῇ διαλέκτῳ διατίθενται τὰ φωνήεντα κατὰ φθογγικοὺς νόμους ἱκανῶς διαφόρους καὶ τῶν τῆς μεσημβρινῆς καὶ τῶν τῆς βορείου ἑλληνικῆς. Ἰδίᾳ περὶ τῆς ἀποβολῆς αὐτῶν παρατηρητέον ὅτι αἱ ἀπώλειαι δὲν γίνονται καθ' οὓς ἐν τῇ βορείῳ ἑλληνικῇ νόμους, ἀλλὰ κατ' ἄλλους. Οὕτως ἐν τῇ βορείῳ ἀπόλλυται τὸ *i* καὶ τὸ *u*, ὅταν εἶναι ἄτονα, ἀδιάφορον ἂν κεῖνται ἐν συλλαβῇ προτόνῳ ἢ ἐπιτόνῳ καὶ ἐγγὺς ἢ μακρὰν τῆς τονουμένης συλλαβῆς. Τοὐναντίον ἐν Πόντῳ ἀποβάλλονται μὲν ὁμοίως μόνα τὰ φωνήεντα *i* καὶ *u*, ἀλλὰ τοῦτο γίνεται μόνον ὅταν κεῖνται ἐν τῇ εὐθὺς τῷ τόνῳ ἑπομένῃ συλλαβῇ, οὐχὶ δὲ καὶ ὅταν κεῖνται ἐν συλλαβῇ προτόνῳ ἢ ἐπιτόνῳ μὲν ἀλλ' ἀφισταμένῃ τῆς τονουμένης συλλαβῆς. Κατὰ ταῦτα τύποι οἷον *πκαμίσα* ἀντὶ *πουκαμίσα, δεκατέσσαρς, Ἀγγελκὴ, Θκός μου* ἀντὶ *δικός μου, θμός, ξάψ, σμάδ, ψουκέρατ' = (δ)πισωκέρατα* κ.τ.λ. εἶναι μὲν εὔχρηστοι ἐν τῇ βορείῳ ἑλληνικῇ ἀλλ' οὐχὶ ἐν Πόντῳ.

Πρὸς τὸν νόμον τοῦτον τῆς ποντικῆς διαλέκτου πολλὰ φαίνονται ὅτι ἀντιβαίνουσι, καθ' ὅσον καὶ τἆλλα φωνήεντα *a, o, e* ἐκπίπτουσι πολλάκις καὶ τὸ *ι* καὶ *u* πάσχουσι τοῦτο ἐν προτόνοις ἢ ἐν συλλαβαῖς μακρὰν τοῦ τόνου κειμέναις. Ἀλλὰ πᾶσαι αἱ ἐξαιρέσεις αὗται ἑρμηνεύονται κατ' ἄλλους νόμους καὶ ἀρχάς, ὥστε ὁ περὶ οὗ ὁ λόγος νόμος τῆς ἀποβολῆς τοῦ *i* καὶ *u* μόνον ἐν τῇ εὐθὺς μετὰ τὸν τόνον ἑπομένῃ συλλαβῇ ἀποδείκνυται ἀληθής.

M. Johan Eyser fait une communication sur le catalogue des manuscrits iraniques de la Bibliothèque universitaire de Copenhague.

Im Auftrage der Universitätsbibliothek zu Kopenhagen habe ich der Sektion die Mitteilung zu machen, daß die Herausgabe einer ausführlichen wissenschaftlichen Beschreibung der in der Bibliothek aufbewahrten alt-und mitteliranischen Handschriften auf Grundlage eines für bibliothekarische Zwecke von mir jüngst hergestellten handschriftlichen Katalogs bevorsteht. Dieses Werk wird unter den Auspizien des Herrn Geheimrats Professor Dr. Bartholomae vom Herrn Dr. Heinrich Junker als wissenschaftlichen Bearbeiter der Handschriften in englischer Sprache abgefasst und von mir herausgegeben werden.

Gleichzeitig mit dieser Beschreibung wird für die Konservierung der Handschriften in Übereinstimmung mit den Prinzipien, die in den großen orientalischen Handschriftensammlungen Europas Verwendung gefunden haben, Sorge getragen werden.

Das ganze Unternehmen, das in ökonomischer Hinsicht durch eine Dotation des Carlsbergfonds gesichert ist, wird durch ein Komité überwacht werden, das aus Seiner Exzellenz Professor Vilhelm Thomsen als Vorsitzendem und den Herren Professoren Fr. Buhl und Dines Andersen besteht.

Im Anschlusse an diese Mitteilung, woraus sich hoffentlich entnehmen läst, daß für die Beschreibung und weitere Erhaltung dieser wichtigen Handschriften in bestmöglicher Weise gesorgt werden wird, gestatte ich mir wegen eines weitertragenden Gedankens die Aufmerksamkeit der Sektion in Anspruch zu nehmen:

Es erscheint sehr wünschenswert, daß von den besten dieser Handschriften Facsimileausgaben hergestellt werden, und zur Erreichung dieses Zweckes wäre eine Empfehlung seitens der Sektion von keiner geringen Bedeutung. Unter der Voraussetzung, daß die Sektion sich bereit finden lässt, durch ihre Autorität diesen Plan zu unterstützen, werde ich mir erlauben einen dahinzielenden Vorschlag zum Beschlusse der Sektion zu unterbreiten.

Sur quoi la Section admet la proposition suivante: « Il serait d'une grande importance scientifique de publier complétement et exactement des fac-similés des manuscrits précieux de l'Avesta et Palahvi, conservés dans la bibliothèque universitaire de Copenhague.

La même communication de M. Eyser a été faite dans une séance de la Section IIIe, qui a émis le même vœu.

La séance est levée à 4 heures de l'après-midi.

SECTION IIe ET VIIe RÉUNIES
(Dans la Bibliothèque Nationale).

Histoire comparée des religions de l'Orient. Mythologie comparée et Folklore. Inscriptions Cunéiformes. — Langues et littératures sémitiques (Phénicien, Assyrien, Babylonien, Hébreu, Araméen, Ethiopien).

Séance du lundi 8 Avril, 3 p. m.
Présidence de M. Paul Haupt.

Comme il n'y avait présents à cette première séance de la Section IIe que cinq membres, ceux-ci résolurent à se réunir à la Séction VIIe.

Mais aussi à la première séance de la section VIIe n'assistèrent que quinze personnes.

M. le Professeur Paul Haupt de Baltimore fit la proposition d'élire d'abord un président et un secrétaire provisoires. On désigna par acclamation M. Paul Haupt comme président et M. C. Clemen comme secrétaire.

Ensuite **M. le Professeur Vald. Schmidt** fit une communication sur une statuette chaldéenne, acquise dernièrement par la Glyptothèque de Copenhague.

Il fait circuler parmi les membres de la Section la photographie d'une statuette intéressante en pierre qui a été acquise dernièrement par la glyptothèque Ny Carlsberg à Copenhague. M. Schmidt observe que la statuette est évidemment d'origine chaldéenne, mais la provenance exacte n'est pas connue. Elle est sans doute bien antérieure à l'an 2000 avant-J.-C. Elle est très-bien faite et bien conservée, mais malheureusement anépigraphe. On voit dans le Musée Brittanique une statuette qui affecte le même type. Le Louvre possède une tête très ressemblante, trouvée par M. de Sarzec à Tell-Loh; elle a été publiée par lui avec deux autres têtes du même genre.

La Bibliothèque Nationale.

M. Schmidt fait circuler ensuite la photographie d'un petit bas-relief en pierre appartenant à la même collection de Copenhague.

Ce bas-relief est assez bien fait et bien conservé; on voit deux hommes assis à une table, l'un vis-à-vis de l'autre. M. Schmidt observe que la provenance n'est pas connue, mais que le petit monument tire son origine, sans doute, soit de la Babylonie, soit d'un des pays limitrophes qui dans une époque reculée se sont trouvés sous l'influence de l'ancienne civilisation babylonienne.

Après M. Schmidt prend la parole **M. le Professeur T. Witton Davies**, qui traite le sujet suivant: «Keltic and Semitic, a comparison and some conclusions».

Il en a déposé le résumé qui suit:

Views of the old Welsh Philologists.

1. That Hebrew is the original language of the human race.
2. That Welsh is derived immediately from Hebrew, thence the attempts in old Welsh Grammars, dictionaries etc. to trace resemblances between Welsh and Hebrew.

The above opinions supported by the many Hebraisms of the Welsh Bible.

Since the time of the great Welsh Orientalist, Sir Wm Jones, Keltic has been reckoned among the Aryan languages, its grammar and lexicography being explained from the Aryan point of view.

Sir John Rhys (Oxford) and Professor J. Morris Jones M. A. (Bangor) hold that pure Keltic is Aryan, but that the Keltic languages of the British Gales («Neo-Keltic») have been modified in their syntax by contact with a Pre-aryan («Pictish» «Iberian»?) population which the Kelts found already in Britain.

Semitic contains all the syntactical elements common to Keltic and Hamitic («Pictish», «Iberian»?) and many others besides showing many important affinities with Keltic in etymology, accidence and so forth.

Points of contact between Keltic and Semitic.

I. Accidence.

1. Noun - number, gender, case.
2. Article - (a) definite (b) no indefinite.
3. Pronoun - (a) independent (b) suffixed (c) prefixed. (d) the absence of a relative pronoun.
4. Verb.

II. Syntax.

1. Order of words.

Qualifing words follow the words they qualify.

(a) the adjective follows the substantive.

(b) the genitive follows the word it qualifies.

(c) the verb precedes the subject.

In all these respects Hamitic (Egyptian) agrees with Keltic and Semitic.

2. The construction called annexion (Iḍaf اِضَافٌ of the Arabic grammarians) is common to Hamitic, Keltic and Semitic.

3. The Predicate (verb o so om) when preceding the subject commonly and perhaps originally always stands in the singular 3[ed] person though the subject following be in the plural.

Une discussion assez longue entre le président et le conférencier suivit cette communication.

La séance est levée à 4 heures de l'après-midi.

Séance du mercredi, 10 Avril, 9.30 a. m.
Présidence de M. Paul Haupt.

Le procès-verbal de la première séance fut lu et approuvé.

Comme il ne sera pas possible de faire toutes les communications annoncées jeudi et vendredi dans l'après-midi, on décide qu'une partie soit remise à mardi matin.

Puis on procède à l'élection définitive du Bureau. On élit M. le Professeur Paul Haupt de Baltimore comme premier, M. le Professeur Bezold de Heidelberg comme deuxième, M. le Professeur Driver d'Oxford comme troisième président. Celui-ci n'ayant pas accepté ainsi que le Professeur Lehmann-Haupt de Liverpool, on élit comme troisième président M. le Professeur Budde de Marbourg.

Comme premier secrétaire fut élu M. le Professeur Zapletal de Fribourg, comme deuxième M. Clemen, comme troisième M. Schorr de Lemberg, M. le Professeur Clay et M. Lehmann-Haupt n'ayant pas accepté.

Puis **M. Lehmann-Haupt** lut une notice nécrologique à la mémoire du Professeur H. W. Hogg, de Manchester. Les membres de la Section s'élèvent de leurs sièges.

Ensuite **M. le Professeur Fritz Hommel** parle sur Adram-melech et 'Anam-melech.

Prof. Hommel schlägt vor, die 2. Köns. 17, 31 erwähnten, in Samaria von den Sepharviten verehrten Zwillingsgötter Adram-melech und 'Anam-melech, mit den in babylonischen Götterlisten des öfteren genannten Zwillingsgöttern Alime und Allamu (demnach aus 'Anmu und Adramu entstanden = Sin nnd Nergal, zu- und abnehmender Mond) zusammenzustellen.

Une discussion suit à cette communication.

M. le Professeur Sebastian Euringer lit sa conférence intituléé « Ein unkanonischer Text (Hoheslied 8, 15-20) in der armenischen Bibel ».

Während in der hebräischen Bibel und in den alten Übertragungen das Hohelied mit 8, 14 abschliesst, enthalten die Ausgaben der armenischen Bibelübersetzung (Oskigan, Venedig 1733, Jorab, Venedig 1805 und Konstantinopler Ausgabe 1895) noch weitere sechs Verse, für die es nirgends, höchstens in der georgischen Bibel, was ich nicht kontrollieren kann, ein Pendant gibt.

Dieser sehr mangelhaft überlieferte und wohl an manchen Stellen unrichtig in's Armenische übersetzte Appendix ist ebenso dunkel und änigmatisch und lässt ebenso die Möglichkeit christlichen Ursprungs oder Korrektion bezw. Interpolation zu (vergl. 8,20), wie die neuentdeckten « Oden Salomos ».

Der Appendix schliesst sich einerseits an die Schlussverse des kanonischen Textes an, fällt aber anderseits so sehr aus dem Gedankenkurs, Stil und Rythmus des letzteren heraus, dass man zwar die Bekanntschaft des Autors mit dem Hohenlied anerkennen, aber die Identität desselben mit jenem des Hohenliedes ablehnen muss.

Man könnte daher versucht sein, den Appendix als Fragment der 1 Ode Salomon's, von der mir ein kleines Bruchstück in der Pistis Sophia erhalten ist, zu betrachten, zumal die «Oden» als Ausführung des 8, 13, nach der LXX (ὁ καθήμενος ἐν κήποις, ἑταῖροι προσέχοντες τῇ φωνῇ σου, ἀκούτισόν μου), welcher auch nach der armenischen Übersetzung an den Bräutigam (hier als Salomon gedacht) gerichteten Wunsches seine Stimme hören zu lassen, angesehen werden können und daher in der ganzen Bibel keinen entsprechenderen Platz als den unmittelbar nach dem Hohenliede finden können.

Die 1. Ode könnte dann recht wohl den Zusammenhang mit dem Hohenliede erstrebt haben, was dem Inhalt der ersten Verse desselben entsprechen würde. Oder dieser Appendix könnte ein Teil der Praefatio der Oden sein, der als mit dem Hohenliede einigermassen verwandt, nach der Entfernung der Oden aus dem Kanon noch erhalten blieb, indem er zum Corpus des Hohenliedes geschlagen wurde. Diese beiden Hypothesen werden mit aller Reserve gegeben.

Après la communication de M. Euringer suit une discussion à laquelle prirent par MM. **Clemen** et **Kittel**.

M. le Professeur Paul Haupt cède la présidence à M. le Professeur Charles Bezold et monte sur la tribune pour parler sur « Bean and Amathitis ».

Bean, griechisch Βαιάν, 1 Makk. 5, 5, ist die Heimat Mabals, die im Alten Testamente (1 Sam. 25,2) *Ma'ôn* genannt wird und jetzt *Chirbet Ma'în* (südlich von Hebron) heisst. *Ma'în* bedeutet Wasserstelle, und *Ma'ôn:* Haltestelle, was im Grunde genommen auf dasselbe hinauskommt; Lager wurden natürlich an Wasserstellen angelegt. Auch die im Alten Testamente erwähnten Meuniter sind mit den makkabäischen Bajanitern identisch und haben mit den arabischen Minäern nichts zu schaffen.

Amathitis (1 Makk. 12,25) ist nicht das Gebiet von Hamath am Orontes, sondern das Gebiet der alten Hauptstadt Galiläas bei den heissen Quellen *(hammôth)* am See Gennezareth, eine halbe Stunde südlich von Tiberias. Wenn der Makkabäer Jonathan nach Amathitis zieht um die Syrer von einem Einfalle in sein Land abzuhalten, dann aber die Verfolgung der (natürlich nach Norden) abgezogenen Feinde aufgiebt, weil er erfährt, dass sie den Eleutherusfluss (das ist der heutige *Nahr el-Kebîr,* der südlich von Hamath am Orontes liegt) überschritten haben, so kann Amathitis nicht nördlich vom Eleutherusflusse gelegen haben; es muss sich auf das galiläische Hamath bei Tiberias beziehen, nicht auf Hamath am Orontes.

Das mit Hamath zusammen genannte Arpad ist Irbid oder Arbela am Westende des See Gennezareth. Dieser Ortsname erscheint auch in den entstellten Formen Arbel, Harbel, Ribla. Die Tatsache, dass Hamath in den Keilinschriften und im Alten Testamente die Alte Hauptstadt Galiläas bezeichnet, ist von grosser Bedeutung für die Frage der nichtsemitischen Abkunft der Stifter der christlichen Religion.

A la discussion qui suivit participèrent **MM. Kittel**, et **Haupt** et **Mme Lewis**.

M. Haupt reprend la présidence et donne la parole à M. Clemen.

M. le Professeur Clemen fait une conférence sur « Die Bedeutung der griechischen Nachrichten für unsere Kenntnis des Mazdaismus ».

Professor Clemen schildert die Bedeutung der griechischen Nachrichten (hinter denen die lateinischen an Wert weit zurückstehen): 1) für unsere Kenntnis der aus dem Avesta nicht erkennbaren Seiten des Mazdaismus;

2) für die Bestimmung des Alters seiner einzelnen Anschauungen; 3) für die Beantwortung der Frage nach der Religion derjenigen Perser, mit denen die Griechen und Juden in Berührung kamen. Er zeigt, daß namentlich Herodot, obwohl er an manchen Stellen falsche Angaben macht, doch an den meisten im Rechte ist und im Allgemeinen den Mazdaismus im Auge hat, so daß dieser die Religion war, die Griechen und Juden bei den Persern kennen lernten.

La séance est levée vers midi.

Séance du jeudi 11 Avril 9.30 a. m.
Présidence de M. Paul Haupt.

Présents: MM. Bezold, Boréas, Budde, Al. v. Bulmerincq, G. R. Driver, Euringer, Mme M. D. Gibson, H. Grimme, Paul Haupt, P. S. Henry, Eugen Hermann, J. J. Hess, Hommel, A. S. Johns, C. H. W. Johns, Moris Jastrow Jr., Alfr. Jeremias, Mme Agnès S. Lewis, Edouard Naville, H. Nowack, C. Pharr, N. A. Papajannopoulos, Rousselle, M^r et Mrs Gustav Sachs, Serauw, G. Schilling, Vald. Schmidt, Schorr, W. Staerck, Zervos, H. Zimmern, Zapletal, S. R. Driver.

On lit et on approuve le procès-verbal de la séance du mercredi.

Au lieu de M. A. Budde, élu deuxième Vice-président dans la séance précédente qui a déclaré d'être empêché d'assister régulièrement aux séances, on élit en unanimité M. le Professeur H. Nowack.

M. Charles Bezold donne lecture de sa communication « Zur Topik der babylonich-assyrischen Astrologie ».

In diesem Vortrag wird gezeigt, dass zunächst die Quellen der in Frage kommenden Inschriften kritisch zu siechten sind. Es folgt die Erläuterung einiger bildlicher Ausdrücke für Sternerscheinungen, aus denen gewahrsagt wurde. Schliesslich wird an der Hand eines assyrischen Textes dargelegt, dass Vorläufer der griechischen Geoponiker in der Keilschriftliteratur su suchen sind.

M. le Professeur Albert T. Clay parle ensuite sur « The Babylonian Sisiktu ».

The *sisiktu* mentioned in the inscriptions of Babylonia and Assyria is in all probability to be identified with the four cords which are seen in the Assyrian reliefs and the Babylonian seal-cylinders honging from beneath the tunica worn by deities and men, or suspended from the girdle. The marks made by the *sisiktu* upon clay tables, which served as a substitute for the impression of the seal-cylinder, indicates that they were made by a knot of such a cord pressed into the clay. The significance of the *sisiktu* at present is not understood, but it is to be noted that it was regarded as a calamity when a man was deprived from wearing it.

Although there are philological difficulties in identifying the Old Testament *sisith*, which served as a reminder of the Jews obligations to the law, the Babylonian *sisiktu*, written *ziziktu* in the early period, is doubtless to be regarded as identical.

M. le Professeur H. Zimmern traite « Über die altbabylonischen Kultlieder, insbensondere die Tamuz (Adonis) — Lieder ».

Der Vortragende wies auf die Bedeutung der sich gegenwärtig immer stärker mehrenden Hymnentexte aus altbabylonischer Zeit in sumerischer Sprache hin, und machte speziell nähere Mitteilungen über seine demnächst erscheinende Ausgabe der einschlägigen Texte des Berliner Museums, insbesondere auch über einige interessante Istar-Tamuz-Lieder in dieser Sammlung (Gleichsetzung der verstorbenen Könige von Isiu mit dem verschwundenen und wieder zurückkehrenden Tamuz).

M. le Professeur Morris Jastrow Jʳ parle sur « Babylonian-Assyrian Birth-Omens and their significance ».

Extensive and, indeed, almost boundless as the field of Babylonian-Assyrian Divination turns out to be, it is nevertheless possible to distinguish three main subdivisions (1) Liver Divination or Hepatoscopy (2) Divination through the heavenly bodies or Astrology and (3) Divination from signs observed in the young of animals and in the case of infants. It may now be regarded as definitely established that apart from their intrensic interest and their connection with the religions beliefs and the cult of the Babylonians and Assyrians, the first two divisions are of significance from a two-fold point of view, firstly in leading to a development along scientific lines and in pointing to a relationship between various cultural centres of antiquity.

In the case of Hepatoscopy, we find Divination through the liver leading to the study of Anatomy, while the endeavor to divine the future through the moon, sun, planets and stars led to Astronomy. Again, in the case of the Hepatoscopy and Astrology, the evidence has been furnished that those Divination methods passed on to the Etruscans and through the Etruscans or directly made their way to the Greeks and Romans.

Can the same significance be shown in the case of the third division—the Babylonian and Assyrian Birth-Omens? To this question an asservative answer can be given.

The Birth-Omens known to us from hunderds of fragments in the Library of Ashurbanabal deal with signs observed (a) in the case of newly-born lambs, colts, swine, goats and dogs and (b) in the case of young infants. The feeld of observation was still further extended by making the term i s b u for the young buck inside the foetus in a more or less undeveloped state. The two main considerations included in the signs observed are (1) abnormalities of all kinds, extending from simple malformations of any organ or part of the body to „excessive" formations, such as two heads or more, more than four feet in the case of infants, or „defective" formations. The wide range of monstrous formations is made still wider through the element of fancy which led to the (2) supposed resemblance of one part or organ of an animal with another animal as for instance a lamb with a face suggesting that of a lion or of a jackal with ears suggesting the ears of a dog or ass; and so on through the entire list of organs and parts. Applying those supposed resemblances to young infants, we can follow the Babylonians and Assyrians in their endeavors to see traits or features of one animal or the other in the newly-born infant; and it can hardly be accidental that in the study of human Physiognomy as cultivated by the Greeks and Romans and carried down to the theshhold of modern science, the supposed resemblances between human features and the features of certain animals play a great part as a basis for attempts at reading human characters. Various other considerations lead us to the conclusion that the science or pseudo-science of human Physiognomy takes its rise from Birth-Omens.

But may we assume that Divination through Birth-signs passed to the West? We find Birth-Omens playing a considerable role among the Romans, and it is significant, that the signs noted, as passages in Julius Obsequens show, are of the same general character as we find in the collections of the Babylonian and Assyrian priests. Moreover Latin writers tell as that the Etruscans were particularly well versed in interpreting Birth-Omens, as they were the teachers of Hepatoscopy. We are justified therefore in adding Birth-Omen Divination as another link connecting Babylonia with the West. We may also pass to the distant Past, for in China we also encounter Birth-Omens with all the indications that we are in the presence of a foreign product.

Lastly, the question may be raised whether the whole domain of monstres and monstruosities as developed by the human fancy does not ultimately revert to Birth-Omens as a starting point. In the Babylonian-Assyrian Birth-Omens we find descriptions of animals showing the traits of various animals or of young infants with animal traits and features that come close to the fanciful Sirens, Tritons, Sarian Art. While no doubt other factors are involved, the mythologies and which suggest also the hybrid creatures—a human head with the body of a lion, or a bull, or the winged human figures—in Babylonian and Assyrian Art. While no doubt other factors are involved, the fanciful basis of Birth-Omens would be of moment in leading to the widespread notion that the world was once peopled with mixed creations.

The importance assigned to monsters among European nations to a late date and the fact that abnormalities among animals and human beings were looked upon as signs sent by the Deity, that is to say as a m o n s t r u m or a p r o d i g i u m, finds a natural explanation in the rule of Birth-Omens.

Il suit une discussion, à laquelle ont participé MM. **Bezold, Zervos, Zimmern, Hommel, Paul Haupt.**

M. le Professeur C. H. W. Johns parle sur « Some little known Kings of Babylonia ».

The publication of a new dynastic list by Professor Scheil has called attention to the Kings of Kish, who furnished more than one dynasty to Babylonia. The well known series of early Kings may form a first Dynasty before that of Opis which works thus be followed by a second Dynasty of Kish. But before the rise of the first Dynasty of Babylon a number of Kings of Amorite race had again brought Kish to a position of supremacy. Possibly Rinn-Annon belonged to them. The socalled usurper Kings of Sippara form a parallel. The ascertained facts about those Kings are few but here collected for reference and submitted to those interested in these historical questions.

M. Hommel fait quelques remarques sur cette communication.

La séance est levée à 12.30.

Séance du jeudi 11 Avril, 2.30 p. m.
Présidence de M. Paul Haupt.

Présents: C. Bezold, Théophile Boreas, A. T. Clay, Euringer, Paul Haupt, Eug. Herrmann, Hommel, Morris Jastrow, C. H. W. Johns, W. Nowack, C. Pharr, Gustave Sachs, M. Schorr, Vald. Schmidt, James Silroy, Staerk, Zapletal, H. Zimmern, N. A. Papajannopoulos.

On lit et on approuve le procès-verbal de la séance du matin.

M. le Professeur N. Papajannopoulos parle « Über zwei Psalmenüberschriften ».

1) Über 'el hänn^{e}chîlôth.

Er liest 'el hännochéleth, er erklärt « für die Gemeinde Israels » und versteht, dass der Psalm 5, der die Überschrift trägt, ein Lied war, das bei der Darbringung des Morgenopfers für die Gemeinde Israels gesungen wurde.

2) Über 'al häggittîth.

Er fasst gittîth als nomen appellativum auf, er übersetzt « für die Keltern » und versteht, dass die Psalmen 8, 81, 84, welche die Überschrift tragen, Lieder waren, die beim Laubhüttenfest zum Danke gegen Gott für die Weinlese gesungen wurden.

M. Moise Schorr fait une conférence sur « Sumerische und semitische Elemente im altbabylonischen Recht ».

Der Vortragende erörtert die verschiedenen Kriterien, die für die Frage der Sonderung des semitischen und sumerischen Rechtsgutes im Gesetzbuch Hammurapis und in der zeitgenössischen Rechtspraxis in Betracht kommen.

Die sogenannten „Sumerischen Familiengesetze" können für die Lösung des Problems nicht herangezogen werden, weil sie erstens für die in Frage stehende Zeit nur den Charakter von Übungsformularen haben, zweitens weil sie höchstwahrscheinlich semitischen Ursprungs sind, worauf besonders die Strafe des Haarabschneidens (galâbu) hinweist. — Sumerische Urkunden aus älterer Zeit sind nur in geringer Zahl erhalten und bieten auch wenig Anhaltspunkte zur Vergleichung. Dagegen lassen sich bestimmte Gruppen im Kodex Ḥammurapi durch Vergleichung mit analogen Institutionen bei anderen semitischen Völkern, besonders im vorislamischen Recht der Araber ganz bestimmt als semitischen Ursprunges nachweisen, wofür einige Beispiele aus dem Familien- und Sklavenrecht angeführt werden.

Der wichtigste negative Beweis gegen die Beeinflussung des altbabylonischen Rechts (in Nordbabylonien) durch die Sumerer ist der fast völlige Mangel juristischer Lehnwörter im Gesetzbuche und in den Urkunden der Rechtspraxis trotz der Durchsetzung der letzteren mit sumerischen Phrasen, die eben in dieser Zeit nur graphischen Charakter hatten, wie Referent schon vorher an anderem Orte ausgeführt hat (Hilprecht-Anniversary-Volume 1909).

These: Das Gesetzbuch Ḥammurapis enthält wohl ältere und jüngere Bestandteile, ist aber in seinen Grundzügen die Schöpfung semitischen Rechtsgeistes. Sumerischer Rechtseinfluß ist vorderhand nur im Handelsrecht (Kommenda) nachweisbar, wie die Lehnswörter Tamkarum, Šamallû andeuten.

Il suit une discussion, à la quelle prennent part MM. **G. Sachs, Zimmern, Bezold, Jastrow.**

Le même traite ensuite le sujet suivant: «Was bedeutet *kâtam ṣabâtu* in den altbabylonischen Dienstverträgen?»

Referent vermutet in dieser Redensart (wörtlich: „Die Hand besitzen"), die einigemal in den Verträgen aus Dilbat in der Klausel, der Arbeiter dürfe an 3 Tagen im Monate „Die Hand besitzen", vorkommt, den Sinn „über seine Arbeitskraft verfügen" und schließt daraus auf die

Existenz von Arbeits-Ruhetagen im alten Babylonien, die allerdings hier nur fakultativen Charakter als Vertragsvereinbarung zwischen Arbeitgeber und Arbeitnehmer hatten. Diese Ruhetage fielen auf den je zehnten Tag der 3 Monatsdekaden.

M. Paul Haupt parle sur « Die Erbauung und Verproviantierung der babylonischen Arche ».

Die Zeilen des keilschriftlichen Sintflutberichts, die den Bau der babylonischen Arche und ihre Ausrüstung mit Speis und Trank beschreiben, sind folgendermaßen zu übersetzen:—Am fünften Tage fügte ich das Schiffsgerippe zusammen. Mit seiner Verschanzung waren seine Bordseiten 120 Ellen hoch, und ebenfalls 120 Ellen betrug die Breite seines Oberdecks. Ich brachte den Bug an, ebenso eine ringsum laufende Brüstung. Dann baute ich 6 Decke ein, sodaß ich es in 7 Stockwerke teilte. Den Innenraum teilte ich weiter durch 9 Querschotten. Wasserpflöcke (zur Abdichtung von Fugen) schlug ich überall ein. Ich suchte einen Mast aus und brachte das Erforderliche an. 6 Doppelfuder Asphalt verschmierte ich zum Kalfatern, 3 Doppelfuder Naphtha nahm ich an Bord, während seine Schauerleute 3 Doppelfuder Sesamöl brachten; davon behielt ich 1 Doppelfuder Sesamöl zurück, das im Raum verstaut wurde, und 2 Doppelfuder Sesamöl hob der Schiffer auf. Zur Verproviantierung schlachtete ich eine Menge Ochsen, täglich stach ich Schafe ab; Most, Sesammet, Öl und Wein füllte ich in große Krüge wie Flußwasser so daß man ein Fest feiern konnte wie am Neujahrstage. Auch Büchsen mit Salbe (zur Festfeier) legte meine Hand nieder. Am 7. Tage war das Schiff vollendet, und nachdem alles oben und unten verladen war, ging die Bordseite zu 2 3 im Wasser.

Die letzten fünf Zeilen sind wegen Verstümmelung des Textes mehr oder weniger unsicher. Das Verbum urtag-gipši ist mit dem syrischen reqáf, dielen, zusammenzustellen, während das Nomen niqqu dem syrischen niq'â, Höhlung, entspricht.

M. Théophile Boreas dépose la communication de **M. N. Bees**, absent, « Epigraphische Beiträge zur Geschichte des Judentums im Orient, Griechenland und Ägypten ».

Ὁ Δρ Νῖκος Α. Βέης παρουσιάζει συναγωγὴν ἑλληνικῶν εἴτε ἑλληνοεβραϊκῶν ἐπιγραφῶν τῶν πρώτων μάλιστα μ. Χ. αἰώνων, δι' ὧν ἐπιγραφῶν διασαφηνίζονται τὰ κατὰ τὴν διασπορὰν τῶν Ἰουδαίων ἐν ταῖς χώραις τῆς Ἀνατολῆς, τῆς Ἑλλάδος καὶ τῆς Αἰγύπτου. Ἡ συναγωγὴ αὕτη περιλαμβάνει περὶ τὰς 60 ἐπιγραφὰς, προερχομένας ἐξ Ἱερουσαλήμ, Sezer, Γάζης, Es-Sauenwen(;), Λύδης, Ἰόππης, Βυρητοῦ, Ἀργυρουπόλεως, Θεσσαλονίκης, Βερροίας, Παγασῶν, Ἁλμυροῦ Θεσσαλίας, Λαρίσης, Ὑπάτης, Ἄργους, Τεγέας, Κύπρου, Ἀλεξανδρείας, ἐκ τοῦ ἰουδαϊκοῦ νεκροταφείου τοῦ Tell-el-Yahoudiych, Θηβῶν, Αἰγύπτου, Ναυκράτιδος, Ἰμβραϊμίας καὶ τέλος ἐξ ἀδήλου τινὸς τόπου. Αἱ ἐπιγραφαὶ αὗται ἀναφέρονται εἰς Ἰουδαίους καὶ ἐξ Ἰουδαίων Χριστιανοὺς, πᾶσαι δὲ περιλαμβάνονται ἐν τῇ συναγωγῇ τῶν ἑβραϊκῶν ἐπιγραφῶν, ἣν ἐδημοσίευσεν ὁ Ἰωάννης Oehler ἐν τῇ Monatschrift für Geschichte und Wissenschaft des Judenthums, Τόμ. ΝΕ′ (1909). Ἐν τῇ προδιοικήσει τῆς συναγωγῆς ἐκθέτει ὁ κ. Βέης ποῖα εἶναι τἀσφαλῆ κριτήρια, ὅπως ἑλληνιστὶ γεγραμμένη ἐπιγραφή τις ταχθῇ μεταξὺ τῶν ἰουδαϊκῶν, ἀποδεικνύει δέ τινας τῶν ἐν τῇ συναγωγῇ τοῦ Oehler ἐπιγραφῶν ὡς ἀκραιφνῶς χριστιανικάς. Ἐν ἐπιμέτρῳ δὲ παρέχονται ὑπὸ τοῦ κ. Βέη νέαι ἀναγνώσεις ἐπιγραφῶν τινων τῆς προμνημονευθείσης συναγωγῆς τοῦ Oehler. Ἐν τέλει ὑποδεικνύονται ἐπὶ τῇ βάσει τῶν ἐπιγραφῶν τούτων τροποποιήσεις τινές, αἵτινες δέον νὰ ἐπενεχθῶσιν ἐν τῷ χάρτῃ τῆς διασπορᾶς τοῦ Ἰουδαϊσμοῦ, τῷ ὑπὸ τοῦ καθηγητοῦ Deissmann συνταχθέντι, καὶ ἐκφράζεται ἡ εὐχὴ, ὅπως ταχέως καταρτισθῇ ἴδιον σύνταγμα τῶν ἑλληνοεβραϊκῶν ἐπιγραφῶν, ὅπερ ἔσται σπουδαιότατον ὑπὸ πολλὰς ἐπόψεις διὰ τὴν μελέτην τῶν ἑλληνοεβραϊκῶν πραγμάτων[1].

---

[1] Ce voeu avait été déjà exprimé, à l'occasion du XVe Congrès international des Orientalistes à Copenhague, par le Professeur Spyr. P. Lambros. Voir Σπ. Π. Λάμπρου Λόγοι καὶ ἀναμνήσεις ἐκ τοῦ Βορρᾶ. Athènes 1909 p. 152 ss.

Ensuite **M. Théophile Boreas** parle «Über den Ursprung der Seelewanderungslehre in der griechischen Philosophie».

L. v. Schröder, R. Garbe, Th. Gomperz u. a. sind der Ansicht, daß die Seelenwanderungslehre aus Indien stamme.

Referent versucht zu zeigen, daß diese Lehre nicht notwendig aus fremden Ländern gekommen, daß sie vielmehr in Griechenland entstanden sein kann. Der Ausgangspunkt kann für sie hier, wie in anderen Ländern, der allgemeine Aberglaube an die Verkörperungen und Verwandlungen gewesen sein, den dann alte Theosophen, mit Beimischung ethisch-religiöser Elemente, systematischer entwickelten. Von diesen haben ihn später die mystischeren der älteren griechischen Philosophen übernommen, insbesondere Pythagoras und Empedokles.

La séance est levée à 11.30

Séance du vendredi 12 Avril, 9.30 a. m.
Présidence de MM. Haupt, Bezold, Nowack.

Présents : MM. Paul Haupt, C. Bezold, W. Nowack, M. Schorr, N. A. Papajannopoulos, C. Pharr, Valdemar Schmidt, H. Zimmern, James Schorr, C. F. Lehmann-Haupt, G. R. Driver, Skevos Zervos, Théophile Boreas, F. Ohrt, M. et Mme Gustave Sachs, Agnès Schmith-Lewis, Margaret D. Gipson, Sel. Euringer, H. Grimme, C. Clemen et Max Maas.

A cause de l'absence des trois premiers conférenciers, les communications annoncées par eux furent omises.

M. Paul Haupt prend la parole et traite la thèse suivante : « Unterdrückte Stellen im Alten Testament ».

Das Judentum ist, wie Eduard Meyer kürzlich mit Recht betont hat, eine Schöpfung des Perserreichs. Aus

Rücksicht auf die persische Regierung haben die priesterlichen Redaktoren später eine Anzahl von Stellen, die von der Wiederherstellung des davidischen Königtums handeln, unterdrückt. In dem 110. Psalm, der sich auf Serubabel bezieht, ist hinter der ersten Halbzeile der zweiten Strophe, **Er schwor und wird nicht davon abgehen**, die Halbzeile **Dein Thron ist für immer** unterdrückt worden, ebenso wie im 6. Kapitel des Buches Sacharja in den Stellen, die sich auf die Krönung Serubabels beziehen, statt Serubabels der Name des Hohenpriesters Josua eingesetzt worden ist. Auch im 132. Psalm, der die Tempelweihe unter Serubabel und die damit verbundenen nationalen Hoffnungen besingt, scheint eine Zeile wie
> Send, sein Szepter aus von Zion
> daß er herrsch' inmitten seiner Feinde!

unterdrückt und durch eine farblose Variante zu Vers 16,
> Mögen deine Priester mit Recht begabt sein,
> deine Frommen jubeln und jauchzen!

ersetzt worden zu sein. In Sach. 6,13 zeigt das Metrum, daß hinter den Worten **Er wird Hoheit annehmen** ein Wort fehlt. Wahrscheinlich stand da malkûth, also **Er wird die Königswürde annehmen**. Auch in dem patriotischen Gedichte Jesaia 9, 5, das sich ebenfalls auf Serubabel bezieht, muß die sinnlose Zeile **Die Herrschaft war auf seiner Schulter** ursprünglich gelautet haben: **Es wird sein auf seinem Haupte die Krone des Königtums**. Am Schluße des ersten Kapitels des Buches Haggai stand ursprünglich hinter den Worten **Am 24. Tage des sechsten Monats im zweiten Jahre des Königs Darius** der Abschnitt, den wird jetzt am Ende des Buches finden (Hag. 2, 20-23). Dieser wurde anfänglich aus Rücksicht auf die persische Regierung unterdrückt und dann später am Ende nachgetragen.

Natürlich sind Abschnitte und Sätze nicht blos aus politischen Gründen unterdrückt worden. In vielen Fällen beruht die Ausmerzung auf religiöser oder abergläubischer Scheu. So zeigt z. B. das Metrum, daß zu Anfang des zweiten Kapitels des Maleachibuches vor der Halbzeile **we-**

gam arôthîhâ eine Halbzeile wie we-harastî 'th-hêkhlekhém, Ich werde euren Tempel zerstören, ausgelaßen worden ist. Dies ist wichtig für die Stellen im Neuen Testament, wo Jesus gesagt haben soll: Ich will den Tempel, der mit Händen gemacht ist, abbrechen, und binnen drei Tagen einen anderen bauen, der nicht mit Händen gemacht ist.

Il suit une discussion, à laquelle prirent part MM. **Bezold, Nowack, Schorr**.

M. le Professeur Fritz Hommel parle: « Über die neugefundene babylonische Königsliste P. Scheil's ».

Diese Liste bezeichnet nocht lange nicht die Anfänge der babylonischen Geschichte. So gehört z. B. Mesilim von Kisch sicher noch vor die Dynastie von Opis (6 Könige, 99 Jahre). Die darauffolgende Dynastie von Kisch (8 Könige, 586 Jahre) beginnt mit Azag-Ba'u, welcher Königin aus Versehen 100 Jahre gegeben werden, was mit Reverend Johns nur eine irrtümliche Weiterzählung der unmittelbar vorhergehenden Summierung (99 Jahre) darstellt. Die Diskrepanz der Summe der 8 Posten der Dynastie von Kisch (192 Jahre) und die am Schluß gegebene Summierung von 586 Jahren ist so zu erklären, daß die Dynastie zweimal durch eine Anarchie unterbrochen wurde. Für die fehlenden Könige 2-5 der auf Lugal Zaggisi folgenden Dynastie von Agade ist die Ergänzung Thureau—Dangen's (Maništusu als Sohn des Sarru-Kin, Uru-mu-usch, Sarganischar-ali und Naram-Sin) doch wol als die wahrscheinlichste zu betrachten. Wie groß der Zeitabstand zwischen der zweiten Dynastie von Uruk (Könige von Gutium und vielleicht noch andre Dynastien) war, wissen wir zur Zeit noch nicht. Ebenso ist es ganz gut möglich, daß zwischen dem Schluß der Dynastie von Nisin, den man gewöhnlich mit der Eroberung von Nisin durch Rim-Sin von Larsa gleichsetzt, und dem im Jahr da Rim-Sin die Stadt des Damik-ili-su einnahm, kann sehr wol auf einen schon längst verstorbenen König zurückweisen, den Rim-Sin damit als den letzten legitimen König von Nisin bezeichnen wollte, was noch durch weitere Gründe gestützt wird (Anarchie zur Zeit der ersten Hälfte der Hammurabidynastie usw.).

A la discussion qui suivit à cette lecture prit par **M. Lehmann-Haupt.**

M. le Professeur C. F. Lehmann-Haupt parle sur « Manasse Chronik und Deuteronomion ».

Die Chronik ist an und für sich eine Quelle von zweifelhaftem Wert. Aber auch der Verfasser einer solchen kann unbewusst oder bewusst Wertvolles und Zuverlässiges aus guten älteren Quellen bringen. Der Chronist ist zugleich der Verfasser des Buches Esra und des Buches Nehemia, dessen Selbstbiographie als wertvolle und zuverlässige Quelle anzusehen ist. Die Echtheit der in diesen Schriften verwobenen persischer Urkunden in aramäischer Sprache ist durch die Papyri aus Elephantine auf das Schlagendste erwiesen worden. Der Chronist muß also als ein Autor anerkannt werden, der vielfach Quellen von grosser Zuverlässigkeit bewusst verwertet hat.

So dürfen auch Nachrichten, die *nur* die Chronik bringt, nicht ohne Weiteres beiseite geschoben werden, sondern haben Anspruch auf ihren Wert geprüft und je nach dem Ergebnis dieser Prüfung angenommen oder verworfen zu werden.

Die Chronik weiß von einer Gefangennahme Manasse's durch Assurbanabal von Assyrien zu berichten, aus welcher Manasse entlassen wurde, um dann seine Vergehungen gegen Jahve einzusehen und büssend abzustellen.

Der deuteronomistische Verfasser des Königsbuches meldet vor einer Gefangennahme Manasse's nichts und betrachtet ihn als den Hauptvertreter all der Greuel die durch das Deuteronomium beseitigt wurden.

An sich ist eine Gefangennahme Manasse's durch Assurbanabal im Zusammenhang des grossen Aufstandes, den dessen Bruder Šamaš-šum-ukîn, König von Babylonien, angezettelt hatte, durchaus begreiflich. Und auch die Entlassung erklärt sich durch einen von Ägypten her erwarteten oder erfolgten Einspruch. Denn dieser, gerade im Zusammenhang mit diesem Aufstand neu erstarkte Staat konnte sich eine Einverleibung Judas unmöglich gefallen lassen. Psammetich I wird mit bewaffnetem Einschreiten gedroht haben, dem sich Assurbanabal angesichts der Verwickelungen mit Elam nicht ansetzen durfte. Assurbanabal aber zog vor, sich in Manasse, der sich selbst geschickt und vorsichtig verhalten haben muß, an Stelle eines Vasallen einen Bundesgenossen zu sichern. Die Beschränkungen der Souveränität Judas durch Assyrien wurden grösstenteils aufgehoben, und Manasse kehrte mächtiger nach Jerusalem zurück, als er es verlassen hatte. Nach seiner Rückkehr ging Manasse gegen den assyrischen Reichskult vor, und befestigte Jerusalem, nahm das Besatzungsrecht in den judäischen Städten wieder in Anspruch und errichtete sowol den Tempel zu Jerusalem wie die sonstigen Kultstätten wieder für den Alleindienst Jahwes.

In seinem Vorgehen gegen die fremden Kulte war somit Manasse ein Vorläufer des Deuteronomiums. Dieses sollte aber bekanntlich ein unter Josia, Manasse's Enkel, im Tempel zu Jerusalem gefundenes Gesetzbuch Mose's darstellen. Ansätze zu einer solchen Reform waren daher um so unbequemer je näher sie zeitlich der Regierung Josias vorangingen, da sie ja einen direkten Widerspruch zu der officiellen priesterlichen Auffassung von der Bedeutung des Fundes ergaben.

Vor allem aber hatte Manasse *für die Beschränkung des Jahwekultes auf den Tempel von Jerusalem nichts getan:* Er befohl den Judäern Jahwe dem Gott Israels zu dienen. Aber das Volk opferte noch immer auf den Höhen, jedoch nur Jahwe seinem Gott» (2 Chron. 33, 6, 12).

Diese Beschränkung des Jahwedienstes auf Jerusalem ist aber für die priesterlichen Vertreter des Deuteronomiums weitaus das Wichtigste; so ist Manasse ihnen nicht nur als ein unzeitiger Vorläufer des Deuteronomiums hinsichtlich der Reaction gegen die fremden Kulte unbequem, sondern *als ein Gegner der Centralisation des Kultes in Jerusalem direct verhasst.* Erleichtert wurde dem deuteronomistischen Bearbeiter der Königsbücher die Unterdrückung der Nachrichten über Manasse's Bekehrung und Reform wahrscheinlich dadurch, dass Manasse in der Beschränkung der fremden Kulte nur das Nötigste getan und Amon mancherlei, was sein Vater abgestellt hatte, wieder eingeführt haben wird.

Der Chronist dagegen, der zur Ziel der Wiederherstellung des Tempels nach dem Exil schieb und für den andere als die deuteronomistische Gesichtspunkte massgebend waren, hatte zu solcher Geschichtsfälschung keinen Anlass.

Andererseits war nicht zu befürchten daß zu seiner Zeit, in die unter persischer Oberhand hergestellte jüdische Kirche fremde Verehrungsformen sich eindrängten, und da zudem im Perserreiche mit den übrigen Religionen auch die babylonisch-assyrische sich einiger Duldung erfreute, so ließ der Chronist seinerseits bei dem Berichte über die Einführung des Deuteronomiums die Nachrichten über die Vernichtung der fremden Götter als unzeitgemäss beiseite und beschränkte sich auf ausführlichere Nachrichten über die Gestaltung und die Gerechtsame der Priesterschaft (Ausführlicheres s. in des Vortragenden Buche *Israel. Seine Entwicklung im Rahmen der Weltgeschichte* bes. S. 135 ff; 142 ff.).

Une discussion suit à cette conférence avec interloculeurs MM. **Maas, Nowack** et le conférencier même.

Le président propose d'épuiser la liste des conférences dans cette séance même après l'omission des communications des personnes absentes.

Cette proposition est adoptée.

M. le Professeur Zimmern propose d'exprimer les remercîments de la section à la direction de l'Institut Archéologique Allemand pour l'hospitalité qu'il a bien voulu rendre aux Congressistes de la Section.

M. le Professeur Driver soutient cette proposition qui a été adoptée.

Ensuite le président donne la parole à **M. le Professeur Nowack**, qui attire l'attention sur le prospectus de l'éditeur A. Töpelmann à Giessen concernant la nouvelle édition de Mischna.

Professor *Nowack* legt den Prospect für die von Beer und Holtzmann geplante Herausgabe der Mischna vor und weist auf die beiden hauptsächlichsten Gesichtspunkte hin, welche bei der Bearbeitung zur Geltung kommen sollen: den religions- und litterargeschichtlichen Gesichtspunkt, welche zur Durchführung kommen können, auch wenn ein völlig korrekter Text noch nicht vorliegt und auch in absehbarer Zeit nicht beschaffen werden kann, wie das ebensowenig bei dem AT. wie bei dem NT. der Fall ist, ohne daß man auf die litterar- oder religionsgeschichtliche Bearbeitung dieser Texte verzichtet hat.

M. le Professeur C. F. Lehmann-Haupt parle «Über den Stand des Corpus Inscriptionum Chaldicarum».

Dieses Corpus soll eine Sammlung der sämmtlichen vorarmenischen (chaldischer) Keilinschriften bilden. Es umfasst danach

1) Alle Inschriften, die vor der deutschen Expedition nach Armenien, an der der Vortragende als einer der beiden Leiter beteiligt war, bekannt waren und die auf der Expedition sämmtlich durch Collation, Abklatschen und wo angängig durch Photographieren nachgeprüft worden sind;

2) Alle Inschriften, die von der genannten Expedition in den Jahren 1898/9 aufgefunden, copiert, abgeklatscht und nach Möglichkeit photographiert wurden;

3) Die Inschriften, die seit 1899 gefunden sind soweit sie dem Herausgeber bis zum Abschluss des Corpus-Entwurfes bekannt geworden sind;

So hat der Entwurf 188 selbstständige Nummern. Was

nachträglich, bis zum Erscheinen des Corpus, noch bekannt wird, soll unter a, b etc. unter den nächstverwandten Nummern eingefügt. Diese Inschriften sollen im keilinschriftlichen Original in Autographie veröffentlicht werden, auf der danebenstehenden Seite jedesmal Zeile für Zeile die Umschrift in Silbenabteilung. Ferner ist ein ausführliches und vollständiges Register, mit sämmtlichen Formen in ihren äusserst zahlreichen Varianten fertiggestellt. Es ist das grosse Verdienst des jungen Assyriologen Herrn *Felix Bagel* nach den Abklatschen der Expedition und den Copieen des Vortragenden unter dessen Oberaufsicht, aber mit grosser Selbständigkeit in äusserst sorgfältiger Weise hergestellt und ferner den Index angefertigt zu haben. Der Vortragende sprach bei der Vorlage des Entwurfes und des Index Herrn *Bagel* für diese wertvolle Unterstützung öffentlich seinen wärmsten Dank aus.

Zur Controlle dienen die Photographieen nach den Originalen und nach den Abklatschen, welche letztere schon in Armenien, ehe die Abklatsche durch den Transport leiden konnten, angefertigt werden. Diese Photographieen, die vorgelegt wurden, sollen in möglichster Vollständigkeit dem Corpus beigegeben werden. Ebenso soll auch der Standort der Inschriften, der für deren Verständniss von besonderer Wichtigkeit ist, so weit möglich photographisch durch Aufnahmen der Expedition veranschaulicht werden.

Der Vortragende wird dem Corpus eine Einleitung voranschicken, in der zu jeder der Inschriften die Fundgeschichte gegeben und auch der Inhalt soweit er mit Sicherheit erkennbar ist, festgestellt wird. Eine vollständige Übersetzung der Inschriften ist, als wissenschaftlich zur Zeit unausführbar, nicht beabsichtigt.

M. le Professeur H. Grimme traite la question suivante: « Der Name Jerusalem ».

Die Erklärung des Namens für Jerusalem muss allen überlieferten Schreibungen, vor allem hebr. Jəruŝalem, Jəruŝalasim, Salem; keilschriftl. Uruŝalim, Ursalimmu; jüd.-

aram. Jəruŝlem; syr. Urišlem; griech. Ἱεροσόλυμα, Σόλυμα; neuarmen. Urusagin gerecht zu werden suchen. Es scheint, als ob ursprünglich im ersten Teile des Namens ein *assibiertes* š und in der Endsilbe ein zwischen *c* und *ü* schwebender Vokal vorhanden gewesen sei. Unter dieser Annahme darf man wohl den Namen als *šalym* rekonstruieren und als hethitisch ansprechen. Daß Jerusalem früher eine hethitische Bevölkerungsschicht gehabt habe, wird jetzt wohl allgemein angenommen, zumal auch Ezechiel 16, 3 von einer hethitischen Mutter Jerusalems redet. Sollten dann vielleicht lykisches Solyma und Solm-issos mit *šalym* engverwandt sein und sollte ihre Bedeutung vielleicht 'Berg' gewesen sein?

M. le Docteur Skevos Zervos parle sur le sujet: « Beitrag zur vorhippokratischen Geburtshülfe der Babylonier und Assyrer nach den alten griechischen Autoren ».

Il a formulé ses résultats ainsi qu'il suit:

Fassen wir nun das oben Gesagte zusammen, so kommen wir zu folgenden Schlüssen:

1) Die Schröpfköpfe, sowohl blutige als unblutige, die auf dem griechischen Olymp unter die Götter versetzt wurden (Θεὸς Τελεσφόρος) sind eine Entdeckung, die viel älter ist als das zweite Jahrtausend v. Chr.

2) Nacbu oder Nebo der Assyrer ist nicht ihr einheimischer Gott der Medizin, sondern wahrscheinlich Ninip oder dessen Weiterbildung.

3) In Babylon wurde nach den alten griechischen Autoren die Medizin von der Volksmenge empirisch ausgeübt, ohne daß es dazu besondere Ärzte gab. Keilschriftliche Texte aber aus historischer Zeit führen nicht nur Ärzte, sondern auch Tierärzte an und unterstützen so die Meinung Strabo's.

4) Den Beischlaf betrachteten die Assyrer als eine unreine Handlung, deswegen reinigten sie immer nach demselben sich und ihre Frauen durch Räucherungen und Bäder.

5) Während sie alle heiratsfähige Jungfrauen durch

weise Gesetze zur Heirat zwangen und den Ehebruch durch besonderes Gericht, zu dem der König die Richter ernannte, streng bestraften, nötigten sie jede verheiratete Frau durch eine religiöse Vorschrift einmal in ihrem Leben sich mit einem fremden Manne zu vereinen.

6) Unter Ninus und Semiramis breitet sich in Assyrien und Babylonien die Hieromedizin aus, und während der Gott der Medizin Nebo unter anderen auch den Vorzug besitzt, den geborenen Kindern die Vaterschaft zu schenken und sie am Leben zu erhalten, ist Astarte unter anderen auch die Beschützerin der schwangeren Frauen, die Eileithyia der Griechen, von welcher der Fortgang und das Ende der Geburt abhängt.

7) Interessant ist es, daß die Astarte im Semitischen Joledeth, d. i. Hebamme, heißt, eine Benennung, die dem griechischen Wort Eileithyia gleich kommt. Wenn wir in Betracht ziehen, daß die Eileithyia dem Homer bekannt war, der ihr sehr altes, den minoïschen Zeiten angehörige, Heiligtum in Amnissos auf Kreta anführt, daß es ferner zu pelasgischen Zeiten ein besonderes Heiligtum der Eileithyia und in Ägypten eine eigene Stadt und ein eigener Tempel derselben existierte, so sehen wir, daß die Beziehung zwischen der semitischen und griechischen Geburtshülfe-Gynäkologie wohl einer eingehenderen Forschung wert ist und eines noch sorgfältigeren Studiums bedarf.

8) Unter der Regierung des Königs Sargon wird die Medizin in Assyrien allgemein; am Hofe gibt es besondere Leibärzte.

Die Bibliothek von Ninive enthält Fragmente, die ausschließlich die Geburtshülfe-Gynäkologie interessieren. Neben den streng wissenschaftlichen Beobachtungen der Natur finden wir die Ursache der Krankheit, des Lebens und des Todes in Beziehung zur Meteorologie und Astrologie gebracht.

9) Die Geburt einer Mißgestalt wurde immer als eine Vorankündigung größten Übels und verhängnisvoller Ereignisse für König und Reich betrachtet, und besonders wenn sie von einer der Frauen des Königs zur Welt gebracht wurde.

10) Der Brustkrebs (Machsu) war den Assyrern bekannt und wurde klar von der Brustentzündung (Mursu) geschieden; ebenso kannten sie den Gebrauch des Klystiers bei Hartleibigkeit der Frauen.

11) Die Anomalien der Lippen und des Mundes bei dem Neugeborenen, die als Wildschweinslippen, Schneckenlippen usw. angeführt werden, wurden als Geburtsanomalien betrachtet.

12) Die Assyrer sprechen von Löwenköpfen, Löwenohren, Löwenaugen des Neugeborenen usw. Diese Ausdrücke müssen vielmehr als termini technici denn als Ausgeburten lebhafterer orientalischer Phantasie angesehen werden, denn auch wir sprechen heute von Hasenaugen, Hasenlippen usw.

13) Die Prognose der Geburt stützte sich bei den Assyrern auf Aberglauben und die seltsamsten Dinge wurden für möglich gehalten.

M. le Professeur Paul Haupt parle sur «Babylonische Wörter im Griechischen».

Es ist schon von den Begründern der Assyriologie hervorgehoben worden, daß wir eine Reihe babylonischer Wörter im Griechischen finden, und zwar nicht blos semitisch-assyrische, sondern auch nichtsemitisch-sumerische, z. B. σῶσσος, νῆρος, σάρος, oder die Glossen bei Hesychius: μολοβόβας· ὁ τοῦ Διὸς ἀστήρ, παρὰ Χαλδαίοις und Δελέφατ ὁ τῆς Ἀφροδίτης ἀστήρ, ὑπὸ Χαλδαίων (sumerisch mulu-babbar, dilbat).

Für die griechische Wiedergabe keilschriftlicher Wörter sind eine Anzahl von Keilschrifttafeln im Britischen Museum besonders wichtig, die griechische Transskriptionen sumerischer und semitisch-babylonischer Wörter enthalten und im XXIV. Bande der Proceedings of the Society of Biblical Archaeology (London, März 1902) besprochen worden sind. Assyr. êpuš (später ipuš), er machte, erscheint dort als ειφος, atabbu, Kanal, als αθαφ. Dies bestätigt meine Ansicht, daß postvokalische b, g, d, p, k, t auch im Assyrischen in die entsprechenden Spiranten übergingen, ebenso wie die griechische Transskription der sumerischen Wörter die Existenz der sumerischen Sprache unwiderleglich dartut.

In meinem Buche Biblische Liebeslieder (Leipzig 1907) habe ich eine Anzahl babylonischer Lehnwörter im Griechischen besprochen. Griech. πῶρος geht auf ein Nebenform pûlu des assyr. pîlu, Muschelkalk, zurück. Κηρὸς Wachs, und Χάλιξ, Kleinschlag, das etymologisch dem deutschen Kalk entspricht, sind im letzten Grunde sumerisch. Auch κρηπὶς ist eine Umformung des babylonischen Kipir, Kipru, Ufermauer, Asphaltverkleidung, was nur eine Nebenform von Kupru, Asphalt, ist. In Herodot 1,185,20 bedeutet κρηπὶς den Asphaltbelag. In Xenophon, Anab. 3, 4, 7 die Mauerwerkverkleidung des Wallgrabens von Ninive. In Polyb. 8, 5, 2, bezeichnet κρηπὶς den unter Wasser befindlichen Steinbelag der Ufermauer auf der Ostseite von Syrakus. Ich habe diese bisher allgemein mißverstandenen Stellen in einen Aufsatz über Xenophons Bericht vom Fall Ninives im XXVIII. Band des Journal of the American Oiental Society (1907) näher besprochen; vgl. auch den LXIV. Band der Zeitschrift der Deutschen Morgenländischen Gesellschaft, Seite 709, A. 1. Der Unterbau des Parthenon und anderer Bauten heisst κρηπὶς weil er einer Ufermauer ähnelt.

Ensuite **M. Moses Schwab** communique la note suivante:

C'est pour moi un pieux et agréable devoir d'annoncer aujourd'hui au Congrès la prochaine publication du tome II du Catalogue des manuscrits arabes de l'Escurial, œuvre posthume de notre éminent et regretté confrère Hartwig Derenbourg. Vous savez, Messieurs, quel soin, quelle méthode Hartwig Derenbourg apportait à tous ses travaux. Les manuscrits de l'Escurial ont trouvé en lui le bibliographe averti et compétent pour les faire connaître au monde savant. Notre

86

confrère a été enlevé à l'Orientalisme, au moment où il mettait la dernière main a la seconde et dernière partie de ce catalogue dont le 1ʳ fascicule, contenant les sections Morale et Politique, a paru en 1903.

Je suis heureux d'annoncer au Congrès que cet important travail ne sera perdu pour la science. En effet, un des meilleurs élèves de Hartwig Derenburg, M. William Marçais, s'est chargé, d'accord avec M. l'Administrateur de l'École des Langues Orientales et la famille de notre regretté confrère, de mettre sur pied le manuscrit pour le livrer prochainement à l'impression.

J'aurais vivement désiré pouvoir offrir aujourd'hui au Congrès le volume, que Hartwig Derenbourg se proposait de présenter au Congrès de Copenhague. Je dois me contenter de l'annoncer seulement, en formulant le vœu que ceux qui ont pris à cœur de faire paraître l'œuvre du maître, ne nous fassent pas trop attendre, par piété pour sa mémoire et dans l'intérêt supérieur de la science.

Le Vice-président M. C. Bezold exprime au nom de toutes les sections ses remercîments au président M. Paul Haupt pour la direction irréprochable des discussions.

M. le président Paul Haupt remercie vivement les vice-présidents et les secrétaires de leur coopération.

M. le Professeur Lehmann-Haupt engage le président de prier instamment la Direction générale du Congrès afin que les procès-verbaux des séances et les résumés soient publiés le plus tôt possible.

La séance est levée à 1 heure de l'après-midi [1].

---

[1] Nous croyons opportun d'insérer ici la lettre suivante de M. Oppenheim, consul d'Allemagne à Aleppo, qui a été empêché d'assister au Congrès. Elle a été adressée à Monsieur Georges Karo, membre du Comité d'organisation :

Tell Halaf - Ras el'Ain, den 17. März 1912
(Kaiserlich Deutsches Konsulat, Aleppo, Syrien).

Meine Grabungen auf dem Tell Halaf haben ausserordentlich grosse

SECTION IIIe

(Dans l'Académie).

Inde (Littérature, histoire, archéologie).

Séance du mardi 9 Avril, 9.30 a. m.

Présidence de M. A. Hillebrandt.

Présents: MM. Lüders, Mac Donell, Thomas, Reichelt, Dines Andersen, H. Stchebartsky, F. Othon Schrader, T. K. Laddu, E. Rapson, Irach J. Sorabji, A. Carnoy, J. Jolly, Carlo Formichi, P. E. Pavolini, A. Ballini, Isdar Mall, J. Takakusu, E. Hultzsch, W. Siegling, P. Knauer, J. Eggeling, Otto Blagden, C. M. Ridding, J. K. Steele, H. Beckh, Helmuth von Glasenapp, O. Strauss, M. Morel, M. A. Macauliffe, E. W. Hopkins.

Furent élus comme présidents MM. Rhys Davids et E. Kuhn, comme secrétaire M. Strauss.

M. le comte Professeur François L. Pullé fait une communication en italien sous le titre «Χρυσῆ νῆσος e Χρυσῆ χερσόνησος Un quesito di cartografia dell'Indocina».

Compiuto lo studio sulla „Cartografia antica dell'India" il Relatore si è dedicato allo studio della antica „Car-

---

Resultate gezeitigt und die Erwartungen, welche die deutsche Gelehrtenwelt in den Hügel gesetzt hat, vollauf gerechtfertigt. Es ist mir bis jetzt gelungen, das Schloss des hettitischen Königs Kapara freizulegen. Dasselbe hat auf einer hohen Terrasse gestanden, dessen Umfassungsmauern durch eine fast ununterbrochene Reihe wohlerhaltener Orthostaten mit den merkwürdigsten Einzel- und Gruppendarstellungen bedeckt waren: Götter, Fabelwesen, Könige und Krieger, Kultakte, Schlacht- und Jagdbilder, Tierkämpfe, ja, zwei richtige Tierkapellen etc. Bis jetzt sind über 170 dieser Steinbilder freigelegt, von denen immer eine schwarze Basalt- und eine rot übermalte Kalksteinplatte sich abwechselten. In dem Kapara-Schloss selber fand ich neben weiteren grossen Orthostaten zwei gewaltige

tografia dell'Indo-Cina" secondo il voto formulato al Congresso degli Studi d'Estremo Oriente in Hanoï del 1902 [1].
La relazione attuale, introduttiva a questa nuova parte,

Statuen von über 3 m Höhe, eine männliche und eine weibliche. Es stellte sich heraus, dass die von mir 1899 bereits entdeckte verschleierte Göttin, die ich unversehrt wieder ausgraben konnte, zu einem gewaltigen Löwenkörper gehörte, unter dessen Leib geflügelte Genien mit springenden Pantern kämpften. Diese Sphinx bildete einen der Laibungsorthostaten in dem Palast im Durchgang zwischen dem 1. und 2. Raum. Vor den Tatzen der Sphinx befand sich ein nach oben halbmondförmig offner Stein in Situ, auf den zweifellos Tiere und vielleicht auch Menschen, die der Aschera-Istar geopfert werden sollten, Ihren Nacken legen und verbluten mussten. Ich habe soeben den Beginn des Palasttores auffinden können, zu dem man auf einer Rampe aufstieg. Am Türeingang sind 2 grosse Basalt-Orthostaten angebracht, die Vierfüssler mit dem Kopf eines bärtigen Mannes und Vogelfüssen zeigen. Die in meiner Broschüre «Der Tel Halaf und die verschleierte Göttin» bei der Beschreibung der Funde von 1899 gemachte Bemerkung, wie Sendschirli im Zeichen des Löwen, scheine mir der Tell Halaf im Zeichen des Greifen zu stehen, hat, wie ich glaube, hierdurch eine neue Bestätigung erhalten. Im übrigen sind die menschlichen Darstellungen auf meinen zahlreichen Steinbildern meist bartlos mit dem unverfälscht hettitischen Rassentypus.

Besonders interessant war die Auffindung einer zweifellos königlichen Grabanlage mit wertvollen ausserordentlich fein gearbeiteten Gegenständen aus Gold und Silber, Elfenbein und Bronce. Der Fund ist um so wertvoller, weil wir bis jetzt in der babylonisch-hettitisch-assyrischen Kulturperiode noch keine vornehmen Gräber kennen. Ich stehe gerade im Begriffe, weitere wichtige Teile unseres Hügels auszugraben, der, wo wir ihn anfassen, die schönsten Ergebnisse zeitigt. Ich arbeite hier mit sechs deutschen Herren und mit fast 300 arabischen Grabungsleuten.

Ich stelle Ihnen anheim, mein hochverehrter Herr Professor, die vorstehenden Nachrichten in der Ihnen geeignet erscheinenden Weise den Herren des Kongresses zugängig zu machen.

[1] La *Cartografia antica dell'India* per Francesco L. Pullé pubblicata nei volumi Nº (Antichità) et Vº (Medio-Evo) degli *Studi italiani di Filologia indo-iranica* si continua nei volumi IXº (Rinascimento) e Xº (Il secolo delle scoperte) attualmente in corso di stampa coi relativi Atlanti per ciascuno volume. Il materiale di questi fu dal Pullé presentato ed illustrato nel Congresso di Atene.

Al Congresso di Atene lo stesso relatore Pullé espose il materiale da lui raccolto per la Cartografia dell'Indocina, in omaggio al voto dei Colleghi agli atti del congresso di Hanoï. Il quesito qui trattato attiene a questa parte dell'opera.

vole a dimostrare la importanza che la raccolta e l'esame delle carte possono assumere per la soluzione di quesiti, cui non sono sufficenti i dati storico-letterarii.

Come esempio di ciò il Pullé presenta il caso della odierna Penisola di Malacca, che nelle varie fasi della geografia dalla Antichità fino alla uscita del Medio-Evo e per qualche tratto anche posteriormente ondeggiò fra il concetto di isola e quello di penisola.

Esaminate le fonti Indiane, sia letterarie che cartografiche, e rilevata la distinzione che in esse viene fatta tra Suvarna-bhûmi e Suvarna-dvîpa[1] si constata che Megasthene il primo de'Greci che ne riferì in Occidente circa il 305 a. C., ne ebbe la nozione come di vera e propria isola; non resultando che egli possa essere stato tratto in inganno del vario senso che il termine indiano dvîpa prese nell'uso geografico.

La geografia romana fino a Pomponio Mela e al Periplus maris Erythraei la ritenne decisamente come isola; e solo con Marino da Tiro e con Tolomeo la χρυσῆ νῆσος divenne χρυσῆ χερσόνησος. Ma non si deve dimenticare che le nozioni Tolemaiche idrografiche e orografiche di quella regione restarono molto confuse.

La geografia dei Santi Padri tiene fermo anche sotto questo rapporto alla geografia romana, e i primi monumenti cartografici che appaiono nel Medioevo rendono Khrysê insula ben delineata come tale, e il più spesso accompagnata della gemella Argyrê[2]. Una serie di carte della ricca collezione del Museo di Indologia di Bologna esposte del Relatore, riprodotte fedelmente dai documenti

---

[1] Anche sotto gli altri epiteti di Çâlmali-dvîpa e di Malaya-dvîpa permane il dubbio se nella geografia indigena la nozione sia stata di isola più tosto che di penisola. Nella epigrafe di Pegu circa il 1181 d. C. si ricorda che il passaggio dal Ramanna-deça al Malaya-dîpa si operava per nave. Ciò che attesta per lo meno la inesistenza di altra via di terra.

[2] Si ritiene che «l'isola dell'argento» che la tradizione indù col nome di Rûpyaka accoppiava con Suvarna fosse la regione di Arakan che il col. Gerini identifica con Ἀργυρᾶ Χώρα di Tolomeo (Atchëh). Con ciò si conferma che il significato di dvîpa degli Indi era veramente quello geografico di isola.

originali illustrano questo studio delle nozioni dell'Occidente con i dati di fatto, Può solo rimanere incerto se a tale studio si tenesse la nozione di un'isola a causa della pedissequità degli scrittori medioevali alla tradizione latina ad all'oblio di quella Tolemaica; o se invece non fosse consolidata da notizie contemporanee che non mancaron di passare dall'Oriente in Europa nell'epoca Patristica. La cartografia araba entra in campo opportunamente a raffermare quest'ultima supposizione; perocchè i monumenti del tipo Edrisiano presentano Malay tuttora come una grande isola.

Ma il valore di questa dottrina viene rilevato dal documento principale come testimonianza di fatto, e cioè dalle carte Catalane[1] colle quali incomincia veramente sulla fine del Medioevo la cartografia moderna delle regioni dell' Asia orientale, basata omai sovra le reali scoperte geografiche.

Il Relatore riassume le conclusioni alle quali è venuto su questo problema geografico nei capitoli relativi della Cartografia antica dell'India e nella sua edizione della Mappamondo catalano della Biblioteca Estense: e cioè: che sul principio del secolo XIV° e dopo l'apertura delle dirette relazioni dell'estremo Oriente con Marco Polo, permaneva la nozione di Malacca come di un'isola; e che tale nozione doveva avere per base un fatto reale.

Tale fatto è chiarito per la fase antica, della trasformazione dall'isola delle fonti indiane e romane nella penisola della geografia alessandrina in seguito alla ostruzione del braccio di mare o canale che aveva unito le due acque: del golfo di Bengala e del golfo de Siam; ciò che doveva essere avvenuto sullo scorcio del 1° secolo d. C.[2]

---

[1] Oltre al capitale relativo nel volume V° dei citati *Studi italiani di Filologia indo-iranica* si veda il Supplemento ad esso: *L'Oriente nel Mappamondo Catalano della Estense in Modena*, col fac-simile della intera carta alla grandezza dell'originale.

[2] Il colonnello **Gèrini G. E.** *Researches on Ptolemy's geography of Eastern Asia*. RAS. Monographs. London, 1909 p. 50 osserva opportunamente che il nome di Χρυσῆ χερσόνησος deve essere stato trasferito dalla punta già

Nel secolo delle scoperte, anteriormente alla conquista Portoghese la cartografia italiana, nelle forme pure bizzarre assegnate alle coste sudorientali dell'Asia, viene accentuando le prominenze peninsulari dell'Asia, viene accevede dai numerosi documenti della collezione Bolognese [1]. Questo fatto si accorda con quello della rinascita del sistema e del disegno geografico di Tolomeo nello stesso secolo XIV. Ma accanto alla concezione penisulare che sta per divenire omai definitiva, ondeggia ancora la visione insulare in disegni che come quello del portulano già di proprietà del cardinale Giovanni Salvini (1525-1530) ci portano nella fase quasi attuale della geografia. Il detto portulano è per noi molto istruttivo, perchè mentre ci porge la punta di Malacca, l'antica isola, distaccata affatto dal continente, rivela anche le ragioni della tardività del fenomeno; e cioè la difficoltà ed i pericoli che presentarono in ogni tempo la navigazione ed i commerci in quei paraggi, per cui il disegno dell'Indocina rimase per più secoli incerto e arretrato, quando omai il disegno dell' India cisgangetica si faceva quasi corretto.

L'esempio di Malacca è caratteristico, e vale a dimostrare la utilità delle ricerche cartografiche a conforto degli studi di geografia storica; di cui è il documento reale. Ed il caso è tanto più segnalato in quanto i dati che ne rilevammo dalle carte dei diversi secoli, trovano

insulare alla parte attaccata al continente; perocchè attualmente le miniere aurifere si trovano solo nella parte più meridionale della odierna penisola, mentre la parte settentrionale è nota pel prodotto dello stagno e non avrebbe mai potuto per se stessa venire denominata aurea.

[1] Fra le molte carte di questo periodo presentate al Congresso o infedeli riproduzioni a colori o da fotografie dei documenti, sono principalmente caratteristiche quella dei molti esemplari dei Mss. della *Sfera* di Goro Dati, di Marin Sanudo più giù fino all'opera monumentale del Mappamondo di Fra Mauro che compendia le figurazioni anteriori in un disegno generale che annuncia la rinascita del sistema di Tolomeo. Sul punto delle isole e di Malacca però rimane Fra Mauro in una significante incertezza.

La collezione Bolognese ricordata forma una galleria del Museo d'Indologia creato per gli studi orientali presso la Facoltà di Lettere di Bologna.

rispondenza e corroborano, restando a lor volta corroborati dai fatti che la geologia e la topografia del presente pongono in luce[1].

La depressura di terreno fra Singora e Bân-Dôn sulla costa orientale della penisola di Malacca, e fra Kedah e Korbie sulla costa occidentale, circa sotto il 6° parallelo, presenta tutti i caratteri di un antico fondo di mare. Esisteva probabilmente in questo tratto la congiunzione delle acque, affiorate qua e là da isolotti di cui son traccie le roccie di modesta elevazione che si riscontrano sull'attuale interramento sabbioso.

Quando sia avvenuto il sollevamento tellurico che chiuse il passaggio tocca al geografo ed al geologo di determinare[2]; stando alla storia il fenomeno si sarebbe prodotto fra il periodo della geografia romana e quello della geografia alessandrina. Che se tale constatazione si confermerà, anche la conciliazione sarà effettuata fra la dottrina della Khrysê insula, e della Khrysê peninsula.

Ma oltre a questo un altro fatto si avvera. Ci viene ricordato da tradizioni locali che fra l'India e Ceylan passavano al golfo del Siam le navi attraverso a quella via;

[1] La idea e le investigazioni per giustificare le due affermazioni dei geografi di secoli diversi sono dovute pure al colonn. Gerini, che le produsse nell'opera sovracitata. A pp. 78-79 egli riassume le sue conclusioni: che l'antico canale deve essersi ostruito parte per invasione delle sabbie, parte per graduale emersione del suolo sul livello del mare. Le molte caverne entro il calcare resultate dalla corrosione delle acque marine che si trovano sui fianchi delle collinette emergenti a circa 30 metri dal suolo, e che sono simili a quelle formazioni calcaree frequenti lungo le due coste della penisola attestano, cogli altri caratteri accennati del fondo marino come conchiglia e resti animali, che la emersione deve essere avvenuta in tempi storici. Del resto il movimento di lenta emersione si constata anche oggidì con lento progresso. Le città di Ligor e di Phattalung che giacevano in passato sulla riva del mare, trovansi ora più miglia distanti da esso, e ben presto saranno divenute città interne.

[2] Anche la geografia antropica e zoologica concorrono a rafforzare la ipotesi dello antico distacco della estremità meridionale dal restante della projezione peninsulare e del continente; in quanto le razze indigene della punta di Malacca rivelano un fondo diverso da quello delle razze dell'altra parte.

ed è accertato anche nel presente che durante la stagione delle pioggie è possibile navigare in battello fra Pâklâu e Bân-Dôn, ossia per buon tratto della provincia di Trang al mare interno di P'hattalung[1]. E così si raggiunge anche la concordanza fra la realtà effettiva e i documenti della Cartografia medioevale, e per eccellenza della Catalana, che fino ai primi tempi dei Portoghesi hanno tenuto in vita la nozione di Malacca come un'isola[2].

L'orateur présente en terminant le vol. VIII des « Studi Italiani di Filologia Indo-Iranica ».

M. le Professeur Charles Formichi présente son volume qui vient à peine de paraître: « Açvaghosha poeta del Buddhismo ». Une traduction du Buddhacarita après les savants travaux de Cowell, Böthlingk, Kern, Windisch, Kielhorn, Lüders, Leumann etc. sur le texte sanscrit, était une véritable nécessité. L'orateur démontre qu'en plus d'un passage les interprètes qui l'ont précédé n'ont pas compris le texte uniquement parcequ'ils ont voulu se tenir trop liés aux glosses du Dictionnaire de St-Pétersbourg. Il forme le vœu que bientôt on se mette d'accord pour apporter à ce

---

[1] Si esclude che il passagio marittimo abbia potuto esistere dove ora è l'istmo di Kra. La via di terra che passavono attraverso di questo i due mari possono aver contribuito a mantenere la nozione della congiunzione loro.
Un Congressista, che assisteva alla conferenza, ma di cui è sfuggito il nome, espresse sulla base di particolari sue cognizioni la stessa opinione: tanto sulla esistenza del canale navigabile, quanto sulla esclusione che esso passasse per l'istmo di Kra; e indicava un tratto più a mezzodì e che coincideva approssimativamente con quello stabilito dal colonnello Gerini.

[2] Il relatore prof. Pullé richiama l'attenzione sovra due antiche carte da lui vedute presso l'editore M. Nijoff all'Aja; e delle quali il Nijoff medesimo ha inviato le fotografie. Ad un primo esame appaiono l'una, su pergamena, dell'Indocina e dell'arcipelago della Sonda, di corretto disegno e di scrittura arabo-persiana, con carattere più che altro di portulano. L'altra è una carta topografica, di una regione limitata, che rappresenta stabilimenti europei (portoghesi) accanto a stabilimenti indigeni.

Dictionnaire les améliorations nécessaires. Il prie ses collègues sanscritistes à bien vouloir lui signaler les défauts et les mérites de son œuvre.

Discussion : **M. Lüders, M. Formichi.**

M. le Professeur Lüders présente : « Grundriss der Indo-Arischen Philologie und Altertumskunde » Bd. II Heft 5 : Baynes, Ethnography ».

La séance est levée à 10.35 h.

Séance du mercredi 10 Avril, 9.30 a.m.
Présidence de M. Rhys Davids.

Présents : MM. Kischn, Rhys Davids, Strauss, Lüders, A.A. Macdonell, Reichelt, Schrader, E. Rapson, M. Kuhn, Giebelhausen, W. Steele, C. M. Ridding, F. W. Thomas, J. Jolly, A. Ballini, F. Knauer, W. Siegling, A. Hillebrandt, H. Beckh, H. von Glasenapp, Irach Sorabji, Isdar Mall, P. E. Pavolini, Thomas, H. Scherbatsky, T. K. Laddu, J. Eggeling, Dines Andersen, Carlo Formichi, J. Hackin.

M. A. Hillebrandt propose M. P. E. Pavolini comme premier secrétaire et M. J. Hackin, secrétaire du Musée Guimet, comme second secrétaire pour la langue française.

Communication de **M. le Professeur E. Hultzsch** : « Les trois Bas-reliefs du Bharout dont deux n'étaient pas encore identifiés et dont le troisième n'est pas interprété correctement, sont mis en parallèle avec trois jâtakas de l'édition de Fausböll (528, 516, 539).

M. le Professeur Ambroise Ballini présente les volumes parus de la « Rivista degli Studi Orientali » publiée par les soins des professeurs de l'École orientale de l'Université de Rome depuis l'année de sa fondation (1907).

M. le Professeur Rhys Davids annonce la fin de la publication du canon pâli et le commencement de la publication des grands commentaires. Il présente une épreuve du IVe volume du Dictionnaire Pali et un projet de résolution tendant à exprimer des remercîments au gouvernement de Ceylan pour l'appui qu'il a bien voulu accorder à la publication de la traduction critique du Mahâvamsa de Ceylan par M. Geiger.

Assentiment de **MM. Rapson** et **Lüders**.

M. le Professeur Macdonell fait connaître qu'il a terminé son encyclopédie védique des noms et des choses sous l'assistance de M. Keith. Il en présente les dernières épreuves.

M. le Professeur E. Kuhn parle de la vie et des mérites de Démétrios Galanos, grand sanscritiste grec au commencement du XIe siècle.

M. le Professeur Paul Emile Pavolini ajoute en italien quelques mots sur la traduction de la Bhagavad-Gîtâ, faite par le même auteur.

Il en a déposé le résumé qui suit:

La traduction de la Bhagavadgita par Galanos mérite d'être étudiée, même après les travaux si nombreux d'éxegèse moderne. G. a connu le commentaire de Çankara, soit directement, soit par les explications que donnait le pandit Kandardas, mentionné à la fin de l'ouvrage. Bon nombre des notes de G. correspondent à autant de gloses de Ç. et d'autres gloses sont introduites dans la traduction pour la rendre plus claire. Quelques inexactitudes, quelques erreurs d'interprétation, quelques méprises (p. ex. Μιμάνσας .... φιλόσοφος!) ne diminuent pas la valeur d'un travail admirable pour le temps où il fut composé. Nous citons 14, 3. 2, 46. 5, 27. 10, 22. 27. 11, 6. 32 etc. Il est intéressant de constater que le texte de G. lisait 10, 26 *pippalah* au lieu de *açvatthah* et 10, 34 au lieu de *nârînâm* peut-être *punyânâm* car G. traduit ἐν τοῖς προτερήμασι. — La langue grecque se prête admirablement à rendre certains composés du sanscrit (par ex. 11, 9. 24, et les *dvandvas*). Les termes techniques (p. ex. *sâmkhya yoga sattva*

Démétrios Galanos.

rajas tamas ahamkâra) sont aussi rendus avec habilité G. Gennadius nous fait esperer un travail sur la vie et l'œuvre de Galanos; mais il serait à souhaiter qu'une partie au moins fut traitée par un sanscritiste.

M. le Professeur Pavolini fait ensuite une courte communication « In ricordo di Alessandro Paspatis ».

Les notices biographiques ont été fournies par son neveu M. George Paspatis, d'Athènes, grâce aux soins de M. Petrokokkinos. Paspatis naquit à Chio (1812) et mourut à Athènes (1891); il étudia au Collège d'Amhust, puis la médecine à Padoue, à Paris et à Londres, et il exerça longuement la profession de médecin à Constantinople (1840-1882). Dans cette ville il eut l'occasion de commencer ses études sur les bohémiens turcs, plus tard réunies dans son précieux volume *Les*

Alexandre Paspatis.

Tchinghianés. Il acquit aussi la connaissance de plusieurs langues orientales (du sanscrit et du persan, de l'arabe et du syrien, du turc) et publia des importants ouvrages sur l'histoire byzantine. Une vraie mine d'informations sur les chants, proverbes, coutumes etc. de son île natale se trouve dans son volume Τὸ Χιακὸν γλωσσάριον.

Ensuite **M. Pavolini** présente le Volume XXIV du «Giornale della Società Asiatica Italiana» et un de ses propres ouvrages, où se trouvent réunies des traductions de textes bouddhiques.

La section décide sur invitation de M. **E. Kuhn** d'honorer la mémoire des deux savants grecs mentionnés en déposant des couronnes devant le portrait de Demétrios Galanos exposé à la salle du Sénat académique et devant le monument funéraire de Paspatis.

M. le Professeur E. Kuhn présente au nom du comité nommé par le dernier Congrès pour étudier la question de la transcription des idiomes indo-chinois, un vœu concernant la nécessité d'une transcription seule possible dans presque tous les cas et qui doit se recommander tant au point de vue bibliographique que philologique. — Une telle transcription doit suivre autant que possible la méthode adoptée pour le sanscrit. — Dans quelques cas il y aurait lieu d'ajouter, entre parenthèses, une transcription plus phonétique.

On propose que le comité, auquel on a adjoint M. C. O. Blagden, soit autorisé à publier au nom du Congrès des schemas détaillés pour les différentes langues.

M. le Professeur Rhys Davids s'assosie à ce vœu et en signale l'opportunité.

M. F. W. Thomas signale le grand intérêt bibliographique que pourrait présenter ce travail. Il espère que les résultats en seront publiés.

La séance est levée à 11 heures.

Séance du jeudi 11 Avril, 9.30 a. m.
Présidence de M. E. Kuhn.

Présents: MM. F. Knauer, W, Siegling, Dines Andersen, Macdonnell, A. Carnoy, J. Takakusu, A. Hillebrandt,

J. Jolly, H. von Glasenapp, K. Wulff, Isdar Mall, E. J. Rapson, H. Stcherbatsky, E. Hultzsch, J. Hackin, Rhys Davids, H. Lüders, M. E. Ragheb, F. Othon Schrader, T. K. Laddu, Irach Sorabji, Reichelt, Strauss, E. Kuhn, C. M. Ridding, J. K. Steele.

Communication de **M. le Professeur Dines Andersen**: « Corrections to some Jâtaka-verses ».

Professor D. Andersen, by means of some passages in the Pali Gathas of the Jataka, tried to show which difficulties the Pali Lexicographes has to fight with, and pointed out several false words and wordforms occurring in our Pali Texts, e. g. *subbhuru (subbhu)*, *sañcesum (sañcopa)*, *samadhosi (samacopi)* etc.; the name of *Sīdā* (Σίδη) contained in the verbform *sīdanti*; the verb *kal°* and its derivatives, esp. of *ukkala* confounded with *mukka* (i. e. *mukva*, as *pakka* from *pakva*).

Discussion: **MM. Rhys Davids, Thomas, Lüders.**

Communication de **M. Macdonell:** « The collection of Sanscrit mss. recently acquired by the Bodleian Library ».

Sur l'invitation de **M. Jolly** la section exprime ses remercîments à M. Macdonnel.

M. le Professeur Othon Schrader fait une communication sur le Shashtitantra.

En étudiant l'Ahirbudhnya-Samhitâ, œuvre ancienne de la littérature des Pañcaratras qui n'est pas encore éditée, il vient à la conclusion que le mot Shashtitantra signifie un système et un livre d'école du Seçvara-Sâmkhya. En même temps il présente le premier volume de son édition des „Minor Upanishads" (advance copy, critically edited for the Adyar Library) et le 25ᵉᵐᵉ Adyar Library report.

Commmunication de **M. le Professeur J. Jolly** sur « Arthaśastra und Dharmaśastra ».

Anknüpfend an die Untersuchungen und Feststellungen von A. Hillebrandt und H. Jacobi über das Alter und die Echtheit des neu entdeckten Arthaśastra sollen speziell die schon von Jacobi hervorgehobenen näheren Beziehungen dieses Lehrbuchs der Politik zu den Hauptwerken des Dharmaśastra näher geprüft werden. Aus dem Abschnitt über Gerichtsverfahren ist die eingehende Beschreibung verschiedener Formen der Tortur hervorzuheben, die in den Dharmaśastras nirgends vorkommt. Dagegen verbreiten sich die letztern Werke ihrem religiösen Standpunkt gemäss ausführlich über die Gottesurteile, die in dem ganz weltlich gerichteten Arthaśastra fehlen, ebenso wie die langatmigen Ermahnungen zur Wahrhaftigkeit, die nach den Dharmaśastras der Richter an die Zeugen richten soll. Auf dem Gebiet des Familien- und Erbrechts fällt die verhältnissmässige Leichtigkeit und Häufigkeit der Ehescheidungen auf. Merkwürdig sind die Rechtsbräuche beim Verkauf oder der Versteigerung eines Hauses oder Grundstücks. Im Strafrecht werden weniger als im Dharmaśastra die Standesunterschiede betont. Das geistliche Recht des frommen Lebenswandels und der religiösen Bussen fehlt in diesem profanen Werk völlig. Die Ausdrucksweise ist oft die gleiche, zeigt aber auch andrerseits charakteristische Verschiedenheiten, wofür zahlreiche Beispiele beigebracht werden. Die sachlichen und sprachlichen Übereinstimmungen beziehen sich auf die jüngsten Dharmaśastras ebenso wie auf die älteren Werke, was für die Abfassungszeit des Arthaśastra von Wichtigkeit ist.

Discussion: **MM. Hillebrandt, Jolly.**

La séance est levée à 11.30 h.

Séance du mercredi 11 Avril, 9.30 a. m.
Présidence de M. E. Kuhn.

Présents: P. E. Pavolini, E. Kuhn, Dines Andersen, T. W. Thomas, A. N. Skias, A. Carnoy, H. Beckh, H. von Glasenapp, J. Jolly, F. N. Brockdorff, Else Lüders, E. Hultzsch, Othon Schrader, T. K. Laddu, E. Rapson, A. Hillebrandt, W. Siegling, H. Lüders, F. Knauer, Strauss, J. Hackin, T. W. Rhys Davids, C. M. Ridding, Thomas, A. Ballini, J. Eggeling, E. W. Hopkins, Arth. Christensen, Johan Eyser, Amelia von Keim, M. A. Macauliffe.

Communication de **M. Rhys Davids** sur Akatti-Akitti-Agastya.

He read a paper on the evidence found in the Pali books relating to the legend that Agastya was the introducer of civilisation into South India. He showed that the Pali names Akatti and Akitti were dialectic variations of Agastya, referred to one man, a hermit from the North of India who had settled in the South. This personage was a historical reality, and not to be confused with the Vedic Rishi so named. The probable date to be assigned to him was about the 3^d century B. C.

Discussion: **MM. Hultzsch, Rhys Davids.**

M. Thomas présente de la part de M. Guerson le «Progress report of the linguistic survey of India up to the end of the year 1911».

Communication de **M. le Professeur Hermann Beckh**: «Über des Verhältnis Buddhas zu übersinnlichen Wesenheiten (Devatâ's) im Mahaparinibhânasuttam und seine Begründung im Yoga».

Die Devatâ's ('Götter') werden in den buddhistischen Texten häufig erwähnt und spielen im Buddhismus eine grössere Rolle als gewöhnlich angenommen wird. Es ist eine wichtige Aufgabe, alle Texte, und zwar nicht einmal in erster Linie nordbuddhistische Mahâyânatexte, sondern gerade die alten Texte des Pâlikanons, unter diesem Gesichtspunkte zu untersuchen. Dabei zeigt sich, dass es sich bei den Devatâ's nicht überall nur um Mythologie, sondern eine dem Buddha in den Mund gelegte Mitteilung visionärer Erlebnisse handelt, daß er selbst mit einer Welt himmlischer, dem gewöhnlichen Menschenauge unsichtbarer Wesen in Beziehung zu stehen glaubte. Besonders interessante Beispiele finden sich im Mahâparinibbanasuttam. Im 1. Kapitel (p. 12 f. ed. Childers) wird erzählt, wie Buddha «mit dem hellsehenden göttlichen Auge übersinnlicher Erkenntnis» *(dibbena cakkhunā visuddhena atikkantamānusakena)* die Gottheiten wahrnimmt, die die Stätte des künftigen Pâtaliputra umschweben. Auch ist an dieser Stelle von einer Einwirkung der Devata's auf die Gedanken und Entschliessungen der Menschen (wie anderwärts, 2. B. p. 27 l. c, auf den Naturlauf), von einer Beziehung der realen Welt zur unsichtbaren Götterwelt die Rede. Von einem *Verkehre* des Buddha mit göttlichen Wesen handelt eine andere Stelle, im 5. Kapitel (p. 50 ed. Childers). Dort fordert Buddha den ihm zufächelnden Bhiksu Upavana auf, sich aus seiner Nähe zu entfernen, und gibt dem Ananda als Grund dafür an, dass eben jetzt zahllose Scharen von Göttern aus allen Weltregionen herbeigeströmt seien, um ihn, den Buddha, vor seinem Parinirvana noch ein letztes Mal von Angesicht zu schauen, so lange aber jener Bhiksu vor ihm stehe, seien die übersinnlichen Wesen nicht imstande, sich ihm zu manifestieren.

Von Interesse ist auch die Stelle von den 8 Versammlungen (parisā) im 3. Kapitel, wo Buddha von seinen Verkehre mit den Devatās redet (p. 28 ed Childers) und p. 63 l. c. die

Art. und Weise, wie der Jünger Anuruddha von der Anteilnahme der Devatā's an Buddhas Hinscheiden spricht.

Discussion: **M. O. Schrader**, réponse de **MM. Beckh, F. W. Thomas, Rhys Davids**.

Communication de **M. le Professeur A. Carnoy**: «Aramati-Ārmaty».

Résumé: Études de ces deux concepts religieux, l'un dans le Veda, l'autre dans l'Avesta, d'où ressort leur identité non seulement en principe mais même dans les détails.

Dans l'évolution du concept Aramati-Ārmaty, les côtés abstraits apparaissent comme les plus anciens, ce qui est conforme à l'opinion de ceux qui admettent que le système des hypostases avestiques n'est qu'un développement un peu particulier d'une tendance indo-iranienne. Quand on étudie la nature d'Ārmary, on ne tient généralement pas assez compte de la notion de sagesse qui lui est essentiellement inhérente, ainsi que du rôle de cette vertu dans l'obtention des biens qui sont la récompense des justes.

A ce sujet, on doit constater que le système gâthique Vohu Manah est venu partiellement faire double emploi avec Ārmaty.

L'association entre Ārmaty et la Terre, telle qu'elle apparaît dans le Vendidâd et dans le goroastrisme plus récent ne doit pas être regardée comme primitive, mais comme l'aboutissement d'une évolution où l'on voit les idées de Sagesse, modération, ordre par l'intermédiaire des idées de travail arriver à désigner le travail de la terre, en tant que siège de l'agriculture.

Discussion: Remarques de **M. E. Kuhn**.

Communicution de **M. Eyser**: «Mitteliranische Handschriften in der Universitätsbibliothek zu Kopenhagen[1]».

---
[1] Voir aussi p. 56-57.

M. Eyser présente à l'assentiment de la Section la motion suivante:

Il serait d'un grand intérêt scientifique de publier en fac-similé les principaux d'entre les estimables manuscrits avestiques et pahlaviques qui se trouvent à la bibliothèque de l'Université de Copenhague[1].

Assentiment de **MM. Dines Andersen** et **Christensen**.

La motion est adoptée par l'unanimité des membres présents.

M. le Professeur Henri Lüders fait quelques remarques sur la grande édition des Académies du Mahabharata.

Après un vote de remercîments aux secrétaires la séance est levée à 11.30 heures et la session de la Section déclarée close[2].

---

[1] Voir aussi p. 57.

[2] Nous publions ici le résumé d'un traité de M. **F. F. Pargiter** d'Oxford, inscrit au Congrès, qui étant été empêché de se rendre à Athènes, a envoyé au Secrétariat général le manuscrit de sa communication intitulée «Ancient Indian Genealogies».

Genealogies of the royal dynasties of ancient India are to be found in the Epics and Purānas and profess to contain the names of the Kings who reigned in various Kingdoms in Northern, Eastern and Western India. They do not pretend to mention every King, but only those who left some memory behind them.

Those dynasties are assigned to two great stocks, one the Solar Race that claimed descent from Mana, the son of Wivascat (the Sun), and the other the Aila or Lunar Race which claimed descent from Soma (the Moon).

All these dynasties are dealt with in the genealogies and I have endeavoured to coordinate them and give a chronological synopsis of them (Journal of the R. A. S. 1910). My purpose now is to consider the primary question whether those genealogies are worthy of credence.

After a detailed discussion of the question, he concludes: It was one of the duties of Purānas to set out royal genealogies, and that was natural because the Purānas were originally Ksatriya literature; and the genealogies were compiled, not by brahmans as brahmans because such matters did not interest them, but by persons connected with the courts

SECTION V^e

(Dans la Salle des séances de l'École française).

Chine et Japon. Asie centrale.

Séance du mardi 9 Avril, 9 heures a.m.
Présidence de M. Ed. Chavannes.

Présents: MM. P. A. Fokker, O. Franke, de Fontenay, A. Rudnew, Ed. Chavannes.

Sur la proposition du doyen d'âge M. Othon Franke, élu président de la Section M. Ed. Chavannes, membre de l'Institut de France.

Élu secrétaire M. Andréy Rudnew.

Considérant le nombre restant des adhérents, la section prend la détermination de siéger ensemble avec la Section VIe.

La séance suivante est fixée à mercredi, 10.30 du matin.

On en dresse le programme.

La séance est levée à 10 heures.

---

where the genealogies were matters of continual importance and interest. Those persons may have been brahmans or bards of other castes, but if brahmans composed or preserverd them, they did so not as brahmans but as court functionaries. After long a careful study of the ancient Indian genealogies I have been led to the opinion that those set out in the Purãnas are the results obtained after much inquiry and consideratien; that attempts were made to ascertain what was correct and discard what was spurious; and that where breaks or uncertainties occured in the information handed down by tradition, they have been often left patent on the face of the assounts. I have found no indications that there was deliberate or extensive falsification in the royal genealogies such as should destroy all evidence in them.

SECTION VIe

(Dans la Salle des séances de l'École française).

Indo-Chine, Birmanie, Madagascar, Malaisie.

Séance du mercredi 10 Avril, 9.30 a.m.
Présidence de M. A. A. Fokker.

La sixième Section n'ayant pas constitué son Bureau, fut invitée à tenir séance commune avec la cinquième Section pour la lecture des communications, ce qui a été fait. Le compte rendu de cette séance se trouve dans les actes de ces deux Sections réunies.

Après cette séance, les membres de la sixième Section, MM. A. A. Fokker, C. O. Blagden et K. Wulff, se sont réunis pour constituer le Bureau de la Section, qui fut formé ainsi:

      Président, M. A. A. Fokker,
      Secrétaire, M. C. O. Blagden.

La séance est levée à 10 heures.

—

SECTIONS V[e] et VIe RÉUNIES

(Dans une des salles de l'Université).

Séance du mercredi, 10 Avril, 9.30 a. m.
Présidence de M. Ed. Chavannes.

Présents: MM. Ed. Chavannes, C. O. Blagden, A. Eggeling, A. A. Fokker, Martin-Fortris, O. Franke, A. de Gubernatis, J. Takakusu, Z. Tsuji, K. Wulff, A. Rudnew, secrétaire.

M. Martin-Fortris donne lecture de la note imprimée suivante, relative à la transcription des sons chinois.

Présentation au Congrès d'une épreuve du „Manuel international de transcription des sons de la langue mandarine" publié par l'Imprimerie Nationale, à Paris, conformément à la résolution adoptée à Rome, en 1899, par le XII⁰ Congrès des Orientalistes.

Après cette présentation, l'orateur soumet au Congrès le projet de résolution suivant:

"Le XVI⁰ Congrès des Orientalistes, réuni en séance première, le 8 Avril 1912, dans l'Aula de l'Université d'Athènes, exprime le vœu que les Gouvernements de tous les pays d'Occident qui ont des intérêts en Chine fassent parvenir au Gouvernement de la République Chinoise une note identique, l'invitant à prendre connaissance du M a- nuel international de transcription des sons de la langue mandarine publié par l'Imprimerie Nationale, à Paris, et à choisir et promulguer un système de transcription incorporant en soi les équivalents en lettres latines de tous les sons chinois, d'après un mode de prononciation bien déterminé et reconnu officiel.

"Cette résolution sera transmise par la voie diplomatique à tous les Gouvernements intéressés,,.

La Section décide à l'unanimité qu'il n'y a pas lieu de prendre en considération la proposition de M. Martin-Fortris; elle estime en effet que cette proposition échappe à sa compétence.

M. le Comte A. de Gubernatis présente au nom de la ville de Macerata les œuvres suivantes:

a) Opere storiche del. P. Matteo Ricci S. J. edite a cura del comitato per le onoranze nazionali con prolegomeni note e tavole dal P. Pietro Jacchi Venturi S. J. Volume primo. I Commentari della Cina. Macerata, 1911, LXVIII, 650 pp. gr. 8⁰.

b) Antonio Ricci Ricardi. Il P. Matteo Ricci D. C. D. G. e la sua missione in Cina (1578-1610). Onoranze nazionali nel III centenario dalla sua morte. Firenze, 1910, 100 pp. gr. 8°.

M. A. Rudnev présente les œuvres suivantes:

a) Materielyi po govoram Vostoĕnoi Mongolii. St-Petersbourg. 1911.

b) Nobyja dannyja po živoi mandżurskoi rěči šamanstvy». St-Petersbourg. 1912 (Til prof. Vilh. Thomsen pa° hans halvfjerdsindstyvende fødselsdag).

c) Das Schriftmongolische und die Urga-mundart phonetisch verglichen» (vom Verfasser revidierte russische (2ᵉ) Auflage). St-Petersburg. 1908.

M. le Professeur Othon Franke lit sa communication intitulée: «Vorläufige Mitteilung über das Manuskript eines chinesisch-koreanischen Geschichtswerkes vom Jahre 1451».

Das Geschichtswerk, um das es sich handelt, führt den Titel *Kao-li schi,* koreanisch *Ko-ryc sa* d. h. «Geschichte von Kao-li» und ist in chinesischer Sprache von koreanischen Gelehrten verfasst. Es behandelt die Geschichte der Dynastie Wang, die von 918 bis 1392 regierte, und zwar von 935 ab über die ganze Halbinsel, die seitdem zu einem einzigen Staatswesen vereinigt wurde. Das *Kao-li schi* ist ein amtlicher Annalen-Werk, das ganz nach dem Muster der chinesischen Annalen auf Anordnung der Dynastie Li, die auf die Dynastie Wang folgte und Korea bis zur Annexion durch Japan beherrschte, zusammengestellt worden ist. Es bildet die Fortsetzung eines älteren Annalen-Werkes, der *San Kuo schi.* d. h. «Geschichte der drei Staaten», in die die Halbinsel bis zum 10. Jahrhundert geteilt war, und ist, ebenso wie dieser, eine Geschichtsquelle ersten Ranges. Wenn das Werk in Europa und in China so wenig bekannt geworden ist, so dürfte dies seinen Grund darin haben, daß es nie gedruckt worden, sondern immer nur Manuskript geblieben ist und somit keine große Verbreitung finden konnte.

Das vorgelegte Manuskript zählt 160 Bände (pên) und ist im Aufang des 19. Jahrhunderts (das genaue Jahr läßt sich nicht feststellen) in China abgeschrieben. Weitere Handschriften befinden sich in den Bibliotheken in Söul, Tokyo und London, sowie im Privatbesitz des französischen Sinologen Courant, einige Bruchstücke auch in Paris.

On pris part à la discussion: **MM. Ed. Chavannes, A. Fokker, J. Takakusu, Z. Tsuji.**

M. C. O. Blagden lit une communication intitulée: « On some old inscriptions from Burma ».

The language of most of the inscriptions: Talaing (or Mon). Its importance. Difficulty of the subject owing to the changes in the language during the last eight or nine centuries. Materials and methods of study. The quadrilingual inscription of the Myazedi pagoda, Pagan. The 15 century inscriptions. Linguistic recults. Sanskrit loanwords. Historical results. The inscriptions of King Kyanzittha (circa 1100 A. D.). „Pyu" inscriptions discovered at Prome. The geographical position of the „Pyu" language. Its linguistic affinities. The importance of the excavations now being carried out at Prome.

Ont pris part à la discussion: **MM. A. A. Fokker, O. Franke, J. Takakusu.**

M. A. A. Fokker fait une communication intitulée: « How to study Malayan language? ».

The nations having an interest in these languages ought to study better our Dutch-litterature on the subject, as this is already old and very extensive, whereas the Freneh, the English and the Americans only recently began to study is.

The so-called doctorate linguarum Indicarum to be got at the Leiden University (Holland) requires: before entering this a preparation in Latin and Greek, Dutch and some other subjects; afterwords the Canditae examination requires knowledge of Sanskrit, Arabic, history of Oriental religions, and geography, and the d o c t o r a l that of Malay and Javanese, comparative linguistics and ethnography. At last a dissertation is written on any subject, connected with these studies.

This system is not altogether good. The preparation before the University ought to be modernised : either Latin kept up and taught in a modern way and Greek, given up so that the study of the mother tongue and modern languages may be better cared for, or Latin with or without Greek only tought at the University.

Then p h o n e t i e s ought to be studied in connection with the mother tongue before entering the University. There they ought to be taught in connection with Sanskrit.

Sanskrit is more important than Arabic, as the Hindoo influence was by far the greater on the civilisation of the Malayan countries.

The study of Javonese and Malay, as obligatory subjects is advisable, as these two are indeed the chief languages of the Malayan group.

As a help to the study of Malayan languages that of Romanic languages is advisable. Its linguistic method to be applied on the former. Besides the practical knowledge of Portuguese, Spanish and French very helpful to the student of Colonial history and ethnography.

M. Martin-Fortris insiste à demander si la Section refuse de se réunir pour entendre ses explications au sujet de son projet de la transcription des sons chinois; la Section décide à l'unanimité qu'il n'y a pas lieu de tenir une autre séance à cet effet.

La séance est levée à 11.30 a.m.

Séance du vendredi 12 Avril, 11.30 a. m.
Présidence de M. A. A. Fokker.

Présents: MM. A. A. Fokker, C. O. Blagden, K. Wulff et F. W. Thomas.

M. C. O. Blagden parle des résultats de l'étude de la commission nommée par le XV⁶ Congrès pour examiner la question de la translittération des langues indochinoises.

The Committee appointed by the last Congress to consider the question of transliteration of the Indo-Chinese languages begs to express its opinion that an historical transcription is in nearly all cases the only possibility and that it is to be recommended for all bibliographical and philological purposes. Such a transcription should follow as far as possible the system adopted for Sanskrit. In some cases there might be added a more phonetic transcription in brackets. It is proposed that the Committee with the addition of Mr C. O. Blagden be authorized to publish in the name of the Congress detailed schemes for the several languages.

La Section ayant pris en considération ce rapport de la trancription des langues indochinoises l'a approuvée et la recommande au Congrès.

La séance est levée à midi.

Addition au procès-verbal des séances de la V⁶ Section.

Le Président du XVI⁶ Congrès des Orientalistes a reçu de M. Martin-Fortris la lettre suivante:

«Athènes, 11 Avril 1912

Monsieur le Président,

Hier matin, à la V⁶ section, je n'ai pas pu obtenir qu'un jour fût fixé pour la discussion du projet de résolution dont j'ai donné lecture au cours de la réunion plénière du 8 Avril, le Président de la Section étant d'avis que ce projet est d'ordre plutôt politique que scientifique.

J'ai l'honneur de vous demander, en conséquence, que la note ci-après, que je n'ai pas non plus reussi à faire insérer au procès-verbal de la séance d'hier, soit au moins publiée dans le même bulletin que ce procès-verbal, à titre de complément ou de rectification.

Agréez, Monsieur le Président, l'expression des mes sentiments distingués.

R. Martin-Fortris»

Note remise à M. Chavannes le mercredi 10 Avril 1912, au cours de séance de la Ve Section.

M. Martin-Fortris prie M. le Président de la Ve Section de faire annexer au procès verbal le passage ci-joint de la lettre dont il a donné lecture au début de la séance:

«Athènes, 9 Avril 1912

Monsieur,

Je souhaite très vivement d'agir d'accord avec vous, mais j'estime que le projet de résolution dont je joins ici le texte [1] mérite un examen sérieux.

Si donc vous ne pouvez pas vous trouver à l'Ecole française demain à 2 heures de l'après-midi, j'ai l'honneur de vous demander de vouloir bien y laisser un mot indiquant à quelle heure tous les membres de la Section seront convoqués jeudi pour examiner ce projet...

R. Martin-Fortris

A Monsieur Chavannes, Membre de l'Institut».

M. Chavannes a déclaré qu'il décline toute responsabilité au sujet des additions faites par M. Martin-Fortris au procès-verbal de la séance de la Ve Section.

SECTION VIIe

Voir Section IIe

---

[1] Voir p. 42 le procès-verbal de la séance plénière du lundi 8 Avril 1912.

SECTION VIIIe

(Dans la salle du «Parnasse»).

Monde musulman (Histoire, littérature, archéologie).

Séance du lundi 8 Avril, 3 p. m.
Présidence de M. Ignace Goldziher.

La Section procède d'abord à l'élection du Bureau.

On élit comme présidents M. le Professeur Ignace Goldziher, de Budapest, et M. Chr. Snouck-Hurgronje, de Leyde, et M. Louis Massignon, de Paris, comme secrétaire.

Le Rev. Père **M. H. Lemmens** fait sa communication intitulée «Le concept primitif du vocable *masǵid* mosquée».

Dans le Qoran et les poésies contemporaines de l'hégire, dans les parties les plus anciennes du *hadīt*, *masǵid* désigne un emplacement sacré, *haram, temenos;* jamais une construction architecturale ni un édifice proprement dit. Les *masǵid* abondaient à la Mecque, aux environs et dans tout le Hiǵaz. C'étaient d'anciens sanctuaires préislamites. Avec la Ka'ba, mais dans une position subordonnée, ils furent incorporés dans l'islam, c'est à dire dans la restauration du monotheisme abrahamique, entreprise par Mahomet. Etymologiquement et historiquement ils paraissent se rattacher à la *masyidā* des Nabatiens. Dans les pays étrangers, les Arabes propogateurs de l'islam, n'apportèrent avec eux aucune tradition nationale d'architecture religieuse.

A la discussion qui suit prennent part, après quelques mots du président, MM. **le Cheykh al Sakandari, Professeur Grimme et le Rev. Père Ronzevalle**.

M. le Docteur Gésa Supka parle sur Iskender-Du'l Qarnein et Chadhir.

Er bespricht die Darstellung der Silberschüssel aus Klimowa (S m i r n o w, Argenterie orientale, Pl. CXXI, 306). Der Vortragende findet hier den zweigehörnten Alexander in der orientalischen Sage, den sog. Iskender-Du'l-Qarnein sammt seinem Wezier, Chadhir, dargestellt, und bringt mit dieser Darstellung jene des Alexanderfluges auf dem orientalischen Elfenbeinkästchen des Großherzögl.-Hessischen Staatsmuseums zu Darmstadt in Verbindung. Der Vortrag erscheint in extenso im Jahrgang 1911-1912 des Orientalischen Archivs.

M. A. Danon remet quelques livres.

M. le Professeur Forget offre au Congrès les deux volumes du *Synaxarium Alexandrinum*, qu'il vient d'éditer et dont il va donner prochainement une traduction latine.

Il expose la manière dont il a conçu le plan général et dont il conçoit l'usage de son édition. Celle-ci est faite à l'aide de huit manuscrits: trois de la Vaticane; deux de la Bibliothèque Nationale de Paris; deux de Florence; un de Tubingue. Le ms. principal (62-63 du Vatican) a été reproduit tel quel, avec ses fautes de morphologie et de syntaxe, mais complété, pour les notices qui lui manquaient, d'après les autres mss. Le codex arabe 4869 de la Bibliothèque Nationale de Paris a fourni à lui seul un supplément de 170 pages.

La reproduction fidèle et presque servile de sources relativement anciennes pourra servir à l'étude de l'évolution et des vicissitudes de la langue populaire. Au point de vue de la connaissance des traductions et usages des antiques chrétientés orientales, le *Synaxarium Alexandrinum* sera spécialement utile par son rapprochement avec la calendrier d'Abou 'l-Barakat, avec le *Synaxarium Ecclesiae Constantinopolitanae* du P. Delehaye, et avec d'autres *Synaxaires* (tels le *Synaxaire éthiopien* et le *Synaxaire arménien*) actuellement en cours de publication. A ces éléments de comparaison il faut ajouter le *Synaxaire arabe Melchite*, dont la Bibliothèque Nationale de Paris possède deux manuscrits et dont le *Corpus scriptorum christianorum orientalium* prépare une édition.

L'usage du *Synaxarium Alexandrinum* du Prof. Forget est rendu plus facile par un *Index alphabétique* très détaillé.

Nota. La notice de M. Forget, ci-dessus résumée, sera publiée intégralement dans la *Revue d'Histoire ecclésiastique,* de Louvain, avant la fin de l'année courante 1912.

La séance est levée à 4.30 de l'après-midi.

Séance du mercredi 10 Avril 9.30 a. m.
Présidence de M. Chr. Snouck Hurgronje.

S. E. Zéki Pacha parle sur «Une traduction arabe de Jamistos» (Gémiste, Pléthon).

Il s'agit d'un manuscrit photographié à Topkapu (Stamboul), et qui contient la version arabe d'un curieux traité écrit en grec sur la mythologie grecque paienne et dont le texte grec a été édité avec une traduction française par Alexandre.

Zéki Pacha y signale les néologismes suivants du traducteur, qui a voulu être littéral المموتي (θνητός) et الللا يموتي (ἀθάνατος).

A la discussion qui suit à cette communication prend part **M. J. Goldziher.**

M. le Professeur C. Bekker traite sur les résultats de la mission du duc Adolphe de Mecklembourg en Nord Kamerun.

In den Jahren 1910/11 hat der Herzog Adolf Friedrich das Tschadseegebiet bereist u. speziell Baghirmi, Deutsch Borun, und Nordadamana studiert. Es sind wertvolle historische Dokumente mitgebracht und Erkundigungen über die Araber, Fulbe und besonders über den Islam dieser Gegenden eingezogen worden. Auch über die literarischen Grundlagen (Risala des Ibn Abi Zaid, Bücher des Sanūsī) hat die Expedition zum ersten Mal Aufklärung gebracht. Der Islam unterscheidet sich wenig von dem Islam der westl. Sahara. Die gleiche Art der Maulidfeiern hier wie dort, die gleiche Bruderschaft (Tidjani) dominiert. Die Geistlichkeit ist bodenständig, die Scheria wird geübt wie in anderen isl. Ländern. Der isl. Heiligenkult hat auch dort Eingang gefunden, wenn auch nur in beschränkter Weise. Die Arbeit der Expedition verdient Dank und Anerkennung von Seiten der Islamforschung. Das Referat wird im Druck erscheinen in «Der Islam» Bd. III.

Le Rev. Margoliouth communique deux des extraits du VIme volume du *Mu'jam al-udabā* de Yakut, qui va paraître l'année prochaine.

Il s'agit de quelques nouveaux renseignements sur la vie et les œuvres de plusieurs savants Musulmans, Ibn al-'Adim, Drchàhiz, Sibawaihi, l'Imam el-Shafi'i, l'historien Tabari, et d'autres.

M. Goldziher fait quelques remarques.

Mme de Lebedew parle «Sur le soufisme, à propos d'une traduction partielle de la Risalah d'al Qoshayû.

Livres présentés: «Aya abinsan» d'al Tantawi *(Margoliouth)*, «Der Islam», Band III Heft 1-2 *(Becker)* «Risalah d'al Qoshayû *(Lebedew)*.

La séance est levée à 11 heures a. m.

Séance du jeudi, 11 Avril, 9.30 a. m.
Présidence de M. Ignace Goldziher.

Présents: MM. Goldziher, Becker, Cheyk Sacandari, C. Snouck-Hurgronje, Felicia R. Scatcherd, D. S. Margoliouth, H. F. Amédroz, A. A. Bevan, H. Lammens. Ed. Mahler, Dvôrák, Fontenay, Le Sage, J. Denis, Th. Menzel, G. Jacob, Mohamed Nabib, Louis Massignon, secrétaire.

Le Cheyk Ahmed al Sacandari analyse le manuscrit de son ouvrage «Adab al loghat al dārigah al misrîyah» (Littérature arabe en dialecte égyptien contemporain).

Introduction sur les origines de la langue vulgaire; — ses caractéristiques en poésie (mètres *zajal,* etc.), en morphologie et en syntaxe. L'intrusion d'expréssions étrangères.— Citation de vers en zajal, du XVIe, XIXe et XXe s. — Arabe vulgaire des hommes: des femmes — les documents écrits on prose. — les *vers* (nażm), — les *chansons* (aghānî) — le *wāw* du Sa'îd (Ibn 'Aroûs) — Autre exemple de *wāw* d' Osmàn bey Jalalh — Dialecte féminin: dialogues.

Conclusion: La langue vulgaire est essentiellement variable et l'instruction l'éliminera progressivement.

Discussion: **Louis Massignon** (impossibilité de faire rétrograder la poésie aux anciens mètres classiques).

S. E. Zéki Pacha à propos du «Kitab al Asnam d'Ibn al Kalbî, résume le travail accompli par le Comité de publications qu'il dirige, depuis ses premières études sur les encyclopédistes arabes (1890-1892).

Il donne la liste critique des manuscrits utilisés pour les éditions qu'il prépare:

a) d'Ibn Fadhl Allah al'Omarî «Masalik...» (15 vol.).

b) d'al Nowayrî (31 vol.).

c) du «Kitab al Taj» d'al Jahiz (ms. unique à Topàkapou).

d) du «Kitab al asnam» d'Ibn al Kalbî; dont on ne connaissait que les ²/₃, grâce à Yāqoût; publication suivie d'un appendice complémentaire et d'un index.

e) d'Ibn al Moqaffa' (al Adab al Saghîr), *paru* à Alexandrie.

f) d'al Safadî (Dictionnaire des aveugles illustres).

Motion: Sur la demande de l'orateur, appuyée par MM. **René Basset** et **H. Lemmens**, la Section VIII émet à l'unanimité le vœu que le Comité dirigé par Zéki pacha poursuive la publication intégrale des textes qu'il se propose d'éditer.

M. Dvôrák prend la parole.

A propos de son édition de *Bâkî,* le grand poète turc, qui va paraître à Leyde, le Dr Dvôrák étudie dans quelle mesure il a copié Hâfiz, et dans quelle mesure il reste original, contrairement à la thèse de Horn. Il analyse à ce point de vue plusieurs «takhmîs» où Bâkî a disposé à sa guise les vers du «ghazal» de Hâfiz lui servant de base.

M. Louis Massignon lit sa communication intitulée «*Anâ al Haqq*», histoire critique d'une célèbre formule de mystique islamique.

I. *Introduction:* sens de cette formule: «*Je suis la Vérité*» *(=Dieu).* Suscite la même discussion que l'attitude de Jésus devant Pilate. Faut-il voir ici, avec Renan cette même «conscience du caractère impersonnel du vrai» portée à sa plus haute puissance? Est-ce l'impersonnalité du panthéisme hindou: «*Tat twam asi*» («Gîtâ»), «Aham Brahman asmi» (Védantistes)?

II. *Origine et valeur:* prononcé par al Hosayn Ibn Mansoûr al Hallâj (+Bagdad 309/922), devant al Jonayd (ou al Shiblî) — reproduit dans son «Kitab al Tawasîn» (en cours d'impression). — théorie du «*holoul*», «iatibâ'al Haqq» dans le saint, qui est déifié, sans confusion ni destruction, — et acquiert ainsi sa personnalité définitive. Au moyen de l'Esprit (Roûh) — théorie de «al Roûh» — quatrain — théorie du «*hoûwa hoûwa*», — du «*lahoût wa nasoût*».

Discussion: ce «roûh» hallajiyen n'est ce que la Σ des intelligences, — *l'intellectus virtualis* ('aql d'al Ticmodi), ou un «*intellectus agens*» indépendant? Même discussion que pour le «νοῦς» d'Anaxagore, et le «'aql» d'Averroès.

III. *Interprétations postérieures* — communications — liste des jugements contradictoires portés sur ce sujet par les théologiens musulmans. Al Ghâzalî et Al Gîlânî (théorie de l'ébriété divine) — 'Attar Ibn 'Arabî («Fosoûs...» et le tercet «Anā sirr al Haqq...). Le martyre de Nasîmî-Jâmî.—Conclusion.

La séance est levée vers midi.

Séance du jeudi 11 Avril, 2 p. m.
Présidence de M. Snouck-Hurgronje.

Présents: MM. C. Snouck-Hurgronje, Mohamed Nabib, J. Denis, Becker, Mohamed Abut Eloisch, Cheyk Sacandari, Ahmed Zéki Pacha, Ahmed Ikmet bey, Aktchary, D. S. Margoliouth, Amélie von Keim, J. Abercromby, H. Lammens, Rousselle, L. Massignon.

M. Nassef-Hefni Bey fait la communication suivante:

Étude sur la Biographie de Maryam al Qobtiyah d'après les sources traditionnelles. Sa mort à Médine. — Sa ville natale: Hafn = peut-être Shaykh 'Obadāh, près d'Ansina (Antinoë) devant Ashmounayn.

Le même communique ensuite son «Étude sur la langue assez singulière de deux pierres trouvées au Yémen».

L'orateur s'efforce de retrouver la langue primitive du Yémen, pui aurait été, conformément au hadîth, l'arabe et non l'himyarite.

S. E. Ahmed Hikmet Bey donne lecture d'une Étude sur la langue, l'orthographe et la littérature turques.

Il traite des origines et des similitudes ougro-finnoises. L'islamisation. L'armonie vocalique — Restauration du turc pur en poésie depuis Shénasi.— Les époques de la littérature: 1° religions jusqu'à Soliman — 2° École dite de l'«enderoun»,— iranisante. 3° la renaissance pendant les guerres de 1854 et de 1877. 4° les années de silence. 5° le mouvement actuel, poésie syllabique,— retour au turc primitif, «touranien».

Il suit une discussion, à laquelle prennent part MM. **Dény et Ronzevalle.**

S. E. Zéki Pacha donne l'analyse du «Kanz al dorar» d'Aboù Bakr al Dawadarî (écrit 709 hég. ms. Damad Ibrahim pacha). Il contient une histoire légendaire des Tatars jusqu'à Tchinghiz Khan d'après leurs livres sacrés traduits par Gabriel ibn Bokhayéshou' (211 hég.)

M. le Professeur Dény tient une discussion avec l'orateur.

La séance est levée à 4 heures de l'après midi.

Séance du vendredi 12 Avril, 9.30 a. m.
Présidence de M. Ignace Goldziher.

Présents: MM. Ignace Goldziher, Becker, Fr. Rousselle, S. A. Rousselle, J. Dény, H. Lammens, Hélène Tsykalas, René Basset, Laura Goldziher, Rosa Mahler, Fr. le Sage de Fontenay, Axel Mober, Fr. Buhl, Wl. Gordlewsky, D. Eugen Hermann, A. A. Bevan, S. D. Margoliouth, Amedroz, Felicia R. Scatcherd, Laura White, L. Massignon, C. Snouck-Hurgronje, A. Fischer, N. Papayannopoulos.

M. le Professeur J. J. Hess communique ses remarques « Sur les dialectes du Nâgd, spécialement sur celui de Quhtân ».

Il traite d'abord de la phonétique de ce dialecte (accent tonique sur l'article, abréviation et suppéssion de la voyelle finale, ou, au contraire tanwin emphatique). Il expose ensuite la morphologie (les verbes, troisième personne, plural, finales: a yn ô n). Etude sur le Kef qui se prononce ts surtout devant un y.

M. le Professeur Aug. Fischer parle «Sur le lexique arabe».

Son projet de lexique est basé sur les citations directes des sources. Dépouillement des inscriptions préislamiques, — des poètes, du Qorān, du hadîth. — Utilisation des lexiques publiés ou laissés en manuscrit par Fleischer, Thorbecki, Dozy, Ahlwardt, Goldziher; des glossaires spéciaux. Il traite ensuite de l'organisation financière de l'œuvre.

Il suit une discussion, à laquelle participent **M. Snouck-Hurgronje** et le Professeur **Bevan**.

M. le Professeur Ignace Goldziher fait sa communication intitulée: «Aus der Theologie des Fachr-al-dın-al-Razî».

Nach einer Darstellung der Verbreitung der Muʻtazilah zur Zeit der Būjeden-Herrschaft und auch nach dem Sturz derselben in den vom Centrum des Chalifats entfernten östlichen Provinzen des Islams namentlich in Chwerezm, geht Referent auf den Nachweis der muʻtazilitischen Konzessionen in der Theologie des Fachr al-dīn, der sonst die Muʻtaziliten bekämpfte. Er hebt in diesem Zusammenhang besonders drei Punkte hervor: 1) die Systematik des F. in der Methodik des taʼwīl al-Korān (in seinem Werke taʼsīs al-takdis); 2) seine scharfe Kritik des Hadīt, dessen Glaubwürdigkeit er vollends unter den Gesichspunkt des Rationalismus stellt; 3) seine Theorie über das Erschaffensein der von Gott ausgehenden Erscheinungen (al chalk fi mah all).

S. E. Zéki Pacha résume l'évolution de l'art architectural, décoratif etc. en Egypte, son influence à l'étranger, son apogée sous les Mamelouks, l'organisation des «Waqf». Il termine en signalant les efforts faits actuellement pour faire renaître l'art musulman en Egypte (École et Waqf du Prince Youssouf Kemal).

On distribue dans la même séance un traité de S. E. Zéki Pacha, imprimé en cinq langues, et intitulé «Faut-il publier dans leur intégrité les textes anciens ou les expurger?»[1]

---

[1] Le bureau a reçu sur ce sujet l'imprimé suivant:

«Athens, April 12 1912

To the Comittee of the Oriental Congress

Gentlemen,

Having had the misfortune not to be present when the question of the expurgation or otherwise of classical literature was put before the Moslim section of the Oriental Congress, I now take the opportunity of expressing my opinion in the form of a reply to the pamphlet published from the pen of that distinguished scholar Prof. Ahmed Zéki Pacha.

With regard to this pamphlet of an interrogatory nature published by you «Should classics be published as written by their authors or expugated»?

This is entirely a question to be settled by the thinking public, who keep their minds free from prejudice, and is a matter of great importance as the answer applies to all classics (not only the Arabic mentioned in the pamphlet) but also to the literature of all ancient and modern classical writers in whatever tongue.

First, I would ask the question Is it fair just, right, or honorable, to mutilate the fruit of the brain of those who are no longer amongst us, to defend their works from the violations of the iconoclast?

We human beings are sent into the word in the material form of brain and body — both being a trust. These classical authors have fulfilled their trust in a most wonderful manner seeing the difficulties under which they laboured compared with the advantages of our civilised days.

Would any particular advantage accrue to the world in general from the omission of words perfectly well known to every grown up person and printed in every dictionary? Is a statue rendered more beautiful by the loss of a nose, an ear, or any other member?

Is a man who has lost an eye, or without a tongue, more to be admired than the ordinary man evolved according to the laws of nature?

This Congress is propably one of the most remarkable gatherings of great minds that the world has ever known.

Which of the distinguished authors here present would like to see many of the nouns, verbs or even whole sentencens, removed from his writings, and asterisks in their place?

People having the misfortune to be born with minds of an indecent bent, see indecency in every thing and vice versa.

We English have the reputation of being the most narrow minded the earth contains, on questions of propriety, but I hope on this question the vote of my compatriots will be with me, particularly as we have in daily

SECTION IXe

(Dans la salle des séances du «Parnasse»)

Égyptologie et langues africaines.

Séance du mercredi 10 Avril, 9.30 a.m.
Présidence de M. Edouard Naville.

M. Ed. Naville est nommé président, M. le Dr. Kees secrétaire.

use two sixteenth century books, — namely the Bible of James I, and Shakespeare. «People who live in glass houses should not throw stones!».

As a Student of moral education and a Member of the forth-coming Moral education Congress at the Hague next August, I feel it my duty to protest against these mutilations of classical literature! The act of expurgation *may* be moral in detail, but is absolutely immoral in general principle.

Should these alterations and omissions be made with regard to words now considered indecent in *this century*, another century will find a fresh sed of words indecent, and so on ad infinitum until at last nothing will be left but the personal pronouns, conjuctions, and prepositions.

Why not leave them alone!

In the name of all that is good and beautiful, do not mutilate the original creation of the Author's brain! You will ruin them as first class library books.

The proposal therefore has my cordial support.

Believe me to be, Gentlemen, yours faithfully,

Laura White
Associate of the Royal Colonial Institute of England,
Life Member of the Sociological Society of England.

Having already recorded an unqualified vote in the affirmative, I have, nevertheless, much pleasure in supporting my compatriot in this matter:

1º Because the question refers to the classical literature not only of Arabia but of the whole world.

2º Because it is desirable to facilitate the work of the Council which has undertaken the task of rendering accessible to students the priceless treasures contained in the M. S. S. of Arabia.

Signed:
Felicia R. Scatcherd
Member of: — The Moral Education League. London
L'Institut Psychologique de Paris etc. etc.

Athens, 12 April 1912.

M. le Professeur Ronald Burrows lit un travail sur la XII⁰ dynastie, dans lequel, soit à l'aide des données du calendrier, soit par des monuments crétois trouvés à Abydos, il confirme les dates de la chronologie abrégée du Prof. Edouard Meyer.

M. le Professeur Ed. Mahler montre que les statuettes funéraires appelées «ušebti» ne sont pas comme on l'a admis jusqu'ici «les répondantes» mais les figures chargées de la nourriture du défunt.

M. le Professeur Valdemar Schmidt offre au Congrès les ouvrages suivants qui seront déposés avec les autres livres offerts au Congrès:

Valdemar Schmidt. Museum Münterianum, Collection de stèles égyptiennes léguées à l'Evêché de Copenhague par feu Frédéric Münter. Bruxelles 1910 4°.

Valdemar Schmidt Glyptothèque Ny-Carlsberg. Choix de Monuments Egyptiens. Deuxième série. Bruxelles 1910 8°.

Valdemar Schmidt Ny Carlsberg Glyptotek. Den Aegyptiske Samling. Kjöbenhavn. 1908 avec 95 illustrations et 6 tables autographiées 8°.

Valdemar Schmidt De graesk Aegyptiske Terrakotter i Ny-Carlsberg Glyptotek. Kjöbenhavn.1911(avec 70 planches) 8°.

Valdemar Schmidt Graesk Aegyptiske Statuetter i Nationalmuseets Antiksamling. Kjöbenhavn. 1911 (avec 5 planches) 8°.

M. Valdemar Schmidt propose ensuite que dans les différents pays on suive l'exemple donné par la France dans la Bibliothèque égyptologique, en faisant la collection des travaux des divers égyptologues dont l'œuvre est oubliée ou perdue, parcequ'elle est disséminée dans des publications qu'il est difficile ou impossible de se procurer.

MM. les Professeurs **Naville** et **Sethe** appuient le vœu de M. Valdemar Schmidt.

M. le Professeur Ed. Mahler parle « De la fondation d'un institut égyptologique à Budapest ».

Il fait rapport de l'Institut égyptologique de l'Université de Budapest. Cet Institut a été fondé le 1 Janvier 1912, par la munificence du professeur Boethy. Ce savant a mis à la disposition de l'Université sa collection d'antiquités égyptiennes faite depuis beaucoup d'années. Quoique la collection soit petite (elle ne contient que 465 objets), tout y est représenté qui est nécessaire pour nous instroduire dans l'histoire de l'art et de la culture des anciens Egyptiens, en commençant par les temps les plus anciens jusqu'à l'époque gréco-romaine.

Le conférencier formule à la fin le vœu suivant:

Die ägyptologische Sektion nimmt den Bericht zur Kenntnis und drückt den Wunsch aus, dass die in den verschiedenen Museen Ungarns verstreuten Gegenstände diesem Institute eingereiht werden.

La Section appuie par un vote le vœu du Prof. Mahler.

M. le Professeur Valdemar Schmidt parle « Sur les travaux des grands égyptologues ».

Il regrette vivement que les mémoires des premiers égyptologues, notamment ceux des fondateurs de l'Egyptologie, sont pour ainsi dire introuvables, ayant été tirés dans un nombre fort restreint d'exemplaires ou insérés dans des revues peu répandues. Heureusement, la France, la patrie de l'Egyptologie, a donné un bon exemple. Sous la direction de M. Maspero ont été republiés, peu à peu, dans une longue série de volumes, les mémoires de la plupart des égyptologues français. En Angleterre, on a suivi le bon exemple. La veuve du grand égyptologue anglais, Sir Peter Le Page Renouf, Lady Renouf a publié les mémoires, tous si importants, de son mari, dans quatre beaux volumes. Mais cela n'est qu'un commencement, bien qu'un commencement de la plus grande valeur. Les mémoires égyptologiques des autres grands égyptologues des Royaumes Unis, qui ont fait avancer énormement la science, sont de nos jours presque introuvables, comme ceux de Goodwin et du docteur Edouard Hincks! La même chose a lieu pour les publications des égyptologues qui, dans d'autres pays, ont contribué, des diverses manières, à la fondation et aux premiers progrès de l'Egyptologie. Les premiers mémoires de Lepsius, la plupart des mémoires de Brugsch et même ceux de Dümichen sont introuvables, même en Allemagne. Encore, ceux de Conrad Leemans et de Reuvens, peut-être aussi de Pleyth en Hollande, également ceux des prémiers égyptologues italiens, russes et suisses; même ceux de notre très-respecté et éminent président, Edouard Naville, ne sont pas faciles à se trouver aujourd'hui! M. Schmidt émet le vœu que ces mémoires soient republiés, et engage les égyptologues présents à la séance à faire tout leur possible pour la réalisation de cette œuvre si désirable à la science.

M. Valdemar Schmidt fait ensuite une communication sur les différents types de sarcophages en usage dans l'ancienne Égypte pendant les diverses époques de l'antiquité.

M. Schmidt dit qu'il ne s'occupe que des caisses ou boîtes dans lesquelles les corps des défunts peuvent être étendus de tout long. Il n'y a pas question des boîtes etc. employées pendant les temps préhistoriques ou protohistoriques, lorsque les corps étaient enterrés accroupis ou repliés ou même mutilés de diverses manières. Les premiers sarcophages connus remontent aux derniers temps de la IIIe dynastie: nous avons différents exemples de sarcophages datant de l'Ancien-Empire ou de la période de Memphis. Quelques-uns sont en pierre, d'autres en bois; ils affectent tous une forme rectangulaire, tout en imitant la forme d'une maison ou d'un temple. Quelquefois les sarcophages sont doubles, mais tous sont de forme rectangulaire. Quant au corps du défunt, on cherchait, après l'avoir préparé, de lui donner une certaine ressemblance avec le corps de l'individu lorsqu'il était vivant. On le munissait quelquefois d'un masque en carton. Cette habitude donna l'origine à l'apparition des sarcophages momieformes ou anthropoïdes. Ce genre des sarcophages apparaît durant le Moyen-Empire ou la première période de Thèbes. On se sert souvent de cercueils intérieurs, déposés dans des sarcophages de plus fortes dimensions. Ceux-ci sont ordinairement de forme rectangulaire; quelques-uns sont en pierre, d'autres en bois. La même chose a lieu pendant le Nouvel-Empire ou la seconde période de Thèbes. Seulement les sarcophages anthropoïdes ou momieformes sont maintenent très fréquents. Les sarcophages extérieurs affectent même quelquefois cette forme; cependant il y a aussi un certain nombre de sarcophages extérieurs de forme rectangulaire. Ces derniers sont quelquefois en bois; ceux de forme anthropoïde sont principalement en bois, mais il y en a aussi en terre-cuite et, plus rarement, en pierre.

Après l'an 1000 avant J.-C. les sarcophages en pierre disparaissent pendant plusieurs siècles. Tous les sarcophages sont en bois; la plupart sont de forme anthropoïde. Ils affectent diverses formes et sont peints de manières variées. Les sarcophages en pierre apparaissent de nouveau dans le VIe siècle, sous la XXVIe dynastie; quelques-uns sont de forme rectangulaire, d'autres de forme anthropoïde. On suit les mêmes modes dans la fabrication des sarcophages pendant la période perse et durant les premiers siècles de la période ptolémaïque; beaucoup de sarcophages sont en pierre, mais la plupart des sarcophages, datant de ces époques, sont en bois, et, grande partie, de forme anthropoïde. Ces derniers deviennent dans le courant des temps de plus en plus informes et négligés; ils sont même souvent d'une laideur extrême. Les sarcophages anthropoïdes disparaissent enfin pendant les premiers temps de la domination romaine en Egypte; des sarcophages rectangulaires restent encore en usage du moins jusqu'au IIe siècle de notre ère. Mais on s'attache maintenant surtout à l'ornementation de la momie qui est munie quelquefois d'un portrait peint ou d'un masque en plâtre, ressemblant, autant que possible, au défunt. Les Musées en fournissent des exemples multiples.

M. D. Pâris, de l'École française d'Athènes, discute l'interprétation donnée par M. Legge des dessins gravés sur les palettes égyptiennes et en propose une autre pour laquelle il s'appuie sur les dessins faits par des tribus africaines sur les rochers, en plusieurs endroits du Nord de l'Afrique.

L'ordre du jour étant épuisé, et la Section n'ayant pas d'autres communication en vue, la séance est levée et la session est close à midi.

SECTION X^e

(Dans la salle des séances de l'École française).

Langues, peuples et civilisations de l'Amérique.

Séance du mercredi 10 Avril, 9.30 a. m.
Présidence de S. E. M. R. Errazuriz Urmeneta.

D'abord furent désignés: comme Président de la section le délégué de la République du Chili M. R. Errazuriz Urmeneta; comme Vice-président le délégué de la République de Cuba M. J. M. Dihigo, et comme secrétaire le délégué de la République Argentine M. Félix F. Outes.

Immédiatement **M. le Professeur J. M. Dihigo** donne lecture de son mémoire «Histoire de la phonétique du langage populaire à Cuba.

Il arrive aux conclusions suivantes:

1) Les changements sont visibles dans le domaine des voyelles. Cas de crâse, substitution des voyelles simplement; substitution avec apocope, avec syncope et prosthèse suc-

cessivement; avec apocope et accent; avec syncope et permutation des voyelles. Prosthèse avec changements de voyelle; changement avec prosthèse et apocope en même temps. Cas d'aphérèse, d'aphérèse et de syncope, d'aphérèse et d'apocope. Cas de prosthèse; prosthèse dans des mots composés. Emploi des lettres epenthétiques. Cas de paragogue des voyelles.

2) Les changements sont aussi visibles dans le domaine des consonnes. Permutation; syncope avec permutation d'une consonne; syncope et apocope avec accent; syncope avec apocope syllabique; syncope avec aphérèse. Cas d'apocope; apocope avec accent; apocope sans accent compensatoire; prosthèse asyllabe. Cas des éléments prosthétiques. Paragogue des consonnes. Cas des permutations des consonnes; des substitutions. Influence de l'analogie. Changements de place d'accent. Dérivation des mots. Suppression de l'article dans l'oraison; suppression de la proposition; omission des conjonctions.

Ensuite S. E. **M. Errázuriz** lit son travail sur « Le peuple araucanien aborigène de Chili ».

Conquête du Chili par les Espagnols. Première expédition de Almagro en 1535. Seconde expédition de Pedro de Valdivia. Aperçu géographique du Chili. Origines de la race chilienne. Diverses hypothèses qu'on fait sur le sujet. Elle ne peut pas procéder de l'Asie par le Détroit de Behring, mais plutôt de l'Occident en ayant traversé l'Afrique. Double caractère de la race araucanienne: sauvagerie d'un côté et de l'autre côté des qualités saillantes et remarquables qui apartiennent seulement aux peuples civilisés.

Langue araucanienne. Etudes qu'en ont fait les missionnaires Espagnols du temps de la conquête. Recherches et études des philologues modernes.

La langue aborigène du Chili est complètement différente de toutes les autres d'Amérique. Elle a d'affinités avec le sanscrit, le grec et le latin. Formation des verbes.

Système dissylabique de la langue. Diverses particularités. Influence de l'espagnol sur l'araucanien et de celui-ci sur l'espagnol. Langage élevé.

Poésie et littérature araucanienne. Peu de renseignements des chroniqueurs Espagnols. Recueil fait dans cette dernière époque par le Dr. Lenz. Quelques exemples de poésie indigène. Contes de fiction. Exemples de contes d'animaux ou fables. Mythes et contes mythiques. Récits historiques et épiques.

Psychologie araucanienne. Conception du monde spirituel par les Indiens. Les devins et les sorciers. Les machi ou guérisseurs. Leur initiation. Cérémonie du machitun ou guérison du malade.

La séance est levée et la session close à 11 heures a. m.

SECTION XI^a

(Dans la salle des séances de l'Ecole française)

Grèce et Orient dans l'antiquité.

Séance du jeudi 11 Avril, 9.30 a. m.

Présidence de M. Émile Reisch.

Présents: MM. Ange de Gubernatis, Vincent Ussani, L. Schilling, Jean Olympios, Emman. David, Wl. Gordlewis, Th. Saucine, Annie v. Netolizka, Charles Hadazceck, Z. Pstross, G. D. D. Mattieu, A. A. Fokker, Italia Chieti, Adalgisa Chieti, Hetty Goldman, Colthurst, Evelina Martinengo Cesaresco, Louis Pernier, Emmanuel Sangriotis, J. P. Mahaffy, Em. Reisch, Rudolf Heberdey, N. M. Balanos, P. E. Pavolini, A. Schober, Max Maas, H. von Bieberstein, Agnès Worzewski, Giunio Dei, Cordelia de Gubernatis.

M. le Comte Ange de Gubernatis parle « De l'origine orientale des grandes déesses de la Grèce ».

Elles sont quatre; toutes les quatre lumineuses, toutes les quatre imposantes: Aphrodite, la plus belle, Artemis la plus pure, Athéna la plus sage, Héra la plus maternelle; les quatre déesses n'en faisaient qu'une lorsque les poètes védiques chantaient sur les bords du lac Mânasa aux pieds du mont Kailasa, au sortir des ténèbres des longues nuits et des longs hivers orageux l'Aurore comme une déesse. Ce pays védique a été dernièrement découvert et reconnu par le voyageur et explorateur Sven Hedin. Sans connaitre les Védâs, sans être mythologue, ce géographe, qui voulait seulement sonder la profondeur des lacs du Transhimâlaya, sans s'en douter, a employé de nouveau, pour décrire les spectacles de la naissance de l'aurore, les mêmes termes émus, les mêmes images des anciens r i s h i s. Toutes les épithètes élogieuses données dans les hymnes d'Homère et de Callimaque aux quatre grandes déesses se trouvaient en germe dans les hymnes des anciens r i -s h i s Aryens. Les mêmes expressions se trouvent dans les hymnes chrétiens et les litanies dédiées à la Sainte Vierge, dont le culte a remplacé sur les débris du paganisme et absorbé les quatre cultes des déesses helléniques. L'orateur illustre et développe par une longue série des détails cette thèse poétique et aboutit à la conclusion suivante:

C'est grâce à la continuation de cette prière attendrie que nos ancêtres Aryens passés en Grèce et en Italie, ayant, de quelque sorte, par le don de leur plus haute spiritualité perpétué le culte de l'esprit vivant et, par ce souffle créateur de la première heure, par ce Kâma agité par le Vent, par cet Eros enflammé au Ciel, par cet Hermès qui guidait les âmes, par ce Saint-Esprit annonciateur descendant du Ciel sur la terre, ont participé eux mêmes aux dons suprêmes de la Création. Après avoir créé la cosmogonie védique, la théologie brahmanique, la théosophie bouddhique, ils ont transplanté les dieux de l'Inde en Grèce par la Théogonie d'Hésiode. Ils ont fait véritablement descendre le Ciel sur la terre a miracol mostrare par les rêves de beauté d'Homère et de Pindare, de Phidias et de Praxitèle, de Socrate et de Platon, traduisant le Dharma boudhique, par les lois de Solon et de Lycurgue, par les Douze Tables et par la constitution de la merveille du Corpus Juris, rétablissant, parmi les hommes, par la justice, l'ordre de la Création. Ces mêmes ancêtres ont enfin, surtout par Saint Paul, créé le Christianisme, qui devait, à son tour, purifier et revêtir de nouvelles beautés et de nouvelles bontés, le paganisme par le culte de la Vierge, qui a réuni dans sa gloire Ève et Hélène. Ce culte magnifique de l'éternel féminin résume à lui seul, sur les grands rayonnements de l'aurore du jour et du printemps le culte le plus pur de la Nature et de Dieu, les souvenirs et les suprêmes espérances de l'humanité, avide de la grande lumière, symbole du bien universel de la concorde et de la paix.

M. le Professeur Vincent Ussani a lu son mémoire intitulé « Il testo di Flavio Giuseppe prima del secolo quarto ».

Tout le monde reconnaît que nombre d'interpolations chrétiennes se glissèrent dans le texte de Josèphe. Mais à coté de ces interpolations chrétiennes nous pouvons constater la présence d'une autre série d'interpolations dont la tendance n'est pas chrétienne mais seulement antisémitique et, on peut dire, payenne. C'est à Alexandrie au cours des luttes religieuses et de race dont la ville a été le théâtre, pendant les premiers siècles après Jésus Christ que le texte à été faussé par des interpolations bibliques et par des interpolations pliniennes, c'est-à-dire qu'on allait puiser dans les Histoires de Pline l'ancien pour rapprocher l'historien juif de ce qu'on croyait être conforme à la vérité. On peut reconnaître quelques-unes de ces interpolations par la comparaison du texte grec avec la traduction latine d'Hégésippe et la traduction slave. Il y en a d'autres qui nous sont révélées par les contradictions de l'écrivain et par les emprunts évidents faits à la litterature du théâtre et du roman. C'est à cette catégorie qu'on peut rattacher l'histoire des amours de Paulina et de Mundus et celle du châtiment des prêtres d'Isis.

La séance est levée à 11 heures a. m.

Séance du vendredi 12 Avril, 9.30 a. m.
Présidence de M. Émile Reisch.

Le Rev. J. C. Mahaffy lit son étude qui a pour titre «Périclès a-t-il jamais dit des Athéniens φιλοκαλοῦμεν μετ' εὐτελείας?».

On a traduit ce fameux texte, dont nous n'avons pas de variante, avec les mots: nous poursuivons la beauté avec *simplicité,* et on s'est imaginé que Periclès (ou Thucydide qui parle pour lui) a voulu distinguer la pureté de l'art grec du faux goût des nations barbares.

Mais le mot εὐτέλεια ne signifie simplicité que dans ce passage-ci; l'art grec n'était pas du tout simple. Quant au mot εὐτέλεια il a toujours dans le grec attique la signification du français *de bon marché,* souvent même de *vil prix* toujours avec frugalité. C'est l'allemand *wohlfeil,* ou *billig.* Mais ces deux langues ne nous donnent pas le vrai synonyme d'εὐτελὴς que nous trouvons dans l'anglais *cheap.* Ainsi Aristophane compare quelqu'un χηνὶ ἐπ' εὐτελείᾳ γεγραμμένῳ, «a goose painted on the cheap», et si Thucydide a parlé aussi d'une flotte athénienne préparée avec la plus stricte économie, εὐτελείᾳ, il savait parfaitement que le mot pouvait avoir ce soupçon de vulgarité dans un discours solennel. C'est donc le dernier mot qu'il eût employé en parlant des splendeurs du Parthénon.

Et encore, quand on envisage *les faits,* c'était un mensonge flagrant. Les dépenses immenses, les marbres, l'or et l'ivoire du Parthénon et de la statue de la déesse — tout ça, sous les yeux de ses auditeurs, aurait justifié le mot πολυτελείᾳ mille fois, jamais le mot εὐτελείᾳ.

Et à part des dépenses, l'art de Phidias, de Mnesiclès,

d'Ictinus, était surtout un art savant, calculé, docte, fastueux qui était absolument opposé à l'idée de la simplicité ou de l'économie.

Mais qu'est ce qu'il a donc voulu dire? Le texte, comme j'ai dit, ne nous offre pas de variantes; πολυτελείᾳ eût été vrai, mais se vanter des dépenses de l'art athénien aurait été de mauvais goût et une offense vers les alliés qui se plaignaient déjà amèrement que les taxes qu'ils payaient à Athènes étaient gaspillées pour la décoration de la capitale.

Ayant l'habitude, pendant vingt années, de lire et de déchiffrer les papyrus grecs très anciens, datant même du 3me siècle avant J.C., j'ai trouvé qu'on écrivait dans ces temps une cursive très courante, et que Thucydide lui même, ainsi que ses copistes se devaient servir de cette manière d'écriture. Dans l'écriture du 3me et même du 4me siècle avant J.C. le mot dont il s'agit pouvait avoir l'aspect suivant:

On pourait donc lire ce que je propose

= εὔκλεια, c'est-à-dire la bonne renommée, le respectable. C'est un mot employé ailleurs par Xénophon et par Platon, un mot d'une allure un peu poétique, mais qui convient admirablement au language solennel d'un pareil discours. Nous poursuivons le beau avec une bonne renommée, non pas comme les autres — peut-être les Thebéens ou les Spartiates, dont l'amour de la beauté était quelquefois taré d'ignobles traits — nous poursuivons le vrai sans mollesse, non pas comme les Ioniens, maîtres de la philosophie grecque, mais aussi sujets du roi de Perse, sinon d'Athènes elle même.

M. le Professeur Lehmann-Haupt parle sur «Pheidon von Argos und sein Zeitalter».

Über die Zeit des Pheidon um 750 v. Chr. und über die Elemente, aus denen dieser Herrscher sein metrisch geschlossenes metrisches System zusammensetzte, sei auf des Vortragenden *Griechische Geschichte bis zur Schlacht von Chaironeia, Einleitung in die Altertumswissenschaft*, herausgegeben von A. Gercke und E. Norden, Bd. III, S. 11 und S. 104 f., verwiesen. Daß sein Fuß (ca. 330 mm.) dem babylonischen gleich war, steht fest.

Ob das aus der babylonischen Silbermine (gemeine Norm: 545,6 Gramm) durch deren Erhöhung um $1/10$ gebildete pheidonische Gewichtsystem, in dem, wie im alten Orient eine gemeine und eine «königliche», um $1/20$, $1/24$ oder $1/36$ erhöhte Norm vertreten war (pheidonische Mine gemeiner Norm ca. 600 [600,2] Gramm) und das zugehörige Hohlmaaß (Metretes von 60×600 Deziliter $= 36$ Liter, dem Wassergewicht vom Kubus des Fusses entsprechend; Medimnos $=$ $5/4$ Metretes (s. E. Burguet Rev. Archéol. 1903. II p. 25 ff.) $= 45$ Liter) von ihm neu geschaffen oder bereits im Orient gebräuchlich und von Pheidon nur herübergenommen und mit dem Fuß zu einem einheitlichen System verschmolzen, ließ sich bisher nicht ausmachen.

Das Hauptgewicht des Vortrages lag auf dem demnächst in den Berliner Münzblättern und in der Klio ausführlicher zu druckenden Nachweise, daß nach einem bisher mißverstandenen Zeugnisse des Epiphanius das hebräische Bath dem Medimnos des Pheidon genau gleich war. Das der babylonischen Silbermine von 545,6 Gramm gemeiner Norm entsprechende Hohlmaß umfasst 545,6 Deziliter: es ist der attische ξέστης, der römische Sextar. Da die pheidonische Maßeinheit um $1/10$ größer war, enthielt der pheidonische Metretes $60 \cdot {}^{10}/_{10} = 66$ ξέσται oder Sextare, der Medimnos als $5/4$ Metretes deren $82 \tfrac{1}{2}$. Epiphanius (*Hultsch* Metrologicorum scriptorum reliquiae I p. 261 f.) gibt nun an, dass das hebräische Saton gleich einem überschüssigen Modius sei, und zwar gleich einem Modius, der $5/4$ des jungen Modius betrage, der «*genau*» $= 22$ ξέσται sei. Demnach beträgt das Saton $27 \tfrac{1}{2}$ Sextare: das Saton ist aber $1/3$ Bath; folglich beträgt das Bath $82 \tfrac{1}{2}$ Sextare, genau wie der *pheidonische Medimnos!*

Bemerkenswert ist noch, dass auch der pheidonische Metretes $= 3$ der oben genannten Modien ist. Er zerfiel in 60 eigene kleinere Einheiten zu ca 600 Deziliter von denen der pheidonische Medimnos $5/4 \cdot 60 = 75$. Wollte man den pheidonischen Medimnos mehr dem Duodezimal $=$ bezw

Sexagesimalsystem entsprechend einteilen und ließ ihn demgemäss in 72 kleinere Einheiten zerfallen, so verhielten sich diese zu den Sechsigsteln des pheidonischen Metretes wie 75 : 72 = 25 : 24, d. h. es entstanden Hohlmaße einer um $^1/_{24}$ *erhöhten* Norm neben solchen der gemeinen Norm.

Die Übereinstimmung zwischen dem hebräischen Bath und dem pheidonischen Medimnos wird durch Entlehnung aus Phönikien zu erklären sein. Bei den engen Beziehungen zwischen dem Gewichts — (und später dem Münz—) Wesen der Israeliten und der Phönikier, war ohnehin anzunehmen, daß beiden auch die Hohlmaße gemeinsam waren.

Münzen hat dagegen Pheidon nicht geprägt, was Ephoros fälschlich aus dem Umstande erschloß, dass er der Schöpfer eines metrischen Systems gewesen. Wol aber wird ein anderer Fortschritt auf dem Gebiete des Verkehrs in Metallen von ihm herrühren. Bis zu seiner Zeit galt im Peloponnes die primitivste Form des Geldverkehrs, das Gerätgeld, und zwar in der Form von eisernen Spießen, ὀβελ(ίσκ)οι, wie er sie im Heraion zu Olympia niederlegte. Sie bilden jetzt bekanntlich einen besonders wertvollen Besitz des Numismatischen Museums zu Athen (vgl. *J. N. Svoronos*, Leçons numismatiques, 1910 p. 68 ff.).

An Stelle dieses Gerätgeldes wird Pheidon Rohmetall, und zwar wahrscheinlich Silber ohne bestimmte Form als Geld eingeführt haben, das nach dem von ihm aufgebauten Gewichtssystem zugewogen wurde (vgl. *K. Regling*, bei Pauly - Wissowa, Geld vor Einführung der Münze S. 3 f. des Sonderdruckes).

Diese Zuwägung ungeprägten Edelmetalles ist die im Orient jahrhundertlang gültige Vorstufe der von den Lydern nicht vor dem 7. Jahrhundert erfundenen Münzprägung. Diese Vorstufe in Griechenland eingeführt zu haben, ist ein Verdienst Pheidons.

Die griechische Colonisation begann im 8. vorchristlichen Jahrhundert. Pheidon bezweckte und erreichte, die Peloponnesier und ihre nächsten Nachbarn für den wirtschaftlichen und commerciellen Wetteifer mit den Phönikiern zu befähigen; daher die Herübernahme der von ihnen verwendeten Maße und der im Orient ausgebideten Gebräuche und Formen des durch Edelmetall als Tauschmittel geregelten Handelsverkehrs.

M. le Professeur Dém. Pappoulias fait une communication intitulée : « Griechisches Recht und griechische Rechtsgeschichte».

Bis zum letzten Decennium des vergangenen Jahrhunderts war das griechische Recht ein nicht festgesetzter, wenn auch nicht ein unmöglicher Begriff. Trotz der κοινοὶ νόμοι, κοινὰ τῆς Ἑλλάδος δίκαια, von welchen die alten Griechen sprachen, kannte die Wissenschaft nur partikuläre Rechte des alten Hellas, von denen sie nur das athenische oder attische selbständig bearbeitete. Bahnbrechend hat in dieser Richtung gewirkt das klassische Werk von Ludwig Mitteis: Reichsrecht und Volksrecht in den östlichen Provinzen des römischen Kaiserreichs. Der elegante Romanist hat zum erstenmal die Existenz des gemein-griechischen Rechts erkannt und in den verschiedenen Materien nachgewiesen.

Dieses gemein-griechische Recht, welches in elementarer Form in den Epen Homers auftritt und sich in der historischen Epoche entwickelt, erhält seine definitive Gestalt in der Zeit der Rhetoren, und indem es dem kosmopolitischen Programm Alexanders des Großen folgt, kommt es in seiner vollen Wirkung in der Epoche der Diadochen zum Ausdruck. Der Ausbreitung und Festigung des griechischen Elements in den Ländern der Seleukiden, Attaliden und Ptolemäer folgt auch dessen Recht, und indem es so das Gebiet seiner bisherigen Geltung überschreitet, wird es auch jenseits der Küsten von Kleinasien, in Syrien und in Ägypten angewendet.

Diese Entwickelung hatte sich schon vollzogen, als Rom auf dem Wege zur Weltherrschaft allmählich seinem Scepter die griechische Welt unterwarf. Damit ist die erste Periode der Geschichte des griechischen Rechts, d. h. die Periode des altgriechischen Rechts, zu Ende, und es beginnt die zweite, welche als die Periode des Rechts des Hellenismus bezeichnet werden kann. Diese zweite Periode ist einerseits durch die Papyri, andererseits durch die syrischen Rechtsbücher bekannt geworden. Und darum hat sich wieder Ludwig Mitteis sehr verdient gemacht. Der enge Zusammenhang des griechischen Rechts mit dieser zweiten Periode läßt sich dadurch beweisen, daß in den Papyri Vorschriften des altgriechischen Rechts vorkommen und in den syrischen Rechtsbüchern wiedererscheinen, und sogar manchmal in wörtlicher Übereinstimmung mit altgriechischen Gesetzen. So kann man sagen daß der östliche Teil des römischen Kaiserreichs vom Standpunkt des Rechts aus, ein einheitliches Ganze aufweist. Somit erscheint das griechische Recht nicht mehr als vom Romanismus, welcher die griechischen Länder beherrschte, verdrängt, und der Unterschied zwischen Reichsrecht und Volksrecht ist eine offenbare Tatsache.

Es ist sehr interessant, daß wir genau denselben Unterschied auch in der dritten Periode des griechischen Rechts, d. h. in der Periode des byzantinischen Rechts, bemerken. Reichsrecht ist hier das hellenisierte römische Recht. Jedoch konnte dieses Recht nicht das in dem Bewußtsein des Volks lebende griechische Recht, d. h. das Volksrecht, verdrängen. Diesen Dualismus hat in seinem reformatorischen Geist der Begründer der Dynastie der Isaurier zu beseitigen versucht, indem er das Reichsrecht und das Volksrecht in einem kurzen und gemeinverständlichen Gesetzbuch vereinigte. So ist die Ecloga zu Stande gekommen. Ihre Abweichungen vom römischen Recht sind schon längst bekannt. Diese Abweichungen aber rühren nicht von Leo dem Isaurier her, sondern sind größtenteils weiter nichts als Wiederholungen von Rechtssätzen, welche schon in dem Recht des Hellenismus existierten.

Die Aufhebung dieses Dualismus, welche durch Leo erreicht wurde, hat nicht lange gedauert. Die Ecloga wurde von der macedonischen Dynastie aufgehoben, welche durch verschiedene Gesetzsammlungen die Geltung des römischen Rechts wiedereinführte. Das Ergebniß davon war, daß der

Unterschied zwischen Reichsrecht und Volksrecht wiederauflebte. Das Reichsrecht bestand aus den Sammlungen, welche auf dem römischen Recht basierten. Jedoch haben diese Sammlungen, trotz ihrer langen Bearbeitung seitens der byzantinischen Rechtswissenschaft, nicht vermocht das Volksrecht zu unterdrücken. Den Fortbestand des letzteren beweisen die juristischen Urkunden der byzantinischen Zeit. In diesen Urkunden finden wir Rechtssätze, welche dem byzantinischen Reichsrecht fremd, dem Rechte aber der vorigen Periode, d. h. dem Rechte des Hellenismus, bekannt sind. Es ist zweifellos, daß unsere Kenntnisse von dem byzantinischen Volksrecht durch die Veröffentlichung der noch unedierten Urkunden und die beabsichtigte Vereinigung derselben in einem Corpus gefördert werden soll. Somit wird die genaue Erforschung des Inhalts der Assisen und das Verhältnis derselben zum byzantinischen Volksrecht ermöglicht werden.

Wenn auch durch das Gesagte die Unvollkommenheit unserer Kenntnisse von dem byzantinischen Recht angedeutet wurde, so sind doch diejenigen gemeinsamen Punkte bestimmt worden, welche diese Periode mit der unmittelbar vorhergehenden verbinden, und es ist gezeigt worden daß in dieser Periode, wie auch in jener, das griechische Recht, mag es unmittelbare gesetzgeberische Geltung erlangt haben, wie durch die Ecloga von Leo, mag es in der Praxis als Volksrecht angewendet worden sein, seine eigene Selbstständigkeit behält, und von den hellenisierten römischen Quellen nicht verdrängt wird.

Mit dem Fall von Konstantinopel beginnt die vierte Periode der griechischen Rechtsgeschichte, d. h. die Periode des nachbyzantinischen Rechts. Das Recht dieser Periode kommt unter zwei Richtungen vor. Dieselben haben genau dasselbe Unterscheidungsmerkmal, welches das Recht der vorhergehenden Periode in seinem Gegensatz zwischen officiellem Recht und Volksrecht charakterisiert. Es kann nämlich kein Zweifel darüber sein daß gewisse Sammlungen des byzantinischen Rechts in dieser Periode bekannt waren, und zwar die Exabiblos von Harmenopulos, deren zahlreiche erhaltene Handschriften und die seit der Mitte des 18. Jahrhunderts wiederholten Ausgaben nicht anders erklärt werden können, als durch eine mehr oder weniger verbreitete Benutzung von Quellen, welche dem byzantinischen Reichsrecht angehören.

Die Quellen der anderen Richtung finden wir in den Urkunden, von denen jedoch die meisten unediert sind, in den Sprichwörtern, in den Liedern und Traditionen des Volks und endlich in den Gewohnheiten, welche Ludwig v. Maurer, Mitglied der Regentschaft Otto's, gesammelt hat. Aus diesen letzteren kann man mit Sicherheit auf das schließen, was dazu dient, damit das Recht dieser Periode die unmittelbare Fortsetzung der vorhergehenden bilde, durch seine gemeinsamen Merkmale, welche die Eigenart des griechischen Rechts charakterisieren. Den besten Beweis dafür gewährt das Recht der Intestaterbfolge. Die Grundlage derselben bildet im Rechte der vorliegenden Periode das Prinzip, nach welchem die den Descendenten unmittelbar folgende Classe nicht diejenige der Ascendenten und Geschwister ist, sondern nur die Classe der Ascendenten, nach denen die Geschwister als besondere dritte Classe berufen werden. Aber dieses Prinzip bildet die Grundlage der Intestaterbfolge des altgriechischen Rechts, wiederholt sich im Recht des Hellenismus, und kommt wieder im byzantinischen Rechte vor, in welchem es sogar von Leo in der Ecloga mit Gesetzeskraft ausgestattet wurde. Außerdem enthält die Gewohnheit nach der die dotierte Tochter neben den Brüdern nicht erben kann, auch wenn sie ihre Dos beiträgt, nichts neues, sondern es ist Wiederholung eines Prinzips, welches im altgriechischen Recht, im Rechte des Hellenismus und im byzantinischen Recht vorkommt.

Außer diesen Beispielen konnten wir noch viele andere anführen, aus denen sich ergiebt, daß einige der Rechtsnormen dieser Periode bis zum byzantinischen Recht, andere noch weiter bis zum Recht des Hellenismus, und endlich manche, wie zum Beispiel diejenigen welche wir schon erwähnt haben, durch diese beiden Perioden hindurch bis zum altgriechischen Recht hinaufreichen, und ihren Ursprung darin haben.

Damit sind der Begriff des griechischen Rechts und die Perioden seiner Geschichte festgesetzt. Während der ganzen Zeit der Geschichte des griechischen Volks hat das griechische Recht nicht aufgehört zu existieren, und ist auch nicht vom römischen oder von irgend einem anderen Recht ersetzt worden, sondern hat immer seine eigene Selbstständigkeit bewahrt, wie auch das Volk, dessen Namen es trägt. So kann seine Geschichte, der Geschichte des griechischen Volks gemäß, in vier große Perioden eingeteilt werden, d. h. in die Periode des altgriechischen Rechts, in diejenige des Rechts des Hellenismus, in diejenige des byzantinischen Rechts, und endlich in die Periode des nachbyzantinischen Rechts.

M. Emmanuel David, Directeur du Gymnase grec de Mételin, communique deux inscriptions inédites de Lesbos. La première est un décret honorifique; la seconde se rapporte probablement à une alliance entre Lesbos et Rhodes.

M. Jean Olympios, Directeur du Gymnase grec d'Aiwali (Cydonies), lit sa communication intitulée: Ἡ εἰκοσαετὴς διατριβὴ τοῦ Ἀριστοτέλους ἐν τῇ Ἀκαδημίᾳ καὶ ἡ *προαίρεσις* αὐτοῦ πρὸς τὸν Πλάτωνα.

Α΄. Ἡ θρυλουμένη ἀγνωμοσύνη τοῦ Ἀριστοτέλους. « Λακεδαιμονίων εἰ ἡ πόλις ἐρημωθείη, λειφθείη δὲ τῆς κατασκευῆς τὰ ἐδάφη, πολλὴν ἂν οἶμαι ἀπιστίαν τοῖς ἔπειτα πρὸς τὸ κλέος αὐτῶν εἶναι» (Θουκ.) — Παραπλήσιον ἄν τι καὶ περὶ τὸν Πλάτωνα ἐγένετο, εἰ τὰ μὲν συγγράμματα ἀπώλετο, κατελείπετο δὲ μόνη ἡ Ἀριστοτέλους *κριτικὴ* περὶ τοῦ πλατωνικοῦ συστήματος.

Β΄. Ἡ περὶ Πλάτωνος κριτικὴ τοῦ Σταγειρίτου ἀνεπιεικὴς καὶ ἄδικος. — Δύο ἐκ διαμέτρου ἀντικείμενοι χαρακτῆρες· ὁ μὲν ποιητής, ὁ δὲ ἐπιστήμων ἅμα καὶ φιλόσοφος, καὶ νοῦς *ἡγεμονικός*. Ὁ μὲν ἰδεολόγος καὶ ποιητής, ὁ δὲ *φυσιοδίφης* καὶ θετικὸς (réaliste) φιλόσοφος.

Γ΄. Ὁ δεκαεπταετὴς νεανίας ἐν τῇ Ἀκαδημείᾳ τὸ πρῶτον φοιβόληπτος, εἶτα φυσιοδίφης. Ἐν τῇ Ἀκαδημείᾳ ἐφιλοσόφησε καὶ περὶ φύσεως, παρέλαβε δὲ καὶ τὸ *ὄργανον* τοῦ *λόγου*.

Ἀσχόλημα τῆς ἀριστοτελείου φιλοσοφίας ἡ ἀκόρεστος δίψα τῆς ἐπιστήμης. «Αἱ μικραὶ εὐπορίαι περὶ τῶν μεγίστων ἀποριῶν».

Δ΄. Ἡ ἐλευθερία αὐτοῦ ἐν τῇ Ἀκαδημείᾳ. Διδάσκαλος τῆς «ῥητορικῆς» Οἱ «φιλοσοφικοὶ διάλογοι» καὶ ἡ μίμησις τοῦ Πλάτωνος. «Λόγοι ἐξωτερικοί».

Ἡ *ἀντίστασις* αὐτοῦ πρὸς τὸ δόγμα τῶν *ἰδεῶν* καὶ ζῶντος τοῦ Πλάτωνος. Παρέμεινεν ἐν τῇ Ἀκαδημείᾳ ἄχρι τοῦ θανάτου τοῦ διδασκάλου. Ὁ σεβασμός του πρὸς τὸν Πλάτωνα. Ἡ φιλαλήθεια αὐτοῦ καὶ ἡ εἰλικρίνεια. Ἡ μεγαλοψυχία τοῦ Πλάτωνος πρὸς τὸν Σταγειρίτην. Ἡ πεισμονή του πρὸς καταπολέμησιν τῶν *ἰδεῶν*, παρεξηγηθεῖσα καὶ ἐν τῇ Ἀκαδημείᾳ, παρέσχεν εἰς τοὺς ἐχθροὺς τὸ ἐνδόσιμον νὰ διαβάλωσιν αὐτὸν παντοιοτρόπως.

Ε΄. Ἡ ἵδρυσις τῆς *Περιπατητικῆς Σχολῆς* ἐν Λυκείῳ. Ἐν τῇ προφορικῇ διδασκαλίᾳ νῦν ἐπέκρινε βιαιότερον τὴν *ἰδεολογίαν*, πλὴν κατενόει τὸ ἄτοπον τῆς διαγωγῆς ταύτης· «ἀμφοῖν ὄντοιν φίλοιν ὅσιον προτιμᾶν τὴν ἀλήθειαν». Τὸ *ἀδίκημα* πρὸς τὸν διδάσκαλον. Νηφάλιος φύσις ὁ Σταγειρίτης ἀντίκειται πρὸς τὴν *ἰδανικὴν* φυσιογνωμίαν τοῦ Πλάτωνος. Θαυμαστὸν ὅτι παρέμεινεν ἐν τῇ Ἀκαδημείᾳ εἴκοσιν ἔτη. Ἡ πολεμικὴ κατὰ τῶν *ἰδεῶν* σκῶμμα καὶ διασυρμός.

Ὁ Paul Natorp ἰσχυρίζεται ὅτι παρενόησε *καθ᾽ ὁλοκληρίαν* τὸν Πλάτωνα. Ἀνατροπὴ τοῦ πλατωνικοῦ συστήματος. Ἀδύνατον νὰ ἰσχυρισθῶμεν τοῦτο περὶ Πλάτωνος, ὡς διδασκάλου, καὶ Ἀριστοτέλους, ὡς μαθητοῦ.

Ϛ΄. Αἰχμάλωτος τοῦ *ἰδεολόγου* ἐν τῇ Ἀκαδημείᾳ ὁ Σταγειρίτης. Ἡ ἐπὶ τῷ Εὐδήμῳ ἐλεγεία μαρτυρεῖ τὴν *προαίρεσιν* τοῦ Ἀριστοτέλους πρὸς τὸν Πλάτωνα. Πιστὸς εἰς τὴν «κατ᾽ ἀρετὴν φιλίαν». Κρίνει *ἀνεπιεικῶς* τὸν διδάσκαλον ἐν τῷ *Λυκείῳ* διδάσκων. Αἱ *πρακτικαὶ φύσεις* ῥέπουσι πρὸς *ἐγωισμόν*. Ὁ Στούαρτ Μὶλλ καὶ ὁ πατήρ του. Ἐκ τῶν Διαλόγων θὰ ἐφαίνετο ἡ βαθεῖα *ἐπίδρασις* τοῦ Πλάτωνος ἐπὶ τὸν Ἀριστοτέλην. Ἄνευ τοῦ Πλάτωνος, *φυσιολόγος*, ὄχι *φιλόσοφος* δεσμεύσας εἰς τὸ ἅρμα του τὴν *ἐπιστήμην* ἐπὶ αἰῶνας. — Οἱ μικροὶ τὸ δέμας διάδοχοι τῆς Ἀκαδημείας.

«Χεῖρες ἁγναί, φρὴν δ᾽ ἔχει μίασμά τι».

Προσάντης καὶ τοῖς ἀρχαίοις καὶ ἡμῖν ἡ *διαγωγή του*. Τὰ δύο *ἰσοστάσια* καθήκοντα.

Ὑπὸ τὴν *σκιὰν* τῆς πλατωνικῆς Ἀκαδημείας ἀκαλύπτῳ τῇ κεφαλῇ *ἀφοσιοῦσθαι* χρή.

M. Dém. Sangriotis, Directeur du Gymnase d'Amphisse, parle «Περὶ Κοίλων Εὐβοίας».

Τὰ πολυθρύλητα ἐν τῇ ἑλληνικῇ ἀρχαιότητι Κοῖλα Εὐβοίας ὡς τρικυμιώδη καὶ ἐπικίνδυνα τοῖς πλέουσι δέον νὰ τοποθετηθῶσιν ὡρισμένως ἐν τῇ ἀνατολικῇ πλευρᾷ τῆς νοτίου Εὐβοίας τῇ τετραμμένη ἀνατολικῶς πρὸς τὸ Αἰγαῖον μεταξὺ τῶν ἀκρωτηρίων Ὀκτωνιᾶς πρὸς βορρᾶν καὶ Καφηρέως πρὸς νότον. — Ἀσύστατος εἶνε ἡ γνώμη τῶν μεταγενεστέρων, καὶ μάλιστα τοῦ Στράβωνος, τοποθετούντων αὐτὰ ἐν τῷ Εὐβοϊκῷ κόλπῳ. —Ἐλέγχεται ἡ γνώμη αὕτη ὡς πεπλανημένη καὶ ὑπὸ τῆς ἱστορίας καὶ ὑπὸ τῶν πραγμάτων καὶ ὑπὸ τῆς πείρας τῶν νῦν ναυτικῶν καὶ μάλιστα ὑπὸ τῆς ὁμολογίας τῶν ἐγχωρίων τῶν νῦν κατοικούντων τὰ μέρη ταῦτα, οἵτινες ὀνομάζουσι τὴν θάλασσαν αὐτῶν Μαύρην θάλασσαν διὰ τὴν ἀγριότητα καὶ τὰς ἐν αὐτῇ ναυαγίας. Ἐκ πάντων δὲ τούτων βεβαιοῦται ὡρισμένως ἡ θέσις τῶν Κοίλων Εὐβοίας ἐν τῇ ἀνατολικῇ πλευρᾷ μεταξὺ τῶν ἀκρωτηρίων Ὀκτωνιᾶς καὶ Καφηρέως.

La séance est levée à 11.30 a. m.

Séance du vendredi 12 Avril, 2 p. m.
Présidence de M. Émile Reisch.

Présents: E. Reisch, Mlle E. Colthurst, A. Ballini, Vincent Ussani, P. E. Pavolini, Th. Saucine, Ange de Gubernatis, E. de Gubernatis, Cordelia Gubernatis, Charles Hadazcek, M. Dorhill, E. Porro, Louis Pernier, Gustave Blum, A. Schober secrétaire.

M. Louis Pernier, Directeur de l'école archéologique italienne à Athènes, lit son traité intitulé: « Le principali stratificazioni minoiche secondo gli ultimi scavi di Phaestos».

Gli scopi della comunicazione sono due: primo che non

manchi al Congresso la partecipazione e l'omaggio della Missione Italiana la quale, da oltre dodici anni, lavora senza interruzione a Creta sotto la guida del prof. Halbherr; secondo che l'attenzione dei dotti si volga sopra un quesito il quale dovrà svolgersi nel prossimo Ottobre in Roma, al III° Congresso Archeologico Internazionale.

Il quesito è il seguente: „Se e in quanto le scoperte minoiche, posteriori al 1905, possano modificare le conclusioni formulate dal Sigr. A. J. Evans nel suo „Essai de classification des époques de la civilisation minoenne".

Dopo che l'Evans ebbe presentato il suo „Essai" al I° Congresso archeologico internazionale in Atene, cioè dopo il 1905, molti altri scavi e studî si son fatti nell'area della civiltà minoica a Creta e in quella delle civiltà affini in Egitto e nell'Asia Anteriore; quindi ora si può controllare e forse in qualche punto modificare la classificazione de l'Evans.

Per quanto riguarda i lavori italiani posteriori al 1905, importa notare che la topografia e le stratificazioni del palazzo di Phaestos e del villaggio minoico di H. Triada sono state chiarite soltanto con gli ultimi scavi, terminati a Phaestos nel 1910, ancora in corso ad H. Triada, e che solo in quest'anno abbiamo potuto completare la pianta di Phaestos, distinguendo sopra di essa con differenti colori le varie stratificazioni.

Queste nel palazzo di Phaestos sono nettamente sovrapposte l'una all'altra e distinte dai rispettivi pavimenti; a ciascuna corrisponde un proprio materiale caratteristico specialmente pei prodotti ceramici, dei quali ora ci è dato presentare bellissime riproduzioni in acquarello del Sigr. E. Stefani.

A Phaestos rimane accertato:

1) Uno strato di progredita epoca neolitica. Nulla resta delle primitive fasi del neolitico vedute a Knossos dal Sigr. Evans.

2) Uno strato minoico primitivo con ruine di case anteriori alla fondazione della reggia e con suppellettile fra

cui è notevole la ceramica dipinta che prelude allo stile di Kamares.

3) Uno strato dell'epoca medio-minoica cui appartiene il primo palazzo con ceramica in predominanza di Kamares.

4) Uno strato dell'epoca tardo-minoica cui appartiene il secondo palazzo con la ceramica di stile corrispondente al miceneo.

Se dunque per la cronologia minoica possiamo conservare la divisione in tre periodi principali, forse dobbiamo dissentire dall'Evans quanto alla suddivisione di detti periodi in altri tre periodi per ciascuno; tale suddivisione ha—tutto al più—valore per Knossos, ma non trova riscontri sicuri in tutte le altre località minoiche.

Cercare una risposta al quesito sopra enunciato importa dunque molto, perchè l'utilità di una classificazione completa per tempi e per luoghi, del genere tentato dal Sigr. Evans, è tale che, pure dopo la pubblicazione di altri lavori sulla cronologia minoica, tutti trovano pratico di basarsi sopra l'Essai del Sigr. Evans. È poi desiderabile che gli studiosi siano possibilmente in completo accordo circa le divisioni e denominazioni delle varie epoche minoiche prima che vengano scritte le opere definitive intorno ai grandi scavi di Knossos, di Phaestos, H. Triada, Paleokastro e Tylissos.

La proposta del nostro quesito, da discutere nel prossimo Congresso di Roma, viene comunicata ai dotti d'ogni Nazione che si occupano di studî preellenici e, in primo luogo, allo stesso Sigr. Evans, che speriamo vorrà farsi relatore del tema.

M. Gustave Blum fait sa communication intitulée «L' ἐξηγητής en Égypte».

La question est de savoir si l'ἐξηγητής, magistrat municipal en Egypte, est en même temps un prêtre. Le mot dans la langue commune a surtout un sens religieux, parfois juridique cependant.

L'ἐξηγητής religieux est bien connu surtout à Athènes, où il joue un rôle dans les cérémonies d'Eleusis. On retrouve un ἐξηγητὴς des Eumolpides à la cour de Ptolémée Sôter (Plutarque „de Iside Osiride", Tacite, Histoires, IV, ch. 83). G. Lumbroso avait cru qu'il s'agissait d'un magistrat d'Alexandrie. En effet les textes et les papyrus font connaître cet ἐξηγητὴς Ἀλεξανδρείας, magistrat exclusivement civil (Strabon, XVII, ch. 1, § 12). Mommsen a voulu le confondre avec le prêtre d'Alexandre; cette tentative s'appuie sur l'analogie du texte de Strabon et celui du roman d'Alexandre (Ps.-Callisthène, III, 33); elle est peu fondée. L' ἐξηγητὴς dans les cités égyptiennes a les mêmes attributions que dans Alexandrie, εἴσκρισις des éphèbes, juridiction; n'est jamais rattaché à un dieu. A Hermopolis l' ἐξηγητὴς Ἀντινόου (C. P. Hermop. 127 R° 18, 1 3) est un Hermopolitain, non un exégète d'Antinooupolis comme croit Jonguet (Vie municipale, p. 117, note 1); il est employé au culte d'Antinous qui a dans cette ville un caractère particulièrement hellénique. Il comprenait sans doute des mystères et, à l'époque d'Hadrien, apparaissent à Eleusis des ἐξηγηταὶ μυστηρίων (Cf. BCH. VI, 1882, p. 436).

La séance est levée et la session close à 4 heures de l'après-midi.

SECTION XI[b]
(Dans l'Aula de l'Université).

Grèce et Orient pendant le moyen-âge.

Séance du lundi 8 Avril, 4 p. m.
Présidence de M. Charles Diehl.

Les membres réunis, on procède d'abord à la constitution du bureau. Sont désignés: Président d'honneur: M. Sp. P. Lambros; Présidents: MM. Charles Diehl et D. C. Hesseling; Secrétaires: MM. Socrate Kougéas, Paul Maas et Jules Czebe.

M. le Professeur D. C. Hesseling traite la question suivante: «Le poème de Digenis Acritas d'après le Manuscrit de Madrid».

Le Manuscrit de l'Escurial qui contient une rédaction non publiée du roman de Digénis Akritas, porte un caractère nettement populaire. Krumbacher a cru que cette nouvelle version nous rapprocherait beaucoup plus que celles de Grotta Ferrata et de Trébizonde de la forme primitive du poème. Cependant un examen attentif de la rédaction de Madrid fait voir que son auteur a transformé un texte, écrit en langue savante, qui à plusieurs passages n'a pas été compris de lui. Il faudra donc admettre que l'épopée originale sur Digénis Akritas a été composée en langue scolastique; seuls les matériaux en ont été empruntés aux chansons populaires.

Il suit une discussion avec M. le professeur **N. G. Politis**.

La séance est levée à 5 heures de l'après-midi.

Séance du mercredi 10 Avril, 10.30 a. m.
Présidence de M. Charles Diehl.

M. le Professeur Charles Diehl expose «Le progrès des études byzantines en France depuis 1899».

Dans l'histoire des études byzantines en France l'année 1899 marque une date importante. C'est le moment où simultanément, à la Sorbonne et à l'Ecole des Hautes Etudes, furent créés des enseignements d'histoire et d'art byzantins; c'est à partir de cette date qu'un programme méthodique de recherches scientifiques a été tracé, dont les résultats sont dignes d'attention.

Il ne saurait être question d'énumérer les publications nombreuses faites depuis cette date; mais il convient d'insister sur les œuvres collectives entreprises depuis cette époque et qui attestent la direction générale qui inspire désormais l'œuvre scientifique. Edition des sources orientales, recueil des diplomes byzantins, publication des papyrus, c o r p u s des inscriptions chrétiennes du moyen âge, ce sont autant d'œuvres en cours ou en préparation, dont tout le monde sentira l'importance. Ce sont, d'autre part, sur toutes les périodes de l'histoire byzantine, les monographies importantes, préparant l'histoire générale de Byzance qui nous manque encore, monographies de provinces, de personnes, études sur l'histoire de l'Eglise, des institutions, de la société, dont beaucoup viennent de la Sorbonne. Pour l'étude des monuments aussi les écoles françaises ont fait preuve d'une activité extrême; grâce à leurs publications, l'histoire de l'art byzantin a pu être faite scientifiquement. Et surtout, par la collaboration de l'archéologue et de l'architecte, de grandes œuvres font connaitre, comme elles ont fait pour les monuments de l'art antique, quelques-unes des reliques les plus illustres du moyen âge byzantin. A la Sorbonne enfin, où les instruments du travail scientifique sont constitués, des recherches importantes s'élaborent: et bien qu'il reste beaucoup à faire encore, on peut dire que le pays de Ducange n'a point depuis douze ans démérité des études byzantines.

M. le Professeur Auguste Heisenberg fait des éloges à l'œuvre de M. Diehl, mais il attenue aussi l'opinion de Krumbacher, qui a donné un caractère international aux études byzantines. Il parle aussi de l'édition de l'«Urkunden-Corpus.

M. le Professeur Ahmed Zéki Pacha lit sa communication intitulée: «Contribution géographique sur la grotte des sept Dormants, dans le pays des Grecs».

Après avoir fait une narration de la légende, il en a suivi le développement chez les auteurs Arabes, en se servant aussi de documents inédits. Il a examiné ensuite la question topographique non seulement du côté dogmatique, mais aussi dans le domaine pour ainsi dire mercantile. Il a parlé après du nombre des Dormants, de la durée de leur sommeil et de l'origine de la légende. Il a fini par ces mots: Pour tout résumer, je dirais avec M. le Baron B. Carra de Vaux, le traducteur éclairé de Maroudi, que „la légende des Sept-Dormants est un curieux exemple d'une tradition non biblique dont la destinée a été également brillante dans le Judaïsme, dans le Christianisme et dans l'Islam".

M. le docteur Paul Maas communique son mémoire intitulé: «Ein christlicher Kultverein im VII. Jahrhundert».

Aus den jüngst publizierten „Wundern des heiligen Artemios (Papadopulos-Kerameus, Varia Graeca sacra, Petersburg, 1909) geht hervor, daß in Konstantinopel im 7. Jahrhundert eine religiöse Vereinigung bestand, die sich jeden Samstag Abend in einer Prodromoskirche zu einer Pannychis zu Ehren Johannes des Täufers versammelte. Vielleicht darf man hier eine Spur vom Fortleben der alten heidnischen Kultvereine erkennen.

M. le docteur S. Kougéas fait la remarque que d'après son opinion la *Pannychis* a été un moyen de thérapie, qui fait partie de la liturgie de saint Artemius concernant la guérison par de miracles.

M. le docteur S. Kougéas lit son traité qui a pour titre «Aegypten und das Wiederaufblühen der klassischen Studien in Byzanz».

Alle Hauptvertreter der früh-byzantinischen Literatur-Renaissance, Photios, Arethas, Porphyrogennetos u. a., bemühen sich klassische Handschriften zu sammeln, welche in Byzanz nicht so reichlich sind. Die Vorlagen der Arethas-Codices waren keine Pergamenthandschriften noch befanden sich in Byzanz, sondern es waren ältere Papyrus-Bücher, die man aus Ägypten kommen ließ. Aus mehreren mitgeteilten Stellen von unedierten Briefen des Arethas geht hervor, daß der gelehrte Bischof die Freundschaft mit allmächtigen byzantinischen Persönlichkeiten dazu benutzte um gute Papyrus-Bücher, «νειλῴας βίβλους», zu gewinnen.

Unter den 280 Codices der Photius-Bibliothek sollen wir auch mehrere als Papyrushandschriften betrachten. Porphyrogennetos suchte auch alte Bücher in Aegypten. Die Tatsache, dass Arethas u. a. ihre Vorlagen aus Aegypten bekamen, hat auch für andere wissenschaftliche Probleme einen Wert. Der Hauptgrund der grossen literarischen Lücke der sogenannten dunkeln Jahrhunderte ist Aegypten's Abfall. Die hervorragende Stelle, welche Alexandrien für die klassischen Studien immer eingenommen hat, behauptet es ebenfalls im 9ten Jahrhundert während der byzantinischen Zeit.

M. le Professeur Othon Stählin s'associe à l'argumentation de l'orateur, en y ajoutant quelques remarques.

Die Mitteilung des Herrn Dr. Kugéas kommt überraschend, denn wir wissen, daß im allgemeinen die Übertragung literarischer Texte aus Papyrusrollen in Pergamentbücher **früher** stattfand. Namentlich scheinen die Christen aus uns unbekannten Gründen schon früher das Pergament für ihre literarischen Texte vorgezogen zu haben, und die Erneuerung der Bibliothek zu Cäsarea auf Pergament, von der sich eine Spur auch in der Wiener Philonhandschrift erhalten hat, fällt schon ins 4. Jahrhundert. Andererseits ist auch Kenyon auf Grund des von J. B. Mayer in seiner Ausgabe des VII. Buches der Stromateis des Klemens von Alexandrien gesammelten Materials zu dem Resultat gekommen, daß die Vorlage der Stromateishandschrift eine Papyrusrolle (wohl des 5. Jahrhunderts) war. Diese Stromateishandschrift geht aber wahrscheinlich auch auf die Bibliothek des Arethas zurück.

M. le Professeur Aug. Heisenberg est d'avis qu'on ne doit pas se confier aux manuscrits ecclesiastiques, dont la provenance est maintes fois douteuse.

M. Ad. Adamantiou, éphore des antiquités médievales, parle de la conservation des monuments byzantins en Grèce et fait la proposition, que la section exprime au Gouvernement grec le vœu de fonder un musée byzantin.

Sur la proposition de **M. Hubert Pernot**, la résolution de la section sur ce vœu est ajournée à une autre séance.

La séance est levée à 12.15 heures.

Séance du jeudi 11 Avril, 9.30 a. m.
Présidence de M. Charles Diehl.

M. le Professeur Antoine Monpherratos lit son étude intitulée: «Περὶ τῶν διπλωματικῶν ἐνεργειῶν Μανουὴλ τοῦ Παλαιολόγου ἐν Εὐρώπῃ καὶ Ἀσίᾳ».

Τὸ θέμα ἀναφέρεται εἰς τὰς διπλωματικὰς ἐνεργείας τοῦ αὐτοκράτορος Μανουὴλ τοῦ Παλαιολόγου (1391-1403) πρὸς ἀπόκρουσιν τοῦ σουλτάνου Βαγιαζὴτ.

Ἰδίως διὰ τῆς ἀλληλουχίας τῶν διεσπαρμένων ἐγγράφων, τῆς ἀλληλογραφίας τοῦ Ταμερλάνου καὶ Καρόλου τοῦ Ϛ΄ τῆς Γαλλίας, ἐπιστολῶν τοῦ Μανουὴλ πρὸς τὸν Κάρολον, ἐπιστολῆς τοῦ Ταμερλάνου πρὸς τὸν Μανουὴλ καὶ τοῦ συνδυασμοῦ πρὸς τὸ κείμενον χρονογράφων συγχρόνων καὶ ἐκθέσεων ἐνετικῶν καὶ ἱστορικῶν γεγονότων, ἀποδεικνύεται ὅτι Μανουὴλ ὁ Παλαιολόγος δὲν ἐγκατέλιπε καὶ οἰκογένειαν καὶ πατρίδα, ἐγκατασταθεὶς ἐπὶ τρία ἔτη εἰς Παρισίους, ἵνα ἐπανακάμψῃ ἄπρακτος, ὡς ἀδίκως ὑπὸ πολλῶν ἱστορικῶν ἐθεωρήθη, μετὰ τὴν ἐν Ἀγκύρᾳ μάχην, καθ' ἣν συνετρίβη ὁ Βαγιαζὴτ, ἀλλ' ὅτι εἰργάσθη καὶ συνετέλεσεν εἰς τὸν κατ' αὐτοῦ πόλεμον, συναφθείσης συνθήκης μεταξὺ τοῦ Ταμερλάνου καὶ τῶν Ἑλλήνων καὶ τῶν Γενουηνσίων, οἵτινες διετέλουν τότε ὑπὸ τὴν κυριαρχίαν τοῦ βασιλέως τῆς Γαλλίας.

Ἐν τῇ ἀνακοινώσει, ἥτις δημοσιευθήσεται μετὰ τῶν σχετικῶν ἐγγράφων, διὰ μακρῶν ἐκτίθενται αἱ λεπτομέρειαι τῶν ἱστορικῶν τούτων γεγονότων.

M. Hubert Pernot soumet au Congrès, au nom de M. Hesseling et au sien, les conclusions d'une nouvelle édi tion actuellement sous presse de l'ABC. der Liebe, publié une première fois par Guillaume Wagner en 1870, et insiste particulièrement sur la Chanson des cent mots.

Cette chanson est la combinaison, par un poète inconnu, des alphabets d'amour et de l'ancienne tradition des énigmes arithmétiques dont on trouve un exemple dans la légende d'Oedipe. Le manuscrit de Londres offre un texte déjà fortement altéré. Les strophes qu'il contient étaient à l'origine, dans la partie réservée aux nombres, de simples distiques non rimés.

Partant des données fournies par l'étude de ce texte, M. Pernot traite successivement de l'antiquité des chansons populaires grecques, de leur origine qu'il considère comme savante et de l'influence pernicieuse de la rime sur leur bonne conservation.

M. le Professeur D. C. Hesseling dit qu'il donne beaucoup d'importance à la coopération de M. Pernot.

M. le Professeur N. G. Politis fait ses compliments aux éditeurs, en y ajoutant quelques petites remarques.

M. le Docteur Kougéas rappelle, qu'on ne doit pas oublier de mettre en contribution la correspondance de Wagner et de Legrand, conservée à la Bibliothèque Nationale de Paris.

M. Pernot répond, qu'il l'a déjà eu sous yeux.

Le Rev. **D. Callimachos**, archidiacre du Patriarchat d'Alexandrie, lit son mémoire intitulé: «Was Cyrus Greek Patriarchat of Alexandria and at the same time Viceroy of Egypt?».

Il en a déposé le résumé suivant en grec.

Εἰς τὸ ΙΔ' Συνέδριον τῶν 'Ανατολιστῶν ὁ κ. Ε. Pereira, βασιζόμενος επί μεταγενεστέρας αίθιοπικής πηγής, διετύπωσε την γνώμην ότι ό Πατριάρχης Αλεξανδρείας Κύρος (631 - 641) ήτο αυτός ό πολιτικός διοικητής της χώρας Γεώργιος Μακουκάς. Την αυτήν γνώμην επανέλαβε συστηματικώτερον και ό Άγγλος σοφός Α. Ι. Butler, αποφανθείς ότι ό Κύρος Μακουκάς ώς Έλλην Πατριάρχης και ένταυτώ αντιβασιλεύς της Αιγύπτου, προύδωκεν, ώς αρχηγός ελληνικής συνωμοσίας, την βυζαντινήν κυριαρχίαν είς τούς Άραβας ίνα καταστήση τον θρόνον αυτού ανεξάρτητον άπό Κωνσταντινουπόλεως και ότι ό Πατριάρχης ούτος ήσπάσθη μυστικώς και αυτήν την μουσουλμανικήν θρησκείαν. Ό Butler εστηρίχθη επί του χρονογράφου Σευήρου, Κόπτου επισκόπου γράψαντος αραβιστί τον δέκατον αιώνα. Ή γνώμη αύτη αποδεικνύεται πεπλανημένη διά τούς εξής λόγους· α') διότι αι μόναι σύγχρονοι της αραβικής κατακτήσεως της Αιγύπτου πηγαί, τό χρονικόν του Ιωάννου, επισκόπου Νικίου, και τό κοπτικόν απόσπασμα του Amélineau, παρουσιάζουσι τον Κύρον μόνον ώς εκκλησιαστικόν αρχηγόν, αγνοούσι δε ολοτελώς τό βραδύτερον χαλκευθέν υπούργημα του αντιβασιλέως της Αιγύπτου· β') διότι ό Σευήρος, γράψας μετά τρείς και ήμισυν αιώνας και ταυτίζων τον πολιτικόν διοικητήν Μακουκάν προς τον Κύρον, παρέχει ήμίν ένα Μακουκάν ψευδή, κατ' όνομα μόνον έχοντα χαρακτήρα διάφορον εκείνου ον διαγράφουσιν οι λοιποί χρονογράφοι. Ενώ δηλ. ό Μακουκάς είνε εχθρός των Ελλήνων αμείλικτος, προδώσας την ελληνικήν κυριαρχίαν είς τούς Άραβας έπ' ωφελεία των Κοπτών, ό ψευδο-Μακουκάς του Σευήρου είνε εντελώς διάφορος, αμείλικτος των Κοπτών διώκτης και εχθρός των Αράβων· γ') διότι συλλήβδην οι χρονογράφοι παρουσιάζουσι τον Μακουκάν ώς Ιακωβίτην, άρχοντα των Κοπτών, ώς ό Wakidi, ό Baladhuri, ό Tabari, ρητώς δε ό Ευτύχιος, ό Αμπού Σάλεχ καί ό Μακρίζη διαστέλλουσι τον προδότην Κόπτην Μακουκάν άπό του Κύρου.

Ή πλάνη του ταυτισμού των δύο προσώπων οφείλεται είς τό εξής. Τό κοπτικόν απόσπασμα του Amélineau λέγει ότι ό Έλλην Πατριάρχης ήτο επιτετραμμένος επί των φόρων της Αιγύπτου. Την πληροφορίαν ταύτην παρεποίησε μετά τρείς αιώνας ή αραβική μετάφρασις του κοπτικού κειμένου ώς και το κοπτικόν Συναξάριον, αραβιστί γεγραμμένον, είς βαθμόν ώστε ό Κύρος νά παρουσιασθή ώς αντιβασιλεύς της Αιγύπτου. Πολύ φυσικώς την είδησιν μετέφερον καί αί εκ της αραβικής αιθιοπικαί μεταφράσεις, εφ' ών εστηρίχθη ὁ Pereira. Τὴν παραπεποιημένην ταύτην πληροφορίαν παρέλαβεν ἀνεξετάστως καὶ ὁ Σευῆρος, ἐφ' οὗ ἐστηρίχθη ὁ Butler.

M. **Michel Goudas**, Président de la Société byzantiologique d'Athènes, dépose la communication de M. le docteur **N. Bees** «Περί τινος μεσαιωνικοῦ ἔπους ἐκ τῶν κωδίκων τῶν Μετεώρων περὶ Μεγάλου Ἀλεξάνδρου καὶ τῆς Σεμιράμιδος».

Εἰς τὰς γνωστὰς μέχρι τοῦδε ἐκ τῆς ἱστορίας τοῦ Ψευδοκαλλισθένους ἀπορρευσάσας μυθιστορίας περὶ τοῦ Μεγάλου Ἀλεξάνδρου προςτίθεται νέα ἔμμετρος διήγησις εὑρεθεῖσα ὑπὸ τοῦ ἀποστείλαντος τὴν ἀνακοίνωσιν ἐν τῷ ὑπ' ἀριθ. 197 κώδικι τῆς ἐν Μετεώροις μονῆς Βαρλαάμ, γεγραμμένῳ κατὰ τὸν ΙΖ΄ αἰῶνα. Τὸ κείμενον ἐπιγράφεται ἐν τῷ κώδικι «Διήγησις Ἀλεξάνδρου, μετὰ Σεμίραμις βασιλίσσας Συρίας περὶ τῶν ἕνδεκα ἐρωτημάτων» καὶ ἀποτελεῖται ἐκ χιλίων καὶ πλέον στίχων δεκαπεντασυλλάβων, ἀνομοιοκαταλήκτων. Ἐν τῇ ἀνακοινώσει ἀναλύεται τὸ περιεχόμενον τοῦ ποιήματος, ὅπερ καταλήγει δι' ἠθικῶν παραινέσεων περὶ τῆς ματαιότητος τοῦ κόσμου τούτου καὶ τῶν καθηκόντων τοῦ ἀνθρώπου καὶ τῆς δευτέρας παρουσίας. Τὸ κείμενον τοῦτο, ὅπερ κατὰ τὸν ἀνακοινοῦντα εἶνε σύνθεσις τοῦ ΙΔ΄-ΙΕ΄ αἰῶνος, θέλει ἐκδώσει οὗτος προςεχῶς.

M. **Charles Diehl** revient sur la proposition de M. Adamantiou, concernant la fondation d'un musée byzantin à Athènes.

Après une courte discussion, à laquelle prirent part MM. les professeurs **N. G. Politis, Const. Vassiliou** et **Antoine Monpherratos**, la proposition est adoptée, et le vœu est formulé ainsi qu'il suit:

La section byzantine du XVI Congrès des Orientalistes, connaissant l'intérêt que porte le Gouvernement hellénique à la conservation des monuments du moyen âge grec et désireuse d'aider pour sa part à la conservation des monuments byzantins d'art mineur, exprime le vœu qu'il soit créé à Athènes un Musée d'art byzantin, où ces monuments seraient recueillis et classés pour le plus grand profit des études byzantines.

La séance est levée à 11.30 a. m.

Séance du jeudi 11 Avril, 2 p. m.
Présidence de M. D. C. Hesseling.

M. le Professeur N. G. Politis lit son traité intitulé: «Ἡ σημασία τῶν μαγικῶν χαρακτήρων ἐν ταῖς σωθιαναῖς ἐπιγραφαῖς, τοῖς περιάπτοις καὶ τοῖς μαγικοῖς βιβλίοις».

Οἱ ἐν Ῥώμῃ εὑρεθέντες καὶ ὑπὸ τοῦ R. Wünsch δημοσιευθέντες κατάδεσμοι διαφέρουσιν οὐσιωδῶς τῶν παλαιοτέρων ἀττικῶν καταδέσμων καὶ ἐν ἄλλοις τισίν, κυριώτατα δὲ διὰ τὴν χρῆσιν σχημάτων τινῶν καὶ χαρακτήρων, τεκμηριούντων ὅτι ἐχαράσσοντο κατὰ τὰς ὑποδείξεις μαγικῶν βιβλίων. Περὶ τῆς ἐννοίας καὶ τῆς σημασίας τῶν χαρακτήρων τούτων, τοὺς ὁποίους ἀπαντῶμεν καὶ εἰς ἄλλας ἐπιγραφὰς, καὶ εἰς λίθους, καὶ εἰς περίαπτα, καὶ εἰς μαγικὰ ὄργανα, ἀλλὰ καὶ εἰς χειρόγραφα, μάλιστα δ᾽ εἰς Σολωμονικὰς μέχρι τῶν ἐσχάτων χρόνων (ΙΗ΄ ἑκατ.), πολλὴ κρατεῖ ἀμφιλογία, διάφοροι δὲ ἐξηνέχθησαν εἰκασίαι ἀπὸ τοῦ Montfaucon μέχρι τοῦ Wünsch. Οἱ χαρακτῆρες δ᾽ ὅμως οὗτοι κατὰ πᾶσαν πιθανότητα οὐδὲν ἄλλο εἶνε εἰμὴ τὰ στοιχεῖα τοῦ ἑλληνικοῦ ἀλφαβήτου ποικιλοτρόπως διεστραμμένα διὰ νὰ καταστῶσι δυσδιάγνωστα, συμβολίζουσι δὲ τοὺς πλανήτας καὶ ὑπετίθετο ὅτι ἔχουσι τὴν μαγικὴν δύναμιν αὐτῶν τῶν πλανητῶν, πάντως δὲ μείζονα τῶν ἐπίσης τοὺς πλανήτας συμβολιζόντων ἑλληνικῶν φωνηέντων. Ἐν τοῖς παπύροις διατηροῦσιν εὐδιάκριτον τὸ σχῆμα τῶν ἑλληνικῶν κεφαλαίων γραμμάτων, μὲ μόνην τὴν χαρακτηριστικὴν διακόσμησιν διὰ κυκλίσκων τῶν ἄκρων τῶν κεραιῶν, ἥτις διακόσμησις εἶνε τὸ κύριον γνώρισμα αὐτῶν εἰς πάντα ἀνεξαιρέτως τὰ μνημεῖα. Ἐπίσης εὐδιάκριτοι ὡς γράμματα εἶνε οἱ μαγικοὶ οὗτοι χαρακτῆρες εἰς θεσσαλικὴν ἐπιγραφὴν τοῦ Β΄ ἢ Γ΄ αἰῶνος μ. Χ. (IG. IX, 2 ἀρ. 232). Τὴν σημασίαν καὶ τὴν δύναμιν τῶν χαρακτήρων τούτων διαφωτίζουσι τὰ νεώτερα ἑλληνικὰ μαγικὰ βιβλία, αἱ Σολωμονικαί, κατὰ τρόπον οὐδεμίαν καταλείποντα ἀμφιβολίαν. Τὰ παρεμβαλλόμενα εἰς τὰ μαγικὰ κείμενα μυστικὰ σημεῖα ὑπάγονται εἰς τρεῖς κατηγορίας: α΄) εἰς σημεῖα, β΄) εἰς χαρακτῆρας, γ΄) εἰς ἀλφαβήτους. Καὶ σημεῖα μὲν εἶνε αἱ ἄτεχνοι εἰκόνες καὶ σχήματα, χαρακτῆρες δὲ τὰ ἐκ διαστρόφων γραμμάτων ἐμβλήματα τῶν πλανητῶν (ἐννέα δι᾽ ἕκαστον), ἀντιστοιχοῦντα πρὸς τὰ σημαίνοντα τοὺς πλανήτας φωνήεντα, καὶ ἀλφάβητοι στεγανογραφικοὶ ἀλφάβητοι, ἴδιοι δι᾽ ἕκαστον πλανήτην, δι᾽ ὧν ἐγράφοντο οἱ ἐξορκισμοὶ καὶ αἱ ἐπῳδαὶ τοῦ πλανήτου τοῦ κυριαρχοῦντος κατὰ τὴν ὥραν τοῦ μαγικοῦ ἔργου.

Εἰς τὰς ἐκδόσεις μαγικῶν κειμένων συνήθως τὰ μυστικὰ ταῦτα σημεῖα παραλείπονται, τῶν ἐκδοτῶν μὴ κρινόντων ἀξίαν τοῦ κόπου καὶ τῆς δαπάνης τὴν δημοσίευσιν πανομοιοτύπων αὐτῶν. Πρὸς ἀκριβῆ δ᾽ ὅμως μελέτην αὐτῶν ἀναγκαία εἶνε ἡ πλήρης περισυναγωγὴ αὐτῶν, αὕτη δὲ δύναται νὰ ἐπιτευχθῇ ἄνευ δυσχερειῶν, ἂν κατὰ τὴν δημοσίευσιν κειμένων περιορισθῶμεν εἰς ἀπεικόνισιν μόνων τῶν ἀγνώστων ἄλλοθεν σημείων, τὰ γνωστὰ δηλοῦντες δι᾽ ἀριθμοῦ ἕκαστον, καὶ τὰς ἀσημάντους παραλλαγὰς τούτων διὰ γράμματος τοῦ ἀλφαβήτου παρὰ τὸν ἀριθμόν· (π. χ. ἂν τὸ διὰ κυκλίσκων ἐν τῇ περιφερείᾳ αὐτοῦ κοσμούμενον Ο δηλωθῇ διὰ τοῦ 1, τὸ κόσμημα ἀκτίνων φέρον ἐν τῇ περιφερείᾳ Ο νὰ δηλώνεται διὰ τοῦ $1^α$, τὸ σταυρὸν ἐντὸς τοῦ κύκλου ἔχον διὰ τοῦ $1^β$ καὶ οὕτω καθεξῆς).

M. le Docteur Phédon Coucoulès parle «Περὶ τοῦ Θεσσαλονίκης Εὐσταθίου ὡς λαογράφου».

Ὁ Θεσσαλονίκης Εὐστάθιος οὐ μόνον τὸν ἀρχαῖον κόσμον ἐσπούδασε καὶ κατενόησεν, ἀλλὰ καὶ τὸν σύγχρονόν του βίον μετ᾽ ἀκριβείας πολλῆς ἐμελέτησεν.

Ἔχων οὗτος ἐπίγνωσιν τῆς ἀξίας τῶν λαογραφικῶν ἐρευνῶν, ἃς πολλάκις ἐπαινεῖ, ἐφρόντισε νὰ συλλέξῃ καὶ πολλαχοῦ τῶν συγγραμμάτων του παρενείρῃ πλείστας πληροφορίας περὶ τῶν ἠθῶν, ἐθίμων καὶ τῆς γλώσσης τῶν κατοίκων διαφόρων ἑλληνικῶν χωρῶν μεταξὺ Πόντου καὶ Κρήτης κειμένων. Ἡ ποικιλία τῶν μνημονευομένων τόπων ὡς καὶ ἡ ἀφθονία τῶν πληροφοριῶν τῶν ἀναφερομένων εἰς πάντα σχεδὸν τὰ κεφάλαια τῆς περὶ τὸν ἰδιωτικὸν βίον πραγματείας ἀποδεικνύουσι τὰ συγγράμματα τοῦ κλεινοῦ ἱεράρχου μίαν τῶν σπουδαιοτάτων πηγῶν πρὸς γνῶσιν τοῦ ἰδιωτικοῦ βίου τῶν Βυζαντίνων κατὰ τὴν δωδεκάτην ἑκατονταετηρίδα.

M. le Professeur Auguste Heisenberg tout en complimentant l'orateur lui met à cœur qu'on devait avoir sous yeux et mentionner aussi le travail de Tafel.

M. Michel Goudas dépose la communication de M. le docteur **N. Bees** «Ὁ τοπογραφικὸς καθορισμὸς τοῦ κάστρου τοῦ Ἀρακλώβου».

Τὸ λίαν γνωστὸν τοῦτο ἐν τῇ μεσαιωνικῇ ἱστορίᾳ τῆς Ἑλλάδος κάστρον (Ἀράκλωβον, Ὀρεόκλωβον, Bucelet) ἄλλοι ἀλλαχοῦ ἐτοποθέτησαν. Ὁ Leake ἔθεσεν αὐτὸ παρὰ τὸ χωρίον Λάβδα, ἀντιστοιχοῦν πρὸς τὴν ἀρχαίαν Θεισόαν, ὁ Buchon παρὰ τὸ χωρίον τῆς Δημητζάνης Ἀράχωβαν, ἕτερος ἐν τῇ Μεγαλοπολίτιδι παρὰ τὸ χωρίον Βρωμοσέλλαν καὶ ἄλλος ἐν Κυνουρίᾳ, ταυτίσας αὐτὸ πρὸς τὸ παρὰ τὸν Ἅγιον Πέτρον κάστρον τῆς Ὠριᾶς, ὅπερ, καθ' ἃ ἀλλαχοῦ ὑπεστήριξεν ὁ τὴν ἀνακοίνωσιν ὑποβαλών, εἶνε τὸ ὑπὸ τοῦ Βιλλαρδουίνου κτισθὲν φρούριον τοῦ Ἄστρους.

Ἀντὶ τῶν ἐσφαλμένων τούτων τοποθετήσεων, φρονεῖ ἀδιστάκτως, ὅτι τὸ κάστρον τῆς Ἄλβαινας, χωρίου τοῦ δήμου Ἀρήνης, ὅπερ κάστρον κεῖται ἐπὶ τοῦ ὄρους *Βουνοῦκα* καὶ ταυτίζεται πρὸς τὸ ἀρχαῖον πόλισμα *Μίνθη*, καλούμενον τανῦν *Κάστρον τῆς Ὠριᾶς*, ἐπέχει τὴν θέσιν τοῦ μεσαιωνικοῦ κάστρου τοῦ *Ἀρακλώβου*. Ἐκθέτει δὲ τὰς ἀποδείξεις, καθ' ἃς «ἡ τοιαύτη τοποθέτησις τοῦ Ἀρακλώβου συμφωνεῖ καθ' ὅλα πρὸς τὰς περὶ αὐτοῦ εἰδήσεις τὰς παρεχομένας ὑπὸ τῶν διαφόρων παραλλαγῶν τοῦ Χρονικοῦ τοῦ Μορέως». Βεβαιοτάτην δὲ μάλιστα θεωρεῖ τὴν μαρτυρίαν τὴν παρεχομένην ὑπὸ σημειώματος τοῦ 275 Πατμιακοῦ κώδικος, ὅπου μνημονεύεται κώμη Στροβίτζι τοῦ θέματος Ἀρακλώβου, εἶνε δὲ αὕτη χωρίον τοῦ δήμου Φιγαλίας ἐπέχον τὴν θέσιν τοῦ ἀρχαίου Λεπρέου καὶ εἰς ὀλίγων χιλιομέτρων ἀπόστασιν ἀπὸ τοῦ κάστρου τῆς Ἄλβαινας, ἤτοι τοῦ Ἀρακλώβου.

La séance est levée à 3.45 de l'après-midi.

Séance du vendredi 12 Avril, 9.30 a. m.
Présidence de M. D. C. Hesseling.

Le Rev. **H. Hyvernat** fait une communication sur la collection de manuscrits coptes récemment acquise par monsieur J. Pierpont Morgan de New-York.

La collection provient des ruines du monastère de S. Michel situé à Hamouli dans le Fayoum. Elle comprend plus de cinquante manuscrits, tous en dialecte Sahidique sauf deux qui sont en Fayoumique et un en Bohaïrique. Plusieurs ont conservé leurs reliures. Parmi ceux-ci si trouve un Evangéliaire probablement du huitième siècle, richement relié en cuir. C'est probablement le plus beau spécimen de reliure antique de provenance certaine.

Nombre de manuscrits sont décorés de miniatures du plus haut intérêt pour l'histoire de l'art copte qui se rattache clairement à l'art byzantin.

La partie biblique comprend les livres suivants de l'Ancien Testament: les trois derniers livres du Pentateuque, les deux premiers livres des Rois et le livre d'Isaïe. Le nouveau Testament est représenté par les Evangiles (complets sauf quelques chapitres de S. Luc), les 14 épitres de S. Paul et les sept épitres catholiques.

Plusieurs vies d'anachorètes et de cénobites, entre autres celles de S. Antoine (par St. Athanase), d'Apollon, d'Archellitês, d'Hilaria fille de Zénon, de Longin, de Lucius, de Maxime et Domèce, de S. Onuphre, d'Apa Phib, de Samuel de Kalamôn. Citons aussi les panégyriques de S. Athanase et de Macaire de Tkôou et un grand nombre d'Homélies attribuées à S. Athanase, à S. Cyrille d'Alexandrie, à S. Cyrille de Jérusalem, à S. Basile, à S. Grégoire le Thaumaturge, à S. Ephrem, à S. Pierre d'Alexandrie, à Evodius d'Antioche, à S. Jean Chrysostome, à Sévérien de Gabale etc. etc.

Il n'y a que trois livres liturgiques mais tous les trois d'une importance capitale; un lectionnaire du plus haut intérêt pour l'ordonnance. Il y a de nombreux apocryphes, par exemple ceux des Patriarches Isaac et Joseph, et un livre curieux intitulé „les Paralipomènes de Jérémie", la vie de S. Jean par Prochore, la vie et la mort de Marie, les investitures de Michel et de Gabriel etc. etc.

Parmi les actes des Martyrs, ceux de Claude, Victor, Ptolémée, Epime, Paêse et Thecla, Coluthus, Cosme et Damien, Cyprien et Justine, Théodore le Stratilate, Théodore l'Oriental et ses compagnons, Ménas, Mercure, etc. etc.

De l'année liturgique, un antiphonaire; enfin un livre intitulé Hermênia où l'on trouve un Psautier arrangé en forme de concordance suivi des heures canoniales; office de la nuit, prime, tierce, sexte, none et lychnicon.

Le catalogue de la collection est presque terminé et bientôt commencera la publication intégrale de tous ces écrits précieux.

M. le Professeur A. Ehrhard demande l'orateur s'il a aussi entre ses manuscrits des codex des pères d'eglise, surtout de Cyrille, des apocryphes etc.

Le **Rev. Hyvernat** répond qu'il y en a.

M. le Professeur N. G. Politis parle sur les études laographiques grecques pendant le moyen-âge.

Ἡ μελέτη τῆς λαογραφίας τοῦ βυζαντινοῦ κόσμου πολλὴν ἐνέχει σπουδαιότητα· ἰδιαίτατα ἐνδιαφέρει ἡμᾶς τοὺς Ἕλληνας, τοῦτο μὲν διευκρινοῦσα τὴν ἀρχὴν πολλῶν φαινομένων τοῦ βίου τοῦ σημερινοῦ ἑλληνικοῦ λαοῦ, τοῦτο δὲ διαπιστοῦσα τὴν ἀδιάσπαστον συνέχειαν τοῦ ἐθνικοῦ βίου διὰ τῆς βεβαιώσεως περὶ ὑπάρξεως κατὰ τοὺς μέσους χρόνους δοξασιῶν καὶ συνηθειῶν, αἵτινες καὶ κατὰ τὴν ἀρχαιότητα μαρτυροῦνται, διατηροῦνται δὲ καὶ νῦν. Ἀλλὰ καὶ γενικώτερον ἐνδιαφέρον μέγιστον ἐνέχει, ὡς μελέτη τῆς λαογραφίας μακρᾶς ἱστορικῆς περιόδου ἔθνους, πολλὰ μὲν ἐκ κληρονομίας τοῦ ἀρχαίου κόσμου διαφυλάξαντος, μεγάλην δὲ σχόντος ῥοπὴν εἰς ἄλλους λαοὺς καὶ ἱκανὰ ἐπίσης παρὰ τῶν ἄλλων παραλαβόντος.

Εἰς τὴν ἐξέτασιν τῆς ἑλληνικῆς λαογραφίας κατὰ τοὺς μέσους χρόνους αὐτοὶ οἱ Βυζαντινοὶ δὲν ἠσχολήθησαν· ὡς ἐξαίρεσις μόνον δύνανται νὰ θεωρηθῶσιν ἔργα τινὰ τοῦ πολυΐστορος Ψελλοῦ, ὅστις πλὴν τοῦ ἀφθόνου λαογραφικοῦ ὑλικοῦ, ὅπερ πρὸς ἄλλους σκοποὺς συνέλεξεν, ἔγραψε καὶ τινα συντάγματια *(ἑρμηνεῖαι εἰς κοινολεξίας, ἑρμηνεῖαι εἰς δημώδεις δεισιδαιμονίας)*, ἅτινα ὡς ἔργα λαογραφικῆς ἐρεύνης δύνανται νὰ χαρακτηρισθῶσι, καὶ ἡ συναγωγὴ τῶν δημωδῶν παροιμιῶν τοῦ Μαξίμου Πλανούδη. Ἂν δὲ τὰ ὅρια τοῦ μεσαίωνος παρεκτείνωμεν διὰ τὴν Ἑλλάδα, ὡς εἶνε εὔλογον, καὶ πέραν της αλώσεως της Κωνσταντινουπόλεως, μεταξύ τών μεσαιωνικών ερευνητών πρέπει να καταλεχθή και ό Λέων Άλλάτιος, ό πρώτος και αρχαιότατος τών λαογράφων του κόσμου. Άλλ' αν οί Βυζαντινοί δεν εξήτασαν την λαογραφίαν των δι' αυτήν ταύτην, συνεκόμισαν δ' όμως μεγάλην πληθύν λαογραφικών ειδήσεων, είτε τυχαίως και παροδικώς, είτε πρακτικόν επιδιώκοντες σκοπόν.

Εις την πρώτην κατηγορίαν τάσσονται αί ειδήσεις αί περιεχόμεναι εις τους περί του αρχαίου βίου πραγματευομένους (σχολιαστάς, λεξικογράφους κττ.), οίτινες μνημονεύουσι προς σύγκρισιν ή προς διευκρίνησιν φαινόμενα του συγχρόνου βίου, εις τους ιστορικούς (χρονογράφους, αγιογράφους κτλ.), τους αποθησαυρίσαντας μνημεία της δημώδους φιλολογίας, δοξασίας και συνηθείας τών συγχρόνων, και εις πάντας καθόλου τους Βυζαντινούς συγγραφείς, παρά τοις όποίοις ευρίσκονται περιγραφαί του συγχρόνου βίου και τών επικρατουσών δοξασιών ή αναφορά τις εις ταύτα ή υπαινιγμοί αυτών. Εις την κατηγορίαν ταύτην καταλέγονται και τα εκ μνημείων της τέχνης συναγόμενα σχετικά προς τον βίον και τας δοξασίας.

Ο δε πρακτικός σκοπός, δν επιδιώκουσιν οί λαογραφικάς ειδήσεις αποθησαυρίσαντες Βυζαντινοί, είνε διττός, θρησκευτικός ή βιοτικός. Προς θρησκευτικόν σκοπόν μνημονεύουσιν έθιμα και δοξασίας οί καταδικάζοντες ή επιχειρούντες ν' ανασκευάσωσιν αυτάς, καθώς και οί παραδεχόμενοι μεν ταύτας, ζητούντες δε να τας εξηγήσωσι λογικώς ή θεολογικώς· εις τούτους τάσσονται και οί ερμηνεύοντες αναγωγικώς μνημεία της δημώδους φιλολογίας (οίον παροιμίας) ή δημώδεις δοξασίας (Φυσιολόγος κττ.). Προς βιοτικούς δε σκοπούς, ήτοι προς απομνημόνευσιν ή πρόχειρον χρήσιν, κατεγράφοντο εις τα παράφυλλα συνήθως τών κωδίκων ή εις τας κενάς σελίδας αυτών μνημεία της δημώδους φιλολογίας (κατά το πλείστον άσματα και αινίγματα), επωδαί, οδηγίαι δεισιδαίμονες κττ. Βιοτικόν δε πρακτικόν σκοπόν είχον επίσης και τα μαγικά βιβλία, τα ιατροσόφια και τα τούτοις όμοια.

Προς πλήρη περισυναγωγήν πασών τών ειδήσεων τούτων είνε αναγκαία επιμελής και συστηματική ανερεύνησις τών Βυζαντινών συγγραφέων και τών μνημείων της Βυζαντινής τέχνης. Τό δ' έργον τούτο δύναται να συντελεσθή μόνον διά κοινής συνεργασίας, προς αποφυγήν ματαίων κόπων, οίτινες ενδεχόμενον ήτο να κατεσπαταλώντο, αν πλείονες του ενός επεδίδοντο εις την απάνθισιν του αυτού συγγραφέως. Προς δέ, και προπάντων όπως επιτευχθή η ενότης και τὸ ὁμότροπον τοῦ ἀπανθιστικοῦ ἔργου, παρίσταται χρεία ν' ἀναλάβῃ τὸν κανονισμὸν αὐτοῦ ἐπιστημονικόν τι σωματεῖον, ὡς π. χ. ὁ σύνδεσμος τῶν λαογράφων ἐρευνητῶν FF ἢ ἡ ἐν Ἀθήναις Ἑλληνικὴ Λαογραφικὴ Ἑταιρεία. Τὸ σωματεῖον τοῦτο θὰ συνεκέντρου τὰ πορίσματα τῶν κατ' ἰδίαν ἐρευνῶν, εἰς διηνεκῆ ἐπικοινωνίαν πρὸς τοὺς ἐρευνητὰς εὑρισκόμενον, δι' ἐπιμελοῦς δ' ἀναθεωρήσεως τῆς συντελουμένης ἐργασίας θὰ ἦτο ἐχέγγυον, ὅτι αὕτη ἐγένετο μεθοδικῶς καὶ ἀνελλιπῶς. Ὡς πρόεδρος τῆς Ἑλληνικῆς Λαογραφικῆς Ἑταιρείας δηλῶ ἡμῖν, ὅτι αὕτη εἶνε πρόθυμος ν' ἀναλάβῃ τὸ ἔργον τοῦτο καὶ νὰ μεριμνᾷ περὶ δημοσιεύσεως ἑκάστοτε τῶν περατουμένων ἐργασιῶν εἴτε ἐν τῷ Δελτίῳ αὐτῆς, εἴτε ἰδιαιτέρως.

A la fin de son discours le conférencier propose, que la section émette un vœu à ce que le Bulletin de l'Association laographique d'Athènes devienne l'organe central de la publication des textes, surtout des textes hagiographiques, comprenant des notices laographiques.

MM. les docteurs **Maas** et **Adamantiou** s'étant associés à cette proposition, le vœu est formulé ainsi qu'il suit:

La Section byzantine du XVIᵉ Congrès des Orientalistes, sur la proposition de M. N. S. Politis exprime le désir qu'il soit procédé à un travail systématique en vue de recueillir les matériaux du Folklore hellénique conservés dans les auteurs byzantins ou dans des monuments. Ce travail peut se faire en prenant comme centre l'A s s o c i a t i o n   l a o g r a p h i q u e   d'A t h è n e s, qui se charge de s'entendre avec les personnes disposées à opérer des recherches soit dans un ensemble d'ouvrages, soit dans tels ou tels monuments, et qui veillera à la publication des résultats ainsi obtenus.

M. le docteur Max. Vasmer lit sa communication intitulée: «Über den Wert der altrussischen Azbukovniki für die mittelgriechische Wortforschung».

Eine wichtige Kategorie russischer Quellen für die Erforschung der mgr. Sprache bilden die unter dem Namen Azbukovniki bekannten Glossarien des XVI. und XVII. Jahrh. die aus älteren kompiliert sind. Das Hauptmaterial derselben besteht aus griechischen Wörtern, die mit kyrillischer Schrift transkribiert und russisch erklärt werden. Der grösste Teil dieser griechischen Glossen entstammt einem Text Reč tonkoslovija grečeskago, einem griechisch-russischen Gesprächbuch von dem der Vortragende vier Manuskripte kennt. Die älteste Hs. gehört aus russisch-paläographischen Gründen dem Ende des XV. Jahrh. an. Sieht man von den griechischen Glossen der Azbukovniki ab, die aus der «Reč» geflossen sind, dann bleibt für die vulgärgriechischen Bestandteile der Azbukovniki eine unbekannte Quelle übrig, die man schwer einem griechischen Dialektgebiet zuweisen kann, die aber vielleicht pontisch ist. Die wichtigeren weil älteren Bestandteile sind diejenigen der «Rěč». Sie sind ausgesprochen nordgriechisch, weil in ihnen die nordgriechische Vokalverengung *o* zu *u*, *e* zu *i* erscheint und auch sonstiges *mb*, *nt*, *ng* durch einfaches *b*, *d*, *g* vertreten ist. Für nördliche Herkunft sprechen auch slavische Elemente, die in der «Rěč» vorkommen, wie ῥῆσα «Luchs», λοῦκα «Baumrinde», τσιτσίγια plur. «Störfisch» u. a. Auch ein rumänisches Lehnwort kommt vor: σουρουπιάζει «es dämmert» (wie in Velvendos, Mazedonien). Auch sonst zeigt der Wortschatz Übereinstimmungen mit Nordgriechenland. Z. b. μούρσι «Grube» (wie im Epirus), σκοτορίκι «Eidechse» (Thrakien), μασταλαγίδα «Hünerauge» (am Fuss) (wie in Thrakien), u. a. Eine grössere Anzahl seltener Wörter aus diesem Text bereichert das mgr. Wörterbuch. Dazu wird die Feststellung der Bedeutungen durch den russischen Paralleltext ermöglicht. Als Beispiele genügen hier: λακινιά «Pferdeherde», λακτένδον «kleines Ferkel», καμμυτσούρισμα «Augenblinzeln», ἀνοιχτάρι «Schlüssel».—Der Verfasser der «Reč» bezeichnet sich im Text selbst zweimal ausdrücklich als Russe. Auch seine Sprache im slavischen Teil ist ganz deutlich russisch, nicht südslavisch. Ein zum grossen Teil vulgärer griechischer Text konnte aber von einem Russen am Ende des XV. Jahrhunderts, am ehesten auf dem Athos verfasst werden.— Von Belegen für alles oben ausgesprochene sieht der Vortragende im Protokoll ab, da er sie in seiner in Vorbereitung befindlichen Ausgabe der Reč beizubringen beabsichtigt.

M. le docteur Thém. Bolidès, conservateur des manuscrits à la Bibliothèque Nationale de Grèce, communique en grec quelques résultats de sa mission paléographique au couvent du Mont Sinaï et parle aussi d'une inscription arabe.

I. *Σχέσεις τῆς Μονῆς Σινᾶ πρὸς τὸ Πατριαρχεῖον Ἀλεξανδρείας.* — Εἶνε γνωστὸν, ὅτι κατὰ τοὺς τελευταίους αἰῶνας αἱ σχέσεις τῶν ἑκάστοτε Πατριαρχῶν Ἀλεξανδρείας, πλὴν ἐλαχίστων ἐξαιρέσεων, πρὸς τὴν ἀρχαίαν βασιλικὴν καὶ ἀνεξάρτητον Μονὴν τοῦ ὄρους Σινᾶ ὄχι μόνον δὲν ἦσαν ὁμαλαὶ καὶ ἁρμονικαὶ, ἀλλὰ κατήντησαν ἐνίοτε καὶ μέχρι διωγμοῦ τῆς Μονῆς ὑπὸ τῶν πρώτων ἀπιστεύτως ἀπηνοῦς. Ἀναμφισβήτητον τοιούτου διωγμοῦ παράδειγμα ἔχομεν τὸ ἐπὶ Πατριάρχου Ἀλεξανδρείας Ἰωαννικίου περὶ τὰ μέσα τοῦ ΙΖ΄ αἰῶνος συμβὰν, οὗτινος τὰς ἐγγράφους αὐθεντικὰς μαρτυρίας εὑρίσκει τις ἐν τῷ Ἀρχείῳ τῆς Μονῆς[1].

Ὡς λόγοι τῆς τοιαύτης πολεμικῆς κατὰ τῆς ὀρθοδόξου Μονῆς ὑπὸ τῶν ὀρθοδόξων Πατριαρχῶν Ἀλεξανδρείας προεβάλλοντο οἱ ἑξῆς δύο: α΄) Ὅτι ἡ ἵδρυσις ὑπὸ τῶν Σιναϊτῶν ναοῦ ἐν τῷ Μετοχίῳ τῆς Μονῆς αὐτῶν ἐν Καΐρῳ ἠπείλει νὰ ἐλαττώσῃ τὰς προσόδους τοῦ μοναδικοῦ ἐν τῇ πόλει ταύτῃ πατριαρχικοῦ ναοῦ τοῦ Ἁγίου Νικολάου καὶ β΄) ὅτι ἦτο παράνομος καὶ ἀντικανονικὴ ἡ λειτουργία τοῦ ἐν Καΐρῳ Σιναϊτικοῦ ναοῦ, θεωρουμένου ὡς παρασυναγωγῆς. Οἱ δὲ κατὰ καιροὺς ὑπὲρ τῆς Μονῆς γράψαντες ὡς πρὸς τὸ ζήτημα τοῦτο, ἐλέγχοντες τοὺς προμνησθέντας λόγους ὡς ἀσυστάτους, ἀποδίδουσιν ἀορίστως εἰς ἐλατήρια χθαμαλὰ καὶ ταπεινὰ τὴν ὀλεθρίαν μεταξὺ τῶν δύο μερῶν διάστασιν[2].

Νομίζω, ὅτι τὸ ἀδιάλλακτον τῶν Πατριαρχῶν Ἀλεξανδρείας ἀπέναντι τῶν Σιναϊτῶν εἰς ἄλλον κυρίως ὀφείλεται λόγον, ὅστις ἐξάγεται σαφῶς ἐκ τῆς μελέτης τῶν ἐν τῇ Μονῇ σῳζομένων ἐγγράφων καὶ χειρογράφων κωδίκων. Ὁ λόγος οὗτος εἶνε ἡ ἄκρα τοῦ

---

[1] Πρβλ. καὶ τὰς σχετικὰς εἰδήσεις ἐν: *Ἀθαν. Κομνηνοῦ Ὑψηλάντου, Τὰ μετὰ τὴν Ἅλωσιν,* ἐκδοθ. ὑπὸ Γερμανοῦ Ἀφθονίδου ἐν Κων/πόλει 1870 καὶ *Περικλέους Γρηγοριάδου, Ἡ ἱερὰ Μονὴ τοῦ Σινᾶ* κτλ. Ἐν Ἱεροσολύμοις 1875.

[2] *Περικλῆς Γρηγοριάδης* ἔνθα ἀνωτέρω, καὶ ὁ ὑπὸ τὸ ψευδώνυμον *Ἑνὸς Ὀρθοδόξου* κρυπτόμενος συγγραφεὺς τοῦ φυλλαδίου: *Οἱ Πατριάρχαι Ἀλεξανδρείας καὶ τὸ Σιναϊτικὸν Μετόχιον,* ἐν Ἀθήναις 1907.

Πατριαρχικοῦ ταμείου ἔνδεια κατὰ τοὺς τελευταίους αἰῶνας ἐν ἀντιθέσει πρὸς τὴν σχετικὴν εὐπορίαν τῆς Μονῆς, ἥτις προνομιοῦχος οὖσα καὶ πάντη ἀνεξάρτητος δὲν ὑπεχρεοῦτο νὰ συνεισφέρῃ πρὸς ἀνακούφισιν τῶν βαρῶν τοῦ Πατριαρχείου.

Ἀγανακτοῦντες ἐπὶ τούτῳ οἱ κατὰ καιροὺς Πατριάρχαι Ἀλεξανδρείας ἐπειρῶντο διὰ παντοίων τρόπων νὰ ὑποτάξωσι τὴν Μονήν, ὅπως ἔχωσι τὸ δικαίωμα νὰ μεταλαμβάνωσι τῶν προςόδων αὐτῆς. Ἀλλ' οἱ Σιναῖται ἐπ' οὐδενὶ λόγῳ δεχόμενοι ν' ἀποβάλωσιν ἢ νὰ μειώσωσι κἂν τὴν πλήρη τῆς Μονῆς αὐτῶν ἀνεξαρτησίαν ἀπέκρουον πάντοτε διαρρήδην πᾶσαν σχετικὴν πρότασιν. Ἡ τοιαύτη δὲ στάσις αὐτῶν δεινῶς ἐξώργιζε τοὺς Πατριάρχας καὶ παρῆγεν αὐτοὺς ἐνίοτε εἰς τὰ ἄκρα.

Ἐνέργειαι πρὸς ὑποταγὴν τῆς Μονῆς εἰς τὸν Πατριαρχικὸν τῆς Ἀλεξανδρείας θρόνον ἀναφέρονται μὲν καὶ ἄλλοτε καὶ κατὰ τὸ ἔτος 1653 (ἐπὶ Πατριάρχου Κωνσταντινουπόλεως Παϊσίου τοῦ Α'), ἀλλὰ μετὰ περισσοτέρας ἐπιμονῆς εἰργάσθη πρὸς τοῦτο ὁ Πατριάρχης Ἀλεξανδρείας *Κυπριανὸς* περὶ τὰ 1780. Τὴν δεινὴν ταύτην περιπέτειαν τῶν Σιναϊτῶν περιέγραψεν ἐν ἔτει 1782 διεξοδικώτατα παρέχων καὶ ἀντίγραφα τῶν σχετικῶν ἐπισήμων ἐγγράφων ὁ ἐκ Φιλιππουπόλεως πρωτοσύγκελλος τῆς Μονῆς *Γεράσιμος*, σώζεται δὲ μέχρι σήμερον ἐν τῇ Μονῇ ὁ ἰδιοχείρως ὑπ' αὐτοῦ γραφεὶς κῶδιξ, φέρων αὔξοντ' ἀριθμὸν 1719. Τὸ σχετικὸν μέρος τοῦ κώδικος τούτου (σελ. 96-172) φωτογραφήσας ἀπέστειλα ἐν καιρῷ μετὰ πλείστου ἄλλου ὑλικοῦ πρὸς τὴν ἐν Μονάχῳ Βασιλικὴν Βαυαρικὴν Ἀκαδημίαν τῶν Ἐπιστημῶν, ἥτις εὐηρεστήθη νὰ μὲ τιμήσῃ κατὰ τὸ 1904 δι' ἐπιστημονικῆς ἀποστολῆς εἰς τὴν Μονὴν τοῦ ὄρους Σινᾶ.

II. *Ἔγγραφα τῆς ἀρχιεπισκοπῆς Καρπάθου καὶ Κάσου ἐν τῇ Μονῇ Σινᾶ.* — Ἀναδιφῶν τὰ διάφορα ἔγγραφα τῆς Μονῆς παρετήρησα μεταξὺ αὐτῶν δεκατέσσαρα, ἅτινα ἀνῆκον ἄλλοτε εἰς τὴν ἀρχιεπισκοπὴν Καρπάθου καὶ Κάσου, ὡς ἐκ τοῦ περιεχομένου αὐτῶν σαφῶς δηλοῦται. Πῶς λοιπὸν καὶ πότε συνέβη ἡ μεταφορὰ τῶν ἐν λόγῳ ἐγγράφων; Τὴν λύσιν τῆς ἀπορίας μοὶ ἔδωκε σημείωσις κτητορική, τὴν ὁποίαν εὗρον ἐπὶ παλαιοῦ ἐντύπου βιβλίου τῆς Μονῆς. Τὸ βιβλίον τοῦτο εἶνε *Παρακλητική*, σχήματος μεγάλου 4ου, λείπει δὲ τὸ ἐξώφυλλον τὸ περιέχον πιθανῶς καὶ τὸν χρόνον τῆς ἐκδόσεως αὐτοῦ. Ἐν ἀρχῇ τοῦ α' φύλλου ὑπάρχει μονόγραμμα, μεθ' ὃ ἀναγινώσκεται: *Καρπάθου Ιανιὴλ σιναΐτου*. Ἐν τέλει δὲ τοῦ βιβλίου σημειοῦνται πάλιν τὰ ἑξῆς: *Καρπάθου Δανιήλ.— Καὶ τόδε σὺν τοῖς ἄλλοις Δανιὴλ ἀρχιερέως.*

Ἐντεῦθεν ἐξάγεται, ὅτι ὁ ἀπὸ τοῦ 1764 ἀρχιεπίσκοπος Καρπάθου καὶ Κάσου Δανιὴλ (ὑπογράφεται μόνον *Καρπάθου χάριν συντομίας*) ἀνῆκε πρότερον ὡς ἱερομόναχος εἰς τὴν Μονὴν τοῦ Σινᾶ. Παραιτηθεὶς δὲ βραδύτερον, ὡς φαίνεται, τοῦ ἀρχιεπισκοπικοῦ θρόνου ἐπανῆλθεν εἰς τὴν Μονὴν τῆς μετανοίας του, ὅπου μετὰ τῆς βιβλιοθήκης του συναπεκόμισε καὶ τ' ἀνωτέρω ἔγγραφα. Τῶν σπουδαιοτέρων ἐκ τούτων πιστὰ ἀντίγραφα καὶ τῶν λοιπῶν περίληψιν τοῦ περιεχομένου ἀπέστειλα ἐπίσης πρὸ πολλοῦ μετὰ τοῦ ἄλλου ὑλικοῦ πρὸς τὴν προμνημονευθεῖσαν Βαυαρικὴν Ἀκαδημίαν τῶν Ἐπιστημῶν, προτίθεμαι δὲ καὶ νὰ δημοσιεύσω ταῦτα προσεχῶς.

III. *Φωτογράφησις τῆς Μονῆς Σινᾶ καὶ τῶν πέριξ αὐτῆς.*— Πλὴν τῆς φωτογραφήσεως τῶν σπουδαιοτέρων ἐγγράφων καὶ ὡρισμένων κωδίκων τῆς Μονῆς, καθ' ἣν εἶχον λάβει ἐντολὴν παρὰ τῆς ῥηθείσης Ἀκαδημίας, ἐφωτογράφησα καὶ ἐξωτερικῶς τὴν Μονὴν ἐν συνόλῳ, τὰ διάφορα ἐν αὐτῇ ἱδρύματα καὶ τὰ πέριξ ἱστορικὰ ἱερὰ τοπεῖα. Πρὸς τούτοις ἐφωτογράφησα πρῶτος τὴν ὑπεράνω τῆς εἰσόδου τοῦ ἐν τῇ Μονῇ Μωαμεθανικοῦ τεμένους εὑρισκομένην κουφικὴν (παλαιὰν ἀραβικὴν) ἐπιγραφήν, ἀνάγλυφον ἐπὶ ξύλου, τῆς ὁποίας γύψινον ἀποτύπωμα κατέχει τὸ ἐν Ἀθήναις Μουσεῖον τῆς Ἱστορικῆς καὶ Ἐθνολογικῆς Ἑταιρείας τῆς Ἑλλάδος ἐκ δωρεᾶς τοῦ παρασκευάσαντος καὶ κομίσαντος αὐτὸ ἐνταῦθα κ. Κ. Ν. Παπαμιχαλοπούλου. Καὶ τῶν φωτογραφιῶν μου τούτων ἀντίτυπα ἔπεμψα μὲν ἐπίσης ἐν καιρῷ εἰς τὴν ἐν Μονάχῳ Ἀκαδημίαν, ἔχω δ' ἐκτεθειμένα ἐπί τινας ἡμέρας καὶ ἐνταῦθα ἐν τῇ Ἐθνικῇ Βιβλιοθήκῃ, ὅπου διωργάνωσα μικρὰν ἔκθεσιν χειρογράφων τῶν ἀνατολικῶν γλωσσῶν ἐπὶ τῇ εὐκαιρίᾳ τοῦ παρόντος ΙϚ' Διεθνοῦς Συνεδρίου τῶν Ἀνατολιστῶν. Ἡ ῥηθεῖσα κουφικὴ ἐπιγραφὴ ἐδημοσιεύθη βραδύτερον, κατὰ τὸ 1910, ἐν Καΐρῳ ὑπὸ τοῦ κ. Δ^{ρος} *Moritz* ἐν διατριβῇ αὐτοῦ ἐπιγραφομένῃ: Sur les antiquités arabes du Sinaï (Bulletin de l'Institut Égyptien. 5e Série, tome IV, fasc. II, page 97).

M. **Michel Goudas** dépose le manuscrit d'une étude de M. le docteur **N. Bees** intitulée «Περί τινος ἀποσπάσματος μεσαιωνικοῦ χρονογράφου Γερασίμου μοναχοῦ».

Ἐν τῷ ὑπ' ἀρ. 40 Β κώδικι τῆς μονῆς τῆς Μεταμορφώσεως

τῶν Μετεώρων, τῆς κατ' ἐξοχὴν Μετεώρου καλουμένης, κώδικι γεγραμμένῳ τὸν ΙΔ΄ αἰῶνα, ἀνεῦρεν ὁ ἀποστείλας τὴν ἀνακοίνωσιν μικρὸν ἀπόσπασμα ἐπιγραφόμενον «Ἐκ τοῦ χρονογράφου Γερασίμου μοναχοῦ», ὅςτις οὔτε ἐν τῇ Ἱστορίᾳ τῆς βυζαντιακῆς λογοτεχνίας, οὔτε ἀλλαχόθεν εἶνε γνωστός. Τὸ ἀπόσπασμα ἄρχεται ὡς ἑξῆς· *Ἐπὶ Τίτου βασιλέως Ῥωμαίων τὸ Βέστιον ὄρος ἐν τῇ Δύσει κατὰ κορυφῆς ῥαγὲν, πῦρ ἀνέβλυσεν τοσοῦτον ὡς καταφλέξαι τὴν παρακειμένην χώραν σὺν ταῖς πόλεσιν.* Ἄξιον προςοχῆς εἶνε, ὅτι ὁ χρονογράφος ἐνδιατρίβει καὶ ἐνασμενίζει ταῖς κλασικαῖς ἀναμνήσεσιν, ἰδίως δὲ ἀναφέρει τὸν Πλάτωνα καὶ φαίνεται ἔχων πηγὴν τὰς ἀρχαίας βιογραφίας τοῦ Πλάτωνος, καὶ δὴ τὴν τοῦ Ὀλυμπιοδώρου.

Πότε ἤκμασεν ὁ χρονογράφος Γεράσιμος; Δὲν δυνάμεθα μὲν νὰπαντήσωμεν σαφῶς, ἀλλ' ἀσφαλῶς ἦτο ἀρχαιότερος τοῦ ΙΔ΄ αἰῶνος, ὅτ' ἐγράφη ὁ κῶδιξ. Ἀλλ' ἐπειδὴ ἀφ' ἑτέρου ἐν τῷ κώδικι τὸ ἀπόσπασμα τοῦ Γερασίμου μοναχοῦ κεῖται μετ' ἄλλων πολλῶν ἐκλογῶν Ἰωάννου τοῦ Ὀξείτου, τοῦ ἔπειτα πατριάρχου Ἀλεξανδρείας, ὅςτις ἤκμασεν ἐπὶ Ἀλεξίου τοῦ Κομνηνοῦ, δικαιούμεθα κάλλιστα νὰ θεωρήσωμεν τὸν περὶ οὗ ὁ λόγος χρονογράφον ἀρχαιότερον τοῦ ΙΒ΄ αἰῶνος.

Sur la proposition de **M. Kougéas** la Section exprime ses remercîments aux Présidents MM. Diehl et Hesseling pour la direction irréprochable des séances. Sur quoi la séance est levée et la session close à 11.30 a. m.

SECTION XIᶜ
(Dans la salle des Sections du «Parnasse»).

Grèce et Orient dans les temps modernes.

Séance du jeudi 11 Avril, 9.30 a. m.
Présidence de M. G. N. Hadjidakis.

Le Bureau est ainsi constitué: Président M. le Professeur G. N. Hadjidakis; Vice-présidents M. P. Lorentzatos, Directeur de Gymnase et M. D. Kambouroglou, Éphore de la Bibliothèque Nationale de Grèce; Secrétaire M. le Docteur Phédon Coucoulès.

M. le Professeur G. N. Hadjidakis parle «Περὶ τοῦ ἑλληνικοῦ λεξικοῦ».

Ἡ ἑλληνικὴ γλῶσσα λαλεῖται ἀδιακόπως ἀπὸ 3000 ἐτῶν· ἐπειδὴ δὲ καὶ γραμματικοὶ τύποι καὶ λέξεις καὶ συντάξεις καὶ φράσεις καὶ σημασίαι ἀρχαιόθεν πολλαὶ διετηρήθησαν καὶ καθόλου τὸ σύνολον τῆς γλώσσης ὀλίγον μόνον ἠλλοιώθη, καὶ ἐπειδὴ προςέτι καὶ τὰ ἑκάστοτε νέα πλαττόμενα πάντοτε ἐπλάττοντο κατὰ παλαιότερα πρότυπα, διὰ τοῦτο διὰ πάντων τῶν αἰώνων ἐσῴζετο καὶ σῴζεται ἔτι ἡ ἑνότης τῆς γλώσσης· τούτου ἕνεκεν ἀνάγκη ἡνωμένως νὰ συνεξετάζηται λεξικογραφικῶς καὶ γραμματικῶς. Πρόςθες ὅτι ὡς ἐκ τῶν πραγμάτων ἀπεδείχθη καὶ ἡ νέα Ἑλληνικὴ δὲν δύναται νὰ ἐξετασθῇ καὶ γνωσθῇ ἐπιστημονικῶς ἄνευ τῆς ἀκριβοῦς γνώσεως τῶν παλαιοτέρων φάσεων, καὶ πάλιν αἱ παλαιότεραι αὗται φάσεις πολλαχῶς συμπληροῦνται καὶ τὸ σπουδαιότατον πολλαχῶς διορθοῦνται διὰ τῆς νέας Ἑλληνικῆς. Ἐκ τῆς τοιαύτης δὲ συνεξετάσεως τῶν τε παλαιοτέρων φάσεων καὶ τῶν νεωτέρων διαλεκτικῶν καὶ γλωσσικῶν στοιχείων πολλὰ μέλλουσι νὰ προκύψωσι γενναῖα διδάγματα καὶ οὐχ ἥκιστα σπουδαιόταται γενικαὶ ἀρχαί. Καὶ τοῦτο εἰκότως, ἀφοῦ οὐδεμιᾶς ἄλλης ἔχομεν οὕτως ἀρχαίαν, πλουσίαν, ποικίλην καὶ λεξικογραφικῶς καὶ γραμματικῶς καλλιεργουμένην ἀρχαιόθεν παράδοσιν. Δεῖγμα τῆς γενομένης ἐργασίας παρέχεται ὑμῖν φυλλάδιον ἐννέα περιέχον ἡρμηνευμένας λέξεις. Ἐν τούτῳ καταφαίνεται ἡ μέθοδος ἡμῶν. Περὶ τῶν ξένων λέξεων ἐλήφθη φροντίς, περὶ δὲ τῶν κυρίων ὀνομάτων καὶ τῶν ἐπωνυμίων, καθὼς καὶ περὶ τῶν τοπωνυμιῶν οὐχὶ ἀκόμη δι᾽ ἔλλειψιν πόρων. Αἱ ἐπιπροςθοῦσαι ἡμῖν δυςκολίαι πολλαὶ καὶ μεγάλαι, ἀλλ᾽ οὐδεὶς φόβος· τὰ σήμερον ἐλλείποντα θὰ ἀναπληρωθῶσιν.

Le Rev. Père L. Ronzevalle, Professeur à la Faculté Orientale de Beyrouth, fait sa communication sur «Les emprunts turcs dans le grec vulgaire de Roumélie et spécialement d'Andrinople».

Cette communication résume et condense sous une forme synthétique, un travail de longue haleine récemment publié par l'auteur dans le Journal Asiatique de Paris (Juillet, Septembre, Novembre 1911, pp. 69 seq, 257 seq, 405 seq.). En voici les idées maîtresses:

Le vocabulaire turc et sa phonétique ont envahi le parler grec d'Andrinople et des environs, dans des proportions étonnantes. L'auteur compte environ 1800 mots ou expressions employés presque tous couramment par les Rouméliotes, et sur ce nombre, environ 620 vocables turcs restés sans concurrent d'origine grecque.

A quoi attribuer cette ottomanisation du grec rouméliote, ottomanisation que l'on constate à un degré remarquablement inférieur dans le grec de Constantinople, la capitale cependant de l'empire ottoman?

Deux raisons probables:

1) L'éducation et la préparation phonétique des populations rouméliotes, due à leurs rapports et même à leurs affinités de race avec les populations slaves, et spécialement bulgares. Grâce à ces relations, la phonétique rouméliote s'était enrichie, avant la conquête ottomane, de quantité de sons vocaliques et consonantiques inconnus au grec, mais parfaitement en cours dans le turc: sons u, eu, iu, ien, ie, e; consonnes b, g, d, j, h ou ḥ, š, tš, (c) ğ, kš, etc. Le gosier rouméliote ainsi préparé de longue date, n'eut aucune peine à se plier au phonétisme de la langue du vainqueur, et l'irruption des mots étrangers fut d'autant plus considérable que depuis 1362 jusqu'à 1453, Andrinople fut la première capitale de l'Empire ottoman sur le continent. Les Grecs toujours souples eurent tôt fait de frayer avec leurs envahisseurs, soit dans le commerce ordinaire de la vie, soit dans l'exercice des charges, parfois les plus élevées dans l'administration, les finances, la guerre et surtout dans les drogmanats: de là, un apport constant de mots turcs accueillis sans difficulté par une population déjà accoutumée au phonétisme turc.

2) La situation géographique d'Andrinople, isolée au

milieu d'une vaste plaine assez éloignée de la mer explique comment l'empreinte du turc a pu rester si vivace dans le parler de ces régions, jusqu'à nos jours. Peu de communications avec l'étranger, même avec Constantinople — le premier chemin de fer Andrinople-Constantinople ne date que de la fin du 19e siècle — persistance des rapports journaliers entre populations turques et grecques, toutes deux très denses, donnent la clé de ce phénomène; au contraire le cosmopolitisme de Stamboul sensiblement le même que celui de Byzance explique comment Constantinople a pu maintenir son vocabulaire bien moins contaminé d'éléments turcs.

Dans la deuxième partie de sa communication l'auteur met en relief, par de nombreux exemples la facilité avec laquelle le grec s'est assimilé les vocables turcs, en les marquant pour ainsi dire de son estampille, au moyen des terminaisons nominales et verbales. Il passe en revue les diverses déclinaisons substantives ou adjectives, et indique le mécanisme morphologique qui a présidé au classement des substantifs et adjectifs turcs dans la grammaire du grec moderne; pour le verbe, il constate qu'à très peu d'exceptions près, les verbes turcs ont pris la terminaison άω - ῶ ou ίζου-ίσου, ou toutes les deux à le fois.

Il termine par un appel à l'étude approfondie du dialecte andrinopolitain, où il y a encore beaucoup d'inédit.

M. le Dr. N. Decavalla lit son mémoire intitulé: « Über Konsonantendehnung im Neugriechischen ».

Il en a déposé le résumé suivant, en grec:

Εἰς τὰς μέχρι τοῦδε γνωστὰς προςέθηκε καὶ ἄλλας νέας διαλέκτους σημερινάς, ἐν αἷς ἐμφανίζεται ἡ διακεκριμένη προφορὰ τῶν διπλῶν συμφώνων, ἐξῆρε τὴν σημασίαν τῆς ἐμφάσεως ἐν τῇ λεγομένῃ αὐτομάτῳ διπλώσει, ἑρμηνεύσας διὰ ταύτης τὴν ἐμφάνισιν τοῦ διπλοῦ εἰς λέξεις οἷαι ὅλος, νὰ κ.τ.λ., ἐν τοῖς συγκριτικοῖς καλύτερος κ.τ.λ., ὑπέδειξεν ὅτι εἰς τὸ ἀντίθετον φαινόμενον τῆς ἁπλοποιήσεως ἐν τῇ προφορᾷ ἀρχαιόθεν παραδεδομένων διπλῶν εἶνε συνηθέστερον ἢ ὅ τι εἶνε γνωστὸν εἰς τοὺς μέχρι τοῦδε ἐρευνητὰς τῶν διπλωτικῶν διαλέκτων. Ἐξῆρε δὲ ὅτι καὶ ἡ ἀναλογία καὶ ἄλλοι παράγοντες ἐν πολλοῖς ἐπήνεγκον τὴν ἁπλοποίησιν τοῦ διπλοῦ εἰς λέξεις οἷον δισάκι, γένημα, κτλ. Ἐν τέλει ὑπεστήριξε τὴν γνώμην ὅτι αἱ διπλωτικαὶ διάλεκτοι δὲν δύνανται νὰ χρησιμεύσωσιν εἰς διόρθωσιν κειμένων ἀρχαίων ἐν λέξεσι κυμαινομέναις μεταξὺ διπλοῦ καὶ ἁπλοῦ ὀρθογραφίας ἐν τοῖς χειρογράφοις. Ταῦτα πάντα ἀνεκοίνωσεν ὅτι θὰ ἐκθέσῃ διὰ μακροτέρων ἐν μονογραφίᾳ προςεχῶς ἐκδοθησομένῃ.

Le réverend D. Callimachos d'Alexandrie fait sa communication intitulée «Αἱ οἰκονομικαὶ δυνάμεις τοῦ Πατριαρχείου Ἀλεξανδρείας ἐπὶ Τουρκοκρατίας».

Ὁ πληθυσμὸς τῶν Ὀρθοδόξων ἐν Αἰγύπτῳ ἐπὶ τουρκοκρατίας ἀνακριβῶς καθωρίσθη ὑπὸ πολλῶν μέχρι τοῦδε. Ὁ Λόπαρεφ πιστεύει ὅτι ἦσαν οἱ Ἕλληνες τόσον πολυάριθμοι ὥστε κατὰ τὸν ΙϚ´ αἰῶνα οἱ Τοῦρκοι ἀπέκοψαν τὰς γλώσσας 30 χιλ. Ἑλλήνων· ἄλλοι γνωματεύουν ἀντιθέτως ὅτι ἀνήρχοντο οὗτοι μόνον εἰς τινας δεκάδας. Ἐκ τῶν ἀρχείων τοῦ Ἀλεξανδρεινοῦ θρόνου καὶ ἐκ τῶν ἐγγράφων τῆς Πατμιακῆς βιβλιοθήκης ἐξάγεται ὅτι ὁ πληθυσμὸς ἐκυμαίνετο μεταξὺ χιλίων ἕως δύο χιλιάδων. Ῥητῶς δ' ἀναφέρεται ἐν τῷ ὑπ' ἀρ. 523 κώδικι τῆς Πατμιακῆς βιβλιοθήκης ὅτι μετὰ τὴν ἐκκένωσιν τῆς χώρας ὑπὸ τῶν Γάλλων οἱ Ὀρθόδοξοι μόλις ἀνήρχοντο εἰς 200 οἰκογενείας. Ὅτι δὲ Ἕλληνες δὲν ἦσαν πλειότεροι καὶ δύο τοὐλάχιστον αἰῶνας πρὸ τῆς τουρκικῆς κατακτήσεως ἐξάγεται ἐκ τῶν χρονογράφων Ἀμποῦ Σάλεχ καὶ Ἀλ-Μακρίζη. Τοιοῦτος θρόνος ἔρημος ποιμνίου φυσικῶς εὑρίσκετο εἰς ἀπερίγραπτον πενίαν, εἰς βαθμὸν τοιοῦτον ὥστε ἀρχομένου τοῦ ΙΗ´ αἰῶνος τῷ 1714 ἐδόθη ὡς ἐνέχυρον καὶ αὐτὴ ἡ ἐν Καΐρῳ Πατριαρχικὴ Ἐκκλησία τοῦ Ἁγίου Νικολάου, ἐσφραγίσθη δὲ ὑπὸ τῶν δανειστῶν καὶ ὁ ἐν Ῥαχωτίῳ ναός. Ἔχων ἐλαχίστους πόρους μονίμους ὁ θρόνος ἐκ Μολδοβλαχίας καὶ ἐκ Κρήτης, ὅπου εἶχε μικρὰ κτήματα, ἔζη διαρκῶς ἐκ τοῦ δίσκου τῆς ἐπαιτείας. Ἡ ἐκστρατεία τοῦ Μεγάλου Ναπολέοντος ἐπέβαλε τρὶς βαρεῖαν φορολογίαν εἰς τοὺς Ὀρθοδόξους, καὶ οὕτως ἐπεδεινώθη καὶ ἡ οἰκονομικὴ ἀθλιότης τοῦ θρόνου. Ἀπὸ τοῦ Μεχμὲτ Ἀλῆ τὸ Πατριαρχεῖον εἰσέρχεται εἰς τὴν περίοδον περισυλλογῆς καὶ ἀνορθώσεως.

M. A. Danon communique sa «Notice sur la littérature gréco-caraïte».

Pénétré de la justesse de ce mot de Villemain „une langue est une civilisation", j'ai voulu compléter ma connaissance de l'histoire des Caraïtes byzantins par l'étude de leur idiome néo-grec sui generis, à l'aide de ses monuments fragmentaires que j'expose, après avoir complété, par certaines publications récentes, la bibliographie donnée, sur le domaine limitrophe, le néo-grec romaniote, par la Jew-Encyclopedia (s. v. Judaeo-greek).

Les documents utilisés pour connaître le dialecte gréco-caraïte et son évolution, sont surtout: 1) Les noms propres qui cachent un sens hellénique. 2) Des extraits d'ouvrages (ms. et imprimés) caraïtes, renfermant des gloses grecques et s'échelonnant de 910 à 1778, plus de huit siècles et demi. Les lexicologues et les historiens de la terminologie botanique, en tireront aussi profit. 3) Des proverbes. 4) Des énigmes. 5) Des locutions de bons souhaits et 6) des entêtes de chants hébraïques, empruntés au grec.

Je finis en disant que ces maigres gerbes, glanées sur le champ gréco-caraïte, me semblent suffisantes pour donner une idée de la riche récolte que ce terrain négligé promet aux byzantinologues qui voudront le défricher.

La séance est levée à 11.30.

Séance du vendredi 12 Avril, 9.30 a. m.
Présidence de M. G. N. Hadjidakis.

M. le Docteur A. Boutouras lit son traité: «Περὶ Νεοελληνικῆς γραμματικῆς καὶ Ἑλληνικῆς διαλεκτολογίας».

Ἐξέθηκε τὸ σχέδιον, καθ' ὃ σκοπεῖ νὰ καταρτίσῃ τὸ παρασκευαζόμενον ὑπ' αὐτοῦ ἔργον τῆς Ἱστορίας τῆς Νεοελληνικῆς γλώσσης. Κατὰ τοῦτο, τὸ ἔργον βάσιν μὲν καὶ σύστημα θὰ ἔχῃ τὴν Νεοελληνικὴν περίοδον, ἕκαστον δὲ κεφάλαιον αὐτοῦ θὰ διασαφηνίζεται δι' ἱστορικῆς ἀνασκοπήσεως καὶ τῆς σχετικῆς βιβλιογραφίας μέχρι τῆς ἀρχαίας περιόδου διὰ μεθόδου καὶ προχωρητικῆς καὶ ὀπισθοχωρητικῆς. Διεσάφησε τὰς ἐννοίας προχωρητικὴ καὶ ὀπισθοχωρητικὴ μέθοδος καὶ τοὺς λόγους διὰ τοὺς ὁποίους πρέπει νὰ εἶνε διπλῆ ἡ μέθοδος. Ἐκ τοῦ σχεδίου τούτου προκύπτει ὅτι τρία θὰ είνε τὰ κύρια μέρη καὶ ἑπομένως καὶ οἱ κύριοι σκοποί, ἐπιστημονικοὶ ἅμα καὶ πρακτικοί, τοῦ ἔργου. Πρῶτον πλήρωσίς τις τοῦ κενοῦ μεταξὺ τῆς ἀρχαίας καὶ τῆς νῦν περιόδου τῆς γλώσσης. Δεύτερον ἔκθεσις σαφὴς τῶν γενικῶν ἐξαγομένων τῆς μέχρι τοῦδε ἐρεύνης ἐπὶ πάντων τῶν σχετικῶν ζητημάτων. Τρίτον σύστημά τι ἐπιστημονικῆς γραμματικῆς τῆς Νεοελληνικῆς, ὅπερ νὰ χρησιμεύσῃ ὡς βάσις πάσης περαιτέρω ἐργασίας πρὸς τὴν πλήρη Νεοελληνικὴν γραμματικήν. Μεγίστη δὲ θὰ εἶνε ἡ σημασία τοῦ ἔργου κυρίως διὰ τὴν Ἑλλάδα, ἧς ἡ νεολαία εἶνε κυρίως προωρισμένη νὰ καταστήσῃ αὐτὴν κέντρον τοῦ τμήματος τούτου τῶν φιλολογικῶν μελετῶν, ἀλλ' ὅπου ἐπὶ τοῦ παρόντος περισσότερον ἢ ὁπουδήποτε ἀλλαχοῦ μένει ἀκατανόητος ἡ σημασία τῆς ἐρεύνης ταύτης. Αὐτὸς εἶνε ὁ λόγος τοῦ περιορισμοῦ, εἰς ὃν εὑρίσκονται σήμερον αἱ σχετικαὶ μελέται, αἱ ὁποῖαι ἐλάχιστα ἐξέρχονται τῶν ὁρίων τῆς Νεοελληνικῆς Κοινῆς, καὶ τῆς κακῆς καταστάσεως, εἰς ἣν εὑρίσκεται σήμερον ἡ Νεοελληνικὴ διαλεκτολογία.

Ἐκ τούτου λαμβάνων ἀφορμὴν ἀνέπτυξε ποῦ εὑρίσκεται κατὰ τὴν ἰδέαν αὐτοῦ ἡ κυρία ἀρτηρία τῆς ἱστορίας τῆς Ἑλληνικῆς γλώσσης μετὰ τὴν ἀρχαίαν περίοδον καὶ ἐξέφρασε τὴν γνώμην, ὅτι αὕτη εἶνε εἰς μερικὰ Νεοελληνικὰ φαινόμενα τώρα σποραδικὰ καὶ δυσερμήνευτα θεωρούμενα, ἀφ' ἑνὸς μὲν διὰ τὴν ἔλλειψιν τοῦ πρώτου ὑλικοῦ, ἀφ' ἑτέρου δὲ διὰ τὴν ἔλλειψιν ἐπαρκοῦς μελέτης, τὰ ὁποῖα ὅμως ἀντιπροσωπεύουν χαρακτῆρας τῆς γλώσσης, εὐρύτατα ἐπικρατοῦντας καὶ ἄλλοτε καὶ τώρα. Ἔχει περὶ τὰ 50 τοιαῦτα φαινόμενα παρατηρήσει καὶ κρατήσει σημειώσεις διὰ μελλούσας πραγματείας καὶ ὡς παραδείγματα τούτων ἀνέφερε τὴν ἐκδοθεῖσαν πραγματείαν αὐτοῦ περὶ τοῦ νόμου τῆς ἐξασθενώσεως καὶ τὰ ἐξαγόμενα δύο προσεχῶς ἐκδιδομένων ἐργασιῶν αὐτοῦ, μιᾶς περὶ τοῦ παρασιτικοῦ ἐρρίνου καὶ ἑτέρας περὶ τοῦ φθόγγου τσ, αἱ ὁποῖαι ὡδήγησαν αὐτὸν εἰς πολλὰς σπουδαίας εἰκασίας· ἐν τῇ περὶ τοῦ φθόγγου τσ πραγματείᾳ του μάλιστα κάμνει τὴν ἀπόπειραν νὰ ὁρίσῃ τὰς ἀρχὰς καὶ τὴν πορείαν τῆς ἐξελίξεως τῆς Ἑλληνικῆς γλώσσης ἀπὸ τῆς μετακλασσικῆς Κοινῆς μέχρι τῆς σήμερον διὰ γενικοῦ διαγράμματος περιλαμβάνοντος πάντα σχεδὸν τὰ φαινόμενα τῶν Νεοελληνικῶν ἰδιωμάτων.

M. le Docteur Achille Zarzanos parle Περὶ τῶν ὁρίων τῆς ἀνομοιώσεως ἐν τῇ βορείῳ Ἑλληνικῇ.

Ἐκ τῆς ἐπισκοπήσεως τῶν οἰκείων παραδειγμάτων, ἰδίᾳ ἐν τῇ συγχρόνῳ Θεσσαλικῇ, ἄγεται εἰς τὴν γνώμην, ὅτι ἐν ταύτῃ καὶ τοῖς συγγενέσι βορειοελληνικοῖς ἰδιώμασιν εἶνε ἄγνωστον τὸ φαινόμενον τῆς δι᾽ ἀνομοίωσιν ἐκπτώσεως συριστικοῦ (σ ἢ ζ) εὑρισκομένου μεταξὺ φωνηέντων, ὅτι καθόλου τὸ φαινόμενον τῆς ἀνομοιώσεως δὲν ἔχει ἐν τούτοις ἣν ἔκτασιν ἐν ἰδιώμασί τισι τῶν νήσων τοῦ Αἰγαίου, ὅτι δὲ τύποι ὁποῖοι οἱ *ἀγουράιζ, ἀγουράις, θανάις* κ.τ.λ. εἶνε διάφοροι τὴν γένεσιν πρὸς ἐξωτερικῶς ὁμοίως προφερομένους ἐν Χίῳ, Ἰκάρῳ καὶ ἀλλαχοῦ.

M. P. Lorentzatos fait sa communication intitulée: «Τὰ σύνθετα ἐν τῷ Κεφαλληνιακῷ ἰδιώματι».

Παραθέτων παραδείγματα συνθέτων λέξεων, ὧν ἀναπτύσσει τὸν τρόπον τῆς συνθέσεως, τὰς παθήσεις καὶ μεταβολὰς καὶ τὴν σημασίαν καὶ χρῆσιν, ζητεῖ νὰ καταδείξῃ πόση εἶνε ἡ ἔκτασις τοῦ φαινομένου τῆς συνθέσεως ἐν τῷ Κεφαλληνιακῷ ἰδιώματι καὶ εἰκάζει ὅτι ὁ συνθετικὸς τρόπος ἐν τῷ ἰδιώματι ἔχει μείζονα ἐπίδοσιν ἢ παρὰ τοῖς ἄλλοις Ἕλλησι.

M. D. T. Théocharidès lit son mémoire intitulé «Τὰ ἐν Μικρᾷ Ἀσίᾳ ἀμερικανικὰ Κολλέγια ἐν σχέσει πρὸς τοὺς Ἕλληνας».

Ἐν τῇ ἀνακοινώσει περὶ τῶν ἐν Μικρᾷ Ἀσίᾳ ἀμερικανικῶν Κολλεγίων ἐν σχέσει πρὸς τοὺς Ἕλληνας λόγος γίνεται πρῶτον περὶ τοῦ γεγονότος ὅτι ἀπὸ πολλῶν δεκαετηρίδων ὑπάρχουν ἐν Μικρᾷ Ἀσίᾳ πολλὰ ἀμερικανικὰ ἐκπαιδευτήρια μεταξὺ τῶν ὁποίων διακρίνονται τὰ Κολλέγιά των, ἅτινα εἶνε ὀκτὼ τὸν ἀριθμόν· ὅτι αἱ Διευθύνσεις των μεγάλας καταβάλλουσι φροντίδας καὶ ὑπέρογκα δαπανῶσι χρήματα πρὸς ἀξιοπρεπῆ καὶ τελεσφόρον λειτουργίαν αὐτῶν. Ἐξετάζεται ἐν τῷ πρώτῳ τούτῳ μέρει τῆς ἀνακοινώσεως ὁ κύριος σκοπὸς τῶν ἐν λόγῳ Κολλεγίων, ὅστις εἶνε καθαρῶς ἐκπολιτιστικὸς καὶ φιλανθρωπικός, καὶ ἂν ἔχῃ ἡ χώρα ἀνάγκην τοιαύτης ἐξωτερικῆς βοηθείας.—Δεύτερον, ἐκτίθεται ἡ σημερινὴ κατάστασις τῆς Μικρᾶς Ἀσίας, ἥτις ἀποτελεῖ σφοδρὰν ἀντίθεσιν πρὸς τὸν ποτὲ ἑλληνορωμαϊκὸν πολιτισμόν της τὸν τόσον ἀκμαῖον καὶ τὸν τόσον γόνιμον εἰς τόσα κοσμοϊστορικὰ γεγονότα. Γίνεται λόγος περὶ τῶν καταβαλλομένων προσπαθειῶν τῆς τε παρούσης Κυβερνήσεως καὶ τῶν συνοίκων λαῶν τῆς χώρας πρὸς καλλιτέρευσιν τῆς τύχης των, περὶ τῆς ἀνεπαρκείας τῶν μορφωτικῶν μέσων των καὶ περὶ τῆς ἀνάγκης ἰσχυροτέρων μορφωτικῶν παραγόντων. Ὑποδεικνύονται δὲ τὰ ἀμερικανικὰ Κολλέγια ὡς οἱ καλλίτεροι καὶ ἀσφαλέστεροι μορφωτικοὶ παράγοντες τῆς χώρας. — Ἐν τῷ τρίτῳ μέρει ἐξετάζεται πῶς ἐργάζονται τὰ ἐν λόγῳ Κολλέγια: ὁ διοργανισμός των, αἱ μέθοδοί των, τὰ διάφορα βοηθητικὰ μέσα, ἡ ἠθικοπλαστικὴ δύναμίς των καὶ τὰ ἀποτελέσματά των. — Ἐν τῷ τετάρτῳ μέρει τῆς ἀνακοινώσεως ἐκτίθεται ἡ σχέσις τῶν Κολλεγίων τούτων πρὸς τοὺς Ἕλληνας: τί δύνανται νὰ καρπωθῶσιν οἱ Ἕλληνες ἐξ αὐτῶν· ἡ θέσις τῶν Ἑλλήνων ἐν τῷ ἀναπτυσσομένῳ συναγωνισμῷ καὶ ἀνταγωνισμῷ τῶν ἐθνοτήτων τῆς χώρας· διὸ ἰσχυρὰ γεγονότα ὑποχρεοῦν τοὺς Ἕλληνας νὰ χρησιμοποιοῦν τὰ ἀμερικανικὰ Κολλέγια διὰ τὴν διατήρησιν τῆς ὑπερόχου θέσεως καὶ δράσεώς των ἐν τῇ Ἀνατολῇ.

M. le Docteur A. Boutouras parle «Περὶ τοῦ τσιτακισμοῦ ἐν τῇ ἑλληνικῇ γλώσσῃ».

Πρὸ πολλοῦ ἐξέλιπεν ἡ γνώμη τῶν φρονούντων ὅτι ὅλαι αἱ ἑλληνικαὶ λέξεις αἱ ἔχουσαι τὸν φθόγγον τσ εἶνε ξένης προελεύσεως. Δὲν ἐξέλιπεν ὅμως ἀκόμη ἡ γνώμη ὅτι καὶ ἡ ἐν ἑλληνικαῖς λέξεσιν ἀνάπτυξις τοῦ φθόγγου τούτου προῆλθεν ἐκ ξενικῆς ἐπιδράσεως, διότι καὶ περιωρισμένη ἔρευνα ἐπὶ τοῦ φθόγγου ἔγινε (ὑπό τινων περιωρίσθη μόνον εἰς τὴν προέλευσίν του ἐκ τοῦ φθόγγου κ) καὶ θεωρία καθ' ὅλα ὀρθὴ περὶ τῆς προελεύσεώς του δὲν ὑπῆρχεν. Ἐν τῇ ἐκθέσει ταύτῃ προσπαθεῖ νὰ ὁρίσῃ πληρέστερον τὰ κατὰ τὴν φύσιν τοῦ φθόγγου τούτου καὶ τὰ κατὰ τὴν ἀρχὴν αὐτοῦ, ἣν θέτει πρὸ τοῦ δεκάτου αἰῶνος μ. Χ., ἀναπτύσσων θεωρίαν γενικὴν ἐξηγοῦσαν πρὸς τούτοις τὰ πλεῖστα νεοελληνικὰ φαινόμενα καὶ ἀποδίδουσαν τὴν γένεσιν τοῦ φθόγγου τούτου εἰς τὴν ἀνάπτυξιν παρασιτικῆς τινος πνοῆς μετὰ τὰ σύμφωνα, αἰτίαν ἐχούσης τὴν ἐπίδρασιν τοῦ τόνου, ἥτις κατὰ τύπους καὶ κατὰ τὰ προηγούμενα σύμφωνα καὶ τὰ ἑπόμενα φωνήεντα ἔλαβε ποικίλην ἐξέλιξιν, εἰς ὡρισμένας δὲ περιπτώσεις κατέληξεν εἰς τὸν φθόγγον τσ (τζ), τš (dž). Οὕτως ἐκτὸς τῆς μὴ φωνητικῆς ἀρχῆς ἐκ τροπῆς ἄλλων φθόγγων, ἀλλ' ἐκ συμπτώσεως φθόγγων διαφόρων προκύψαντος το (τζ), προῆλθεν οὗτος ἐκ τοῦ γ, δ, ζ, θ, κ, ξ, σ, τ, χ, ψ διὰ φωνητικῆς τροπῆς. Ἐκ φωνητικῆς τροπῆς προῆλθεν ἐκ τοῦ κ καὶ ἡ κατάληξις -ίτσης, -ίτσα, -ίτσι, ἥτις κακῶς ἐνομίζετο μέχρι τοῦδε ὡς σλαβικῆς προελεύσεως.

M. Constantin Zésiou, Président de la Société byzantiologique d'Athènes, fait une communication: «Sur la Métropole de Monembasie».

Ἀνεκοίνωσε α΄) περὶ τῶν ἐκκλησιῶν τῆς πόλεως Μονεμβασίας ἀναγραφὴν αὐτῶν ἐξ ὅσων αὐτὸς ἐρευνῶν ἐκεῖ εὗρε καὶ ἐκ καταλόγου τινὸς γενομένου περὶ τὸ 1840 ἔτος, ἐξ ὧν οἱ χριστιανικοὶ ναοὶ τῆς πόλεως μετὰ τῶν ἐκτὸς τῶν τειχῶν *(Κουρκούλας)* καὶ τῶν ἐπὶ τῆς ἀκροπόλεως *(Γουλᾶ* καὶ *Μενεξὲ)* ἀποδείκνυται ὅτι ἦσαν τεσσαράκοντα καὶ ἕξ.

β΄) Περὶ τῆς ἐπισκοπῆς Μονεμβασίας πότε κατὰ τὰς Notitias καὶ τὸν Νεῖλον Δοξαπατρῆν προήχθη εἰς μητρόπολιν καὶ τίνας εἶχε προνομίας κατὰ τὰς αὐτὰς Notitias, κατὰ τὰ ὑπὸ Miklosich καὶ Müller (Acta et diplomata I, σελ. 328) καὶ τὰς δημώδεις διηγήσεις.

γ΄) Ὡσαύτως διέλαβε περὶ τῶν μητροπολιτῶν αὐτῆς, τίνες κατὰ τὸν *Lequien* (Oriens christianus), κατὰ τὰ Acta et Diplomata τὰ ὑπὸ Miklosich καὶ Müller ἐκδοθέντα (Τόμ. I, II, III, V), κατὰ τὴν ὑπὸ Ν. Βέη δημοσιευθεῖσαν Ἔκφρασιν κώδικος τῆς μητροπόλεως Μονεμβασίας, κατὰ τὸν Σάθαν (Τουρκοκρατουμένη Ἑλλὰς καὶ Νεοελληνικὴ Φιλολογία) καὶ ἄλλους εἰσὶ γνωστοί. Ἀνεκοίνωσε δὲ καὶ κατάλογον μητροπολιτῶν Μονεμβασίας ἐκ πίνακος σφόδρα ἐφθαρμένου ἀποκειμένου ἔν τινι ἐκκλησίᾳ τῆς πόλεως, ἐν ᾗ σώζονται τὰ ὀνόματα τριάκοντα καὶ ἑνὸς μητροπολιτῶν. Οὕτω δὲ μετὰ τῶν ἄλλοθεν γνωρίμων ἀνέρχονται οἱ ἀρχιεπίσκοποι τῆς Μονεμβασίας εἰς πεντήκοντα τέσσαρας.

M. Constantin Zésiou parle ensuite sur l'utilité de la collection des inscriptions grecques et des *grafitti* du moyen-âge.

Ὡς πρὸς τὸ χρήσιμον τῆς συλλογῆς τῶν ἐπιγραφῶν ἀνέφερε τὸν Πολέμωνα, τὸν Φιλόχορον, Ἰούλιον τὸν Ἀφρικανὸν καὶ ἄλλους κατὰ τοὺς ἀρχαίους χρόνους. Εἶπε δ᾿ ὡσαύτως ὅτι κατὰ τοὺς νεωτέρους χρόνους διὰ τὴν Ἑλλάδα ἡ τοιαύτη συναγωγὴ ἤρχισε πρῶτον ἴσως ὑπὸ τοῦ Spon ἐν τῷ ἔργῳ αὐτοῦ Voyage en Grèce. Ὅσον δ᾿ ἀφορᾷ εἰς τὰς τῶν βυζαντιακῶν χρόνων πρῶτος ἴσως συλλέκτης είνε ὁ μητροπολίτης Λακεδαιμονίας Ἀνανίας Λαμπάρδης ὁ ἐθνομάρτυς (παρὰ *Buchon*, Recherches historiques I, Annexe A) καὶ ἕνα αἰῶνα μετ' ἐκεῖνον ὁ Πιττάκης καὶ ὁ Ῥῶσος Ἀντωνῖνος.

Ἀλλ' ὅμως, εἶπε, πλὴν τῶν ἁδροτέρων καὶ ἐπισημοτέρων ἐπιγραφῶν σημαντικώταται εἶνε πολλάκις καὶ αἱ δι' ἀκωκῆς ἥλου ἢ μαχαιρίου χαρασσόμεναι (χαράγματα ἐπιγραφικὰ, grafitti), ἐπειδὴ παμπόλλας ἀναγράφουσιν εἰδήσεις, οὐχὶ σπανίως ἄλλοθεν ἀγνώστους, ὡς μάχας, ἐπιδρομὰς, φυσικὰ φαινόμενα, ἐπιδημίας, ὀνόματα ἀρχόντων, ἀρχιερέων, πατριαρχῶν καὶ ἄλλα τοιαῦτα. Ἐκ τῶν πλουσιωτάτων δὲ εἶνε εἰς τοιαῦτα ἡ ἐν Βοιωτίᾳ μονὴ τοῦ Ὁσίου Λουκᾶ, ἐξ ἧς ἐπέδειξε περὶ τὰ τριακόσια τεσσαράκοντα χαράγματα τοιαῦτα.

M. Constantin Zésiou fait à la fin sa communication intitulée «Ποῦ εἶχον στηθῆ τὰ δύο βομβοβόλα (i dui mortari) ἐξ ὧν ἐβλήθη ἡ βόμβα ἡ καταστρέψασα τὸν Παρθενῶνα τῇ 16 Σεπτεμβρίου 1687».

Στηριζόμενος εἰς τὰς μαρτυρίας τῶν συγχρόνων τῇ πολιορκίᾳ τῆς Ἀκροπόλεως ὑπὸ τῶν Βενετῶν (1687), εἰς τοὺς χάρτας τοῦ μηχανικοῦ τῆς βενετικῆς στρατιᾶς Βερνέδα καὶ εἰς τὰ ὑπομνήματα τοῦ αὐτοῦ ἐπὶ τῶν χαρτῶν τούτων λέγει ὅτι, ὅπως εἶπε καὶ ἄλλοτε (*Ἡ καταστροφὴ τοῦ Παρθενῶνος ὑπὸ τῶν Βενετῶν*, καὶ *Σύμμικτα* σελ. 93 - 94), ὁ ὅλμος ὁ πεσὼν εἰς τὸν Παρθενῶνα καὶ ἀναφλέξας τὴν ἐν αὐτῷ πυριτιδαποθήκην ἐβλήθη ἐκ τῶν δύο ὁλμοβόλων τῶν τεθέντων πρὸς τὰ ΒΑ τῆς Ἀκροπόλεως, βεβαιότατα ὑπὸ τὸν πρὸς βορρᾶν τοῖχον τοῦ μεταξὺ τοῦ Ἁγίου Νικολάου τοῦ Ῥαγκαβᾶ καὶ τοῦ Μετοχίου τοῦ Ἁγίου Τάφου ναοῦ τοῦ Ἁγίου Ἰωάννου τοῦ Θεολόγου. Τοῦτο μαρτυρεῖ ἡ ἐν τῷ χάρτῃ τοῦ Βερνέδα (παρὰ *Fanelli* Atene Attica σελ. I καὶ παρὰ *Laborde* Athènes Τόμ. Β' σελ. 172) ἐπεξηγητικὴ σημείωσις, καθ' ἥν δηλοῦται ὅτι ἡ ἀνάφλεξις τῆς πυριτιδαποθήκης ἐγένετο d'una bomba tirata dalla battaria di dui Mortari segnata † dal S^{te} di Vanny. Σταυρὸς δ' ἐν τῷ χάρτῃ σημειοῦται μόνον πρὸς τὰ βορειοανατολικὰ τὰ ὑπὸ τὴν Ἀκρόπολιν, δηλῶν ναὸν χριστιανικὸν, τὸ δὲ S^{te} di Vanny (καὶ οὐχὶ Vanni ὡς παρὰ Laborde αὐτόθι), σφόδρα τὴν γνώμην ἐπιβεβαιοῖ.

La séance est levée et la session a été déclarée close à 11.30 du matin.

SÉANCES DE LA PRÉSIDENCE
ET DES DÉLÉGUÉS
DANS LA SALLE DU SÉNAT DE L'UNIVERSITÉ

La Présidence, composée des Présidents et Vice-présidents des diverses sections, a tenu deux séances.

La première a eu lieu le 12 Avril à 3 heures de l'après midi. On y a discuté la question du siège de la Session du XVIIe Congrès. Mais à cause de l'absence de quelques membres de la Présidence, on a préféré ne trancher cette question délicate que le lendemain, après une nouvelle convocation.

Cette seconde séance s'est tenue le 13 Avril à 2 heures de l'après-midi dans la même salle du Sénat académique de l'Université.

Présents: MM. Bezzenberger, Chavannes, Rhys Davids, Dihigo, Errázuriz Urmeneta, Goldziher, Gubernatis, Hadjidakis, Paul Haupt, Snouck Hurgronje, Kambouroglou, Kuhn, Lambros, Lorentzatos, Naville, Pavolini, Reisch.

Les sièges proposés pour le futur Congrès ont été le Caire, Amsterdam, Cambridge ou Oxford, et Leipzig. On donne en outre lecture d'une lettre de S. A. le Prince Fouad Pacha, adressée à M. Lambros, en sa qualité de Secrétaire général du Congrès.

S. A. proposait par cette lettre la ville du Caire comme siège du XVIIe Congrès. La lettre finissait par les termes suivants: «Je me flatte, Monsieur le Recteur, que vous ne refuserez pas votre vaillant appui à la proposition que je tiens à vous présenter, et dont l'accueil ne pourra qu'être agréable à S. A. le Khédive, Auguste Protecteur de toute initiative scientifique au profit de l'Égypte».

La discussion ne pouvant aboutir à une décision définitive sur la proposition des sièges à soumettre à l'assemblée des Délégués, on adopte, sur la proposition de M. Paul Haupt, la nomination d'un Comité international, chargé d'entreprendre les ententes nécessaires afin d'aboutir à une décision définitive. Ce Comité aurait aussi la charge de reviser les statuts du Congrès et de faire les démarches nécessaires pour que la coupe offerte au Congrès par Feu le Roi Oscar II de Suède soit présentée à la future session; il aurait aussi le droit de s'associer quelques autres membres. Ce Comité a été composé de MM.: Ed. Chavannes, Rhys Davids, Ignace Goldziher, Ignace Guidi, Paul Haupt, E. Kuhn, Spyr. P. Lambros, Edouard Naville, S. F. Oldenbourg et Snouck Hurgronje.

Vu qu'il n'y a pas moyen de publier autre chose que l'historique du Congrès et les procès-verbaux des séances, sans y insérer les communications mêmes *in extenso*, le Secrétaire général est prié d'en assurer la publication le plus promptement possible. Il est autorisé à publier aussi une liste des communications qui seront publiées dans le courant de l'année après la clôture du Congrès, ainsi que l'on a fait pour la XVe Session de Copenhague.

L'assemblée des Délégués réunie aussitôt après la clôture de cette séance de la Présidence dans la même salle du Sénat de l'Université a discuté de nouveau les propositions faites dans la séance de la Présidence. M. **A. Fischer**, délégué de l'Université de Leipzig, annonce que son Gouvernement l'a chargé de proposer cette ville comme siège du futur Congrès. On donne ensuite lecture de la lettre de

S. A. le Prince Fouad Pacha. Amsterdam, Cambridge ou Oxford viennent aussi en discussion. Mais, ayant été constaté que, pour aucune des villes proposées, on ne pouvait aboutir à une résolution définitive à la pluralité de voix, le Secrétaire général met aux votes la proposition de la formation du Comité international, chargé de fixer le siège du futur Congrès et de reviser les statuts. Cette proposition a été adoptée.

SÉANCE DE CLÔTURE

DANS L'AULA DE L'UNIVERSITÉ

Samedi, 13 Avril 3 p. m.

La séance est ouverte en présence de S. E. le Ministre de l'Instruction Publique M. Ap. Alexandris, Président du Congrès. Le Secrétaire général communique aux Congressistes la lettre suivante :

Constantinople, le 7 Avril 1912

Monsieur le Secrétaire général,

Veuillez me permettre, au nom de tous mes confrères de l'Ecole d'études byzantines de Cadi-Keuy et de la Rédaction de la Revue „Echos d'Orient", de présenter au XVIe Congrès international des Orientalistes les meilleurs souhaits de succès.

C'est déjà un gage de ce succès que le choix d'Athènes comme lieu de ces doctes réunions.

Ayant le regret de ne pouvoir y assister personnellement, nous vous serons reconnaissants de vouloir bien offrir au Congrès nos vœux les meilleurs.

Veuillez agréer, Monsieur le Secrétaire général, l'assurance de ma considération la plus distinguée.

S. Salaville
Supérieur des Augustins de l'Assomption

Ensuite on dépose les dépêches suivantes, arrivées pendant les séances du Congrès.

Valkenburg by Maastricht, 5 Avril 1912

*Lambros, Secrétaire général,
Congrès des Orientalistes Athènes Grèce.*

Empêché venir personnellement présente meilleurs vœux de succès et vous prie communiquer au Congrès : Première dynastie de Babylon 2225-1926. Premier nisan moyen à cette époque 26 Avril style grégorien. Preuve d'après texte astronomique et juridique du temps d'Ammizaduga 1977-1957. Paraîtront ces jours-ci dans nouvelle livraison Sternkunde Münster.

Kugler

Paris, 6 Avril 1912

Professeur Lambros. Congrès Orientalistes, Athènes.

Au nom Ecole Langues orientales et en mon nom personnel félicitations et souhaits succès 16ᵉ Congrès.

Paul Boyer

Roma, 6 Aprile 1912

Congresso Orientalisti, Atene.

Comitato ordinatore terzo Congresso archeologico Roma manda saluti augurali Orientalisti archeologi convenuti sacra roccia Atene.

Ordine Ministro Ricci, Boni, Loewy, Mariani, Colasanti.

Innsbruck, 7 April 1912

Orientalisten-Kongress, Athen.

Die Universität Innsbruck wünscht den Verhandlungen besten Verlauf.

Sode Rektor

Wien, 8 April 1912

Verehrtes Präsidium des Orientalisten-Kongresses in Athen.

Die griechisch-orientalische Kirchen-Gemeinde zur heiligen Dreifaltigkeit in Wien gestattet sich in getreuen patriotischen Gedanken die Eröffnung des Congresses ehrenbietigst zu begrüßen und wünscht den Beratungen den schönsten Erfolg.

Präsident Hofrat Giannelia

New-York, 11 April 1912

Oriental Congress Athens.

Greetings.

American Oriental Society

Ensuite le Secrétaire général annonce que:

La troisième Section du Congrès international des Orientalistes a décidé sur l'invitation de M. E. Kuhn, pour rendre hommage à la mémoire des deux éminents savants grecs Démétrius Galanos et Alexandre Paspatis en raison des services qu'ils ont rendus à la science indianiste, de couronner le portrait de Galanos, existant dans la salle du Conseil académique de l'Université Nationale de Grèce, et de déposer une couronne sur le monument funéraire de Paspatis, au cimetière d'Athènes.

Le Secrétaire général ajoute que cette décision de la troisième Section, transmise à lui, en sa qualité de Recteur de l'Université, a été effectuée[1].

Le Secrétaire général présente ensuite les vœux suivants des Sections:

1° **Section I^e et IIIe**

Il serait d'une grande importance scientifique de publier complétement et exactement des fac-similés des manuscrits précieux de l'Avesta et Palahvi conservés dans la Bibliothèque universitaire de Copenhague.

2° **Section IIIe**

Le Congrès des Orientalistes tenu à Athènes en Avril 1912 désire exprimer ses remercîments au Gouvernement de Ceylan pour l'appui qu'il a dispensé à la traduction critique du Mahavaṃsa par M. le Professeur Geiger.

3° **Section IIIe**

Le Comité nommé par le dernier Congrès pour étudier la question de la transcription des idiomes indo-chinois, se permet d'émettre son opinion concernant la nécessité d'une transcription historique des idiomes indochinois, transcrip-

---

[1] M. Georges Paspatis, neveu du feu Alexandre Paspatis, auquel le Recteur annonça l'exécution de la décision de la troisième Section du Congrès, a exprimé par un écrit ses sentiments de vive reconnaissance.

tion seule possible dans presque tous les cas et qui doit être recommandée au point de vue bibliographique et philologique. Une telle transcription doit suivre autant que possible la méthode adoptée pour le sanscrit. Dans quelques cas, il y aurait lieu d'ajouter, entre parenthèse, une transcription plus phonétique. On propose que le Comité, auquel on a adjoint Mr. C. O. Blagden, soit autorisé à publier au nom de Congrès des schémas détaillés pour les différentes langues.

4° Section VIe

La Section VIe ayant pris en considération le rapport de la Commission des langues indochinoises l'a approuvé et la recommande au Congrès.

5° Section VIIIe

La Section VIIIe émet à l'unanimité le vœu que le Comité dirigé par Zéki Pacha poursuive la publication intégrale des textes qu'il se propose d'éditer.

6° Section IXe

La Section IXe a adopté la proposition de M. Valdemar Schmidt, que dans les differents pays on suive l'exemple donné par la France dans la Bibliothèque égyptologique, en faisant la collection des travaux des divers égyptologues dont l'œuvre est oubliée ou perdue, parcequ'elle est disséminée dans les publications qu'il est difficile ou impossible de se procurer.

7° Section IXe

La Section égyptologique a pris connaissance de l'exposé de M. le professeur Ed. Mahler sur la fondation d'un Institut égyptologique à Budapest et émet le vœu, que les objets disséminés dans les divers musées de l'Hongrie soient incorporés à cet Institut.

8° Section XIb

La Section byzantine du XVIe Congrès des Orientalistes, sur la proposition de M. N. G. Politis exprime le désir qu'il soit procédé à un travail systématique en vue de recueillir les matériaux du Folklore hellénique conservés chez les auteurs byzantins ou dans des monuments. Ce travail peut se faire en prenant comme centre l'Association laographique d'Athènes, qui se charge de s'entendre avec les personnes disposées à opérer des recherches soit dans un auteur déterminé, soit dans un ensemble d'ouvrages, soit dans tels ou tels monuments, et qui veillera à la publication des résultats ainsi obtenus.

9° Section XI^b

La Section byzantine du XVIe Congrès des Orientalistes connaissant l'intérêt que porte le Gouvenement hellénique à la conservation des monuments du moyen âge grec, et désireuse d'aider pour sa part à la conservation des monuments byzantins d'art mineur, exprime le vœu qu'il soit créé à Athènes un Musée d'art byzantin, où ces monuments seraient recueillis et classés pour le plus grand profit des études byzantines.

10° Section XI^c

La Section XIe du Congrès des Orientalistes, ayant en vue l'importance éminente que le lexique néo-grec a non seulement pour l'étude de la langue vivante, mais aussi pour la connaissance de la langue grecque, en général, se rapportant à ce que M. le Professeur G. N. Hadjidakis a exposé „sur le lexique grec", a voté à l'unanimité sur la proposition de M. le Professeur Albert Thumb de soumettre au Gouvernement hellénique la prière d'offrir son appui matériel avec une largeur permettant d'espérer que la rédaction et la publication de cette œuvre importante soient réalisées le plus tôt possible.

Tous ces vœux sont adoptés.

Ensuite le Secrétaire général du Congrès annonce aux Congressistes la décision prise dans les séances de la Présidence et celle des Délégués de nommer un Comité international pour reviser les statuts du Congrès et résoudre la question du futur siège et il communique les noms des membres de ce Comité.

Les Congressistes approuvent cette décision[1].

M. le Professeur Adalbert Bezzenberger, Délégué du Gouvernement allemand, a pris la parole en allemand au nom des Congressistes. Il a exprimé leurs remercîments pour la cordiale recéption qui leur a été faite, à S. M. le Roi, haut protecteur du Congrès, à S. A. R. le Prince Royal, Président d'honneur, au Président, au Secrétaire général, qu'il salua avec d'expressions chaleureuses, aux membres du Comité d'organisation, enfin à la ville d'Athènes. «Soyez sûrs, dit M. Bezzenberger, que nous nous souviendrons toujours de votre accueil avec la plus profonde gratitude et que nous partons pleins d'amour et d'admiration pour ce magnifique pays».

Puis M. de Gubernatis prononça en français la courte allocution suivante:

Monsieur le Secrétaire général,

Dans la séance d'inauguration du Congrès des Orientalistes et des fêtes jubilaires de l'Université d'Athènes vous avez eu l'air de vous excuser pour votre impossibilité d'offrir à Athènes des soupers de Lucullus et de Trimalchion; en effet, nous n'avons pas vu, parmi nous en ces jours, le cordon bleu Apicius, mais vous nous avez offert quelque

---

[1] Dans l'après-midi du 15 Avril a eu lieu une séance des membres du Comité international à Athènes, à laquelle ont pris part MM. Haupt, Kuhn, Lambros, Rhys Davids et Snouck Hurgronje. On a résolu de ne pas désigner un Président, mais seulement un Secrétaire. M. Haupt a proposé M. Rhys Davids, et celui-ci prie M. Haupt d'entreprendre cette tâche. Mais M. Haupt ayant décliné à cause de sa demeure en Amérique, l'assemblée choisit définitivement comme Secrétaire M. Rhys Davids. On décide aussi qu'aucun pays ne serait autorisé d'avoir dans le Comité international plus d'un représentant,

chose de mieux: vous nous avez nourris tous avec de l'ambroisie.

Chacun de nous en a bu avec joie dans cette onde de lumière qui nous enveloppait tous et qui se refletait aussi dans les yeux lumineux du peuple grec accueillant et hospitalier.

Je ne sais pas si la Grèce a appris quelque chose de nos réunions; mais il est certain que chacun de nous emporte quelque étincelle de l'Hellas que nous garderons par nos souvenirs reconnaissants jusqu'à la fin de nos jours. Agréez, Monsieur le Secrétaire général, ces sentiments qui ne sont pas seulement les miens, mais ceux de tous les membres du Congrès. Veuillez les accepter vous-même et les transmetre au peuple grec que vous avez si bien représenté.

Sur quoi le Secrétaire général remercie MM. les Délégués et les membres de leur assistance au Congrès et de leur sympathie pour la Grèce et la ville d'Athènes.

On propose des remercîments au Gouvernement hellénique, à l'Université, ainsi qu'à M. Sp. Lambros pour l'hospitalité rendue aux Congressistes et pour la peine qu'ils se sont donnée en faveur du succès du Congrès.

M. L. Pullé se fait l'interprète de la gratitude des Congressistes envers le Comité des Étudiants, formé par le Recteur, ce Comité ayant rendu de grands services aux hôtes d'Athènes à leur arrivée de l'étranger.

La clôture du Congrès est proclamée à 3.30 de l'après-midi, au milieu des applaudissements de toute l'Assemblée.

CONGRÈS INTERNATIONAL DES ORIENTALISTES
XVI SESSION — ATHÈNES, 1912

Troisième partie
Annexes

ANNEXE A

LISTE DES DÉLÉGUÉS OFFICIELS
AU CONGRÈS

On a indiqué par un astérisque les personnes qui n'ont pas assisté au Congrès.

I. GOUVERNEMENTS

Algérie.

M. Luciani, Conseiller de Gouvernement, Directeur des Affaires Indigènes au Gouvernement général à Alger.

M. René Basset, Professeur et Doyen de la Faculté des Lettres à l'Université d'Alger.

Allemagne.

Gouvernement allemand.

M. C. H. Becker, Professeur, à Hambourg.

M. Charles Bezold, Conseiller secret de la Cour, Professeur de l'Université, à Heidelberg.

M. Adalbert Bezzenberger, Conseiller secret du Gouvernement, Professeur de l'Université, à Königsberg.

M. Albert Ehrhard, Professeur de l'Université, à Strassbourg.

M. Auguste Fischer, Professeur de l'Université, à Leipzig.

M. Othon Franke, Professeur, à Munich.

M. Hubert Grimme, Professeur de l'Université, à Münster.

M. Aug. Heisenberg, Professeur de l'Université, à Munich.

M. Berthold Delbrück, Professeur de l'Université, à Jéna.

M. Alfred Hillebrandt, Conseiller secret du Gouvernement, Professeur de l'Université, à Breslau.

M. Eugène Hultzsch, Professeur de l'Université, à Halle.
M. George Jacob, Professeur de l'Université, à Kiel.
M. Jules Jolly, Conseiller secret de la Cour, Professeur de l'Université, à Wurzbourg.
M. Ernest Kornemann, Professeur de l'Université, à Tubingue.
M. Ernest Kuhn, Conseiller secret, Professeur de l'Université, à Munich.
M. Othon Lüders, Professeur de l'Université, à Berlin.
M. Félix von Luschan, Conseiller secret du Gouvernement, Professeur de l'Université, à Berlin.
M. *Jean Meinhold, Professeur de l'Université, à Bonn.
M. Guillaume Nowack, Professeur de l'Université, à Strassbourg.
M. Court Sethe, Professeur de l'Université, à Gottingue.
M. Albert Thumb, Professeur de l'Université, à Strassbourg.
M. Henri Zimmern, Professeur de l'Université, à Leipzig.

Gouvernement de la ville libre de Hambourg.
»   M. C. H. Becker, Professeur.
»   M. Othon Franke, Professeur.

Argentine.

M. Félix F. Outes, Professeur d'Anthropologie à l'Université de Buenos Ayres.

Autriche - Hongrie.

a) Autriche.

Ministère Impérial de l'Instruction Publique. M. Paul Kretschmer, Professeur de linguistique, à Vienne.
»   M. *D. A. Müller, Professeur, Conseiller de la Cour.

b) Hongrie.

M. Ignace Goldziher, Professeur à l'Université de Budapest.

M. Louis Schilling, Professeur à l'Université de Koloszswár.

M. Edouard Mahler, Professeur à l'Université de Budapest.

Belgique.

M. *L. de la Vallée Poussin, Membre correspondant de l'Académie.

M. Émile Boisacq, Professeur à l'Université libre de Bruxelles.

M. A. Carnoy, Professeur à l'Université de Louvain.

M. J. Forget, Professeur à l'Université de Louvain.

Chili.

S. E. M. Rafael Errázuriz Urmeneta, Ministre Plénipotentiaire du Chili à Rome.

Cuba.

M. le Professeur Juan Miguel Dihigo.

Égypte.

S. E. le Professeur Ahmed Zéki Pacha, Secrétaire du Conseil des Ministres, Vice-Président de la Société Khédiviale de Géographie, Membre de l'Institut Égyptien.

S. E. Ahmed Chawki bey, Poète Lauréat de Son Altesse le Khédive, chef du Bureau Européen du Cabinet Khédivial.

Cheyk Ahmed el-Sacandari, Professeur à l'École Normale supérieure de Nasrieh (Caire).

États-Unis d'Amérique.

M. le Professeur Paul Haupt (Johns Hopkins University à Baltimore, Maryland).

M. le Professeur E. Washburn Hopkins (Yale University. New Haven, Connecticut).

M. le Professeur Morris Jastrow Jr. (University of Pennsylvania. Philadelphia).

France.

Ministère de l'Instruction Publique.

M. René Basset, Doyen de la Faculté des Lettres à l'Université d'Alger.

M. Léon Cledat, Doyen de la Faculté des Lettres à l'Université de Lyon.

M. Edouard Chavannes, Membre de l'Institut.

M. Maxime Collignon, Professeur de la Faculté des Lettres à l'Université de Paris.

M. Charles Diehl, Membre de l'Institut, Professeur à la Faculté des Lettres de l'Université de Paris.

M. Jean Deny, Professeur à l'École des Langues orientales vivantes.

M. Gustave Fougères, Professeur adjoint à la Faculté des Lettres de l'Université de Paris.

M. Glotz, Chargé de cours à la Faculté des Lettres de l'Université de Paris.

M.*P. Masqueray, Professeur à la Faculté des Lettres de l'Université de Bordeaux.

M. C. Sourdille, Professeur à la Faculté des Lettres de l'Université de Bordeaux.

Grande-Bretagne.

Le Rev. David Sam. Margoliouth, Fellow of New College, Laudian Professor of Arabic, à Oxford.

M. le Professeur Rhys Davids, à Ashton-on-Masey, Cheshire.

Hollande.

M. le Professeur C. Snouck Hurgronje (Leyde).

M. le Professeur D. C. Hesseling (Leyde).

Indes Britanniques.

Ceylon. M. F. W. Thomas, Conservateur de la Bibliothèque de l'India Office à Londres.

Italie.

M. le comte Ange de Gubernatis, Professeur à Rome.
M. P. E. Pavolini, Professeur à Florence.
M. Fr. L. Pullé, Professeur à Bologne.
M. Ambroise Ballini, Professeur à Rome.
M. Louis Pernier, Directeur de l'École archéologique italienne à Athènes.
M. Charles Formichi, Professeur à Pise.

Russie.

Ministère des Affaires Étrangères. M. Adamoff, Conseiller secret du Gouvernement.
Ministère de l'Instruction Publique. M. Tzerbaski, Professeur à St-Pétersbourg.
  » M. Taddée Zielinski, Professeur à St-Pétersbourg.
  » M. Michel Rostovtzef, Professeur à St-Pétersbourg.
  » M. E. M. Pidrik, Professeur à St-Pétersbourg.
  » M. A. Rudnev, Privat-Dozent à St-Pétersbourg.

Suède.

M. Charles Ferdinand Johanson, Professeur à l'Université d'Upsala.
M. Bror Per Evald Lidén, Professeur à l'Université de Göteborg.

Turquie.

S. E. Ahmed Hikmet Bey, Professeur universitaire et Directeur des Affaires Étrangères.

II. INSTITUTIONS SAVANTES

Alger.

Université d'Alger. M. le Professeur René Basset, Doyen de la Faculté des Lettres.

Allemagne.

Berlin. *K. Preussische Akademie der Wissenschaften.* M. Henri Lüders, Professeur de philologie indienne.

» *Bibliothèque Royale.* M. Jean Flemming, Professeur, Directeur de la Section des Manuscrits.

» *Vorderasiatische Gesellschaft.* M. Félix de Lushan, D^r med. et phil. Conseiller secret d'État, Professeur ordinaire à l'Université de Berlin et Président de la dite Société.

» M. Alfred Jérémias, Curé et Privatdozent à Leipzig.

Bonn. *Université.* Jean Meinhold, Professeur de Théologie.

Heidelberg. *Heidelberger Akademie der Wissenschaften. Stiftung Heinrich Lanz.* M. Charles Bezold, Conseiller secret de la Cour, Professeur de philologie orientale à l'Université de Heidelberg.

» M. François Boll, Professeur de philologie classique à l'Université de Heidelberg.

» *Université.* M. Charles Bezold.

Jena. *Grossherzogl. und Herzogl. Sächs. Gesammt-Universität.* M. Berthold Delbrück, Professeur de sanscrit.

» M. Willy Staerk, Professeur d'Exégèse de l'Ancien Testament.

Kiel. *K. Universitäts-Bibliothek.* M. le Professeur Paul Deussen.

Königsberg. *K. Albertus-Universität.* M. Adalbert Bezzenberger, Professeur de sanscrit et de linguistique comparative.

Leipzig. *Université.* M. le Professeur Dr E. Bethe.

» » M. le Professeur D. Kittel, Kirchenrat, Doyen de la Faculté de Théologie à l'Université de Leipzig.

Munich. *Academie des Sciences.* M. Ernest Kuhn, Professeur de sanscrit et conseiller intime.
» M. Jules Jolly, Professeur de Langues orientales, à Wurzbourg.
» M. Auguste Heisenberg, Professeur de Lettres grecques, à Munich.
» M. Othon Franke, Professeur de sanscrit.
Strassbourg. *K. Wilhelms-Universität.* M. le Recteur Albert Ehrhard, Professeur d'histoire ecclésiastique.
» M. Wilhelm Nowack, Professeur de l'interprétation de l'ancien Testament et d'hébreu.
» M. A. I. Thumb, Professeur de linguistique indoeuropéenne.
Tubingue. *K. Eberhard-Karls-Universität.* M. Chr. Seybold, Professeur de Langues sémitiques.

Autriche-Hongrie.

a) Autriche.

Czernowitz. *Facultés de Droit et de Philosophie.* M. le baron de Dungern, Professeur de l'Université.
Prague. *Académie des Sciences de l'Empereur François Joseph.* M. Rodolphe Dvôrák, Professeur ordinaire de l'Université de Prague et Membre de l'Académie des Sciences en Bohême.
» *L'Université tchèque Carolo-Ferdinandia.* M. Rodolphe Dvôrák.
Vienne. *Académie Impériale des Sciences.* M. P. Kretschmer, Professeur de linguistique.
» M. Émile Reisch, Professeur, Conseiller de la Cour, Directeur de l'Institut archéologique.

b) Hongrie.

Budapest. *Académie hongroise des Sciences.* M. Ignace

Goldziher, Conseiller de la Cour, Professeur de philologie sémitique à l'Université.

Budapest. M. Edouard Mahler, Professeur de l'ancienne histoire des peuples d'Orient.
» *Université Royale hongroise.* M. Ignace Goldziher.
» *Université Royale hongroise.* M. Edouard Mahler.
» *Musée National hongrois.* M. le Docteur G. Supka.

Kolozsvár. *Université Royale hongroise.* M. Lajos Schilling, Professeur d'histoire ancienne.

Belgique.

Bruxelles. *Académie Royale des Sciences, des Lettres et des Beaux-Arts.* M. Godefroy Kurth, Professeur, Directeur de l'Institut historique Belge à Rome.
» M. *Louis de la Vallée-Poussin, Professeur de sanscrit à Bruxelles.
» *Université libre.* M. Emile Boisacq, Professeur de latin.

Belgique.

Gand. *Université.* M. *Louis De la Vallée-Poussin, Professeur de sanscrit, à Bruxelles.

Louvain. *Université.* M.*G. Ladeuze, Recteur de l'Université.

Bulgarie.

Sofia. *Université.* M. Gawril Kazarow, Professeur.

Danemark.

Copenhague. *Université.* M. Fr. Buhl, Recteur, Professeur des Langues sémitiques, docteur en Théologie.
» M. Dines Andersen, Professeur des langues des Indes orientales.

Égypte.

Caire. *Université Égyptienne.* S. A. Prince Fouad President-Recteur de l'Université Égyptienne.

Caire. *Université Égyptienne.* S. E. Artin Pacha.
» *Communauté grecque.* M. D. Casdaglis, Président de la Communauté.
» *Institut Égyptien.* M. le Docteur Pachundakis.

États-Unis d'Amérique.

Baltimore. *Johns Hopkins University.* M. Paul Haupt, Ph. D., L. L. C. Professor of Semitic Languages and Director of the Oriental Seminary.
Cambridge. *Harvard University.* M. Charles Burton Gulick, Ph. D., Professeur de grec, Directeur annuel de l'École archéologique américaine, à Athènes.
» *American Oriental Society.* M. Paul Haupt, Professeur à la John's Hopkins University, à Baltimore.
American Oriental Society. M. Paul Haupt, Professeur à la Johns Hopkins University, à Baltimore.
» M. Edouard Washburn Hopkins, Professeur à la Yale University de New Haven.
» M. Morris Jastrow Jr, Professeur à l'Université de Pennsylvanie.
New Haven. *Yale University.* M. Edouard Washburn Hopkins, Ph. D., L. L. D., Professeur de sanscrit et de philologie comparative.
» M. Charles Cutler Torrey, Ph. D., D. D., Professeur des langues sémitiques.
» M. Albert T. Clay, Professeur d'Assyriologie et de littérature babylonienne.
New-York. *Columbia University in the City of the New-York.* M. William Tenney Brewster, A.M., Professor of English and Provost of Barnard College.
Philadelphia. *University of Pennsylvania.* M. Morris Jastrow Jr, Professeur des langues sémitiques.

Philadelphia. *The Oriental Club of Philadelphia.* M. Albert T. Clay, Phil. D., Professeur à la Yale University à New Haven.
» *American Philosophical Society.* M. Paul Haupt, Professeur à la Johns Hopkins University à Baltimore.
» M. E. Washburn Hopkins, Professeur à la Yale University à New Haven.
» M. A. V. William Jackson, Professeur.

Princeton. *Université.* M. Howard Crosby Butler, Professeur d'art et d'archéologie.

Washington. *Catholic University of America,* Le Révérend Henry Hyvernat, Professeur des langues sémitiques et de l'archéologie biblique.
» *Smithsonian Institution.* M. Paul Haupt, Professeur à la Johns Hopkins University, à Baltimore.
» M. E. Washburn Hopkins, Professeur à la Yale University, à New Haven.

France.

Grenoble. *Université.* M. S. Chabert, Professeur à la Faculté des Lettres.

Paris. *Université de Paris.* M. Maxime Collignon, Membre de l'Institut, Professeur d'Archéologie.
» *Université de Paris.* M. Charles Diehl, Professeur d'histoire byzantine.
» *Université de Paris.* M. G. Fougères, Professeur-adjoint de littérature grecque.
» M. Louis Cazamian, Maître de conférences à la Faculté des lettres.
» *Collège de France.* F. Ed. Chavannes, Membre de l'Institut, Professeur des langues et littératures chinoises et tatares-mandchoues.

Grande-Bretagne.

Aberdeen. *University.* M. James Gilroy, Professeur des langues sémitiques.

Ashton-on-Mersey. *Pâli Text Society.* T. W. Rhys Davids.

Bangor. *University of North Wales.* M. T. Witton Davies, B. A., Ph. D., D. D., Professeur des langues sémitiques.

Cambridge. M. Edward James Rapson, M. A., Fellow of St. John's College, Professeur de sanscrit.

» M. Anthony Ashley Bevan, M. A., Fellow of Trinity College, Lord Almoner's Professor of Arabic.

» M. *Richard Mc Gillivray Dawkins, M. A., Fellow of Emmanuel College.

» Alan John Bazard Wace, M. A., Fellow of Pembroke College.

Dublin. *University (Trinity College).* Rev. J. P. Mahaffy, D. D., D. C. L., Professeur.

» M. L. White King, Professeur de langues orientales.

Edinburgh. *University.* M. Julius Eggeling, Ph. D., Professeur de sanscrit et de philologie comparative.

» M. James Burgess C. I. E., L. L. D.

Glasgow. *University.* M. George Milligan, D. D., Professeur de la critique biblique.

» Le Rev. Thomas H. Weir, B. D., A. S., Lecteur d'arabe.

Liverpool. M. C. F. F. Lehmann-Haupt, L. L. D., Ph. D. Professeur.

Londres. *University.* M. Thomas Walker Arnold, M. A. (Camb.), Professeur d'arabe.

» *Bibliothèque de l'India office.* M. le Directeur F. W Thomas.

» *Royal Asiatic Society.* *Sir Charles Lyall K. C. S. I., Vice-Président de la Royal Asiatic Society.

Londres. *Royal Asiatic Society*. M. le Dr F. W. Thomas, membre du Conseil.
» M. *R. Sewell, Esq., membre du Conseil.
» M. C. Otto Blagden.
» *The British Academy*. Rev. S. R. Driver, D. D., Professeur d'hébreu à l'Université d'Oxford (Christ Church).
Manchester. *University*. T. W. Rhys Davids, L. L. D., Ph. D. Professeur de l'histoire comparative des religions.
» M. Ronald M. Burrows, Professeur de grec.
Oxford. *University*. Le Rev. Dr. S. R. Driver, Canon of Christ Church College, Professeur d'hébreu.
» M. Arthur Macdonell, M. A., Fellow of Balliol College, Boden Professor of Sanskrit.
» Le Rev. David Sam. Margoliouth, M. A., D. Litt., Fellow of New College, Laudian Professor of Arabic.
St. Andrews. *University*. M. Edouard Robertson M. A., B. D. D., Professeur d'hébreu et des langues orientales.

Grèce.

Athènes. *Société d'archéologie*. M. D. Antoniadès, avocat.
» M. Clon Stephanos, Directeur du musée d'anthropologie.
» M. Al. Philadelpheus, Docteur ès lettres.
» *Association grecque de Folk-lore*. M. N. G. Politis, Professeur à l'Université Capodistrias d'Athènes.

Indes Britanniques.

Calcutta. *University*. *M. E. Denison Ross, Ph. D., Membre du Sénat.
» *Asiatic Society of Bengal*. M. le Lieut.-Colonel D. C. Phillott, F. A., S. B., Secretary and Member, Board of Examiners.

Madras. *The Adyar library.* M. F. Othon Schrader.
Panjab. Rev. T. M. A. B. D. Grahame Bailey, Fellow of the Panjab University.

Italie.

Florence. *Società Asiatica Italiana.* M. P. E. Pavolini, Professeur de sanscrit.
Palerme. *Université.* M. Vincent Ussani, Professeur à l'Université.
Rome. *Université.* M. le comte Ange de Gubernatis, Professeur de littérature italienne.
- *Istituto Italiano di Numismatica.* M. le Comm. Giunio Dei.
- *Pontificio Ateneo di S. Apollinare.* M. le comte Ulysse de Nunzio, Professeur de l'«Università Pontificia».
- *British School.* M. William Miller.
- *Institut historique belge.* M. le Directeur Godefroid Kurth.

Urbino. M. André Monpherratos, Professeur à l'Université Capodistrias d'Athènes.

Japon.

Tokyo. *Université.* M. Jyunjiro Takakusu, Professeur de sanscrit.

Norvège.

Christiania. *Université.* M. Alf Torp, Professeur à l'Université.

Portugal.

Coimbra. *Bibliothèque de l'Université.*

Roumanie.

Bucarest. *Académie Roumaine.* M. Michel C. Soutso, Membre de l'Académie.

Russie.

Dorpat (Juriev). *Université.* M. Alexandre Vasiliev, Professeur d'histoire.

» M. Alexandre de Bulmerincq, Doyen de la Faculté de Théologie protestante, Professeur des langues sémitiques, Conseiller d'État.

Helsingfors (Finlande). *Société finno-ougrienne.* M. Émile Setälä, Professeur de la langue et de la littérature finnoise à l'Université.

Moscou. *École des Langues Orientales.* M. Wladimir Gordlewsky, Professeur.

Odessa. *Université.*

» M. S. D. Papadimitriou, Professeur de philologie classique.

» M. Boris Vasiljevic Warneke, Professeur de philologie classique.

» *Société Impériale d'archéologie et d'histoire.* M. S. D. Papadimitriou, Professeur.

» M. Boris V. Warneke, Professeur.

St. Petersbourg. *Société Impériale russe des Études Orientales.* Mme Olga de Lébédew, au Caire.

» M. Théod. Knauer, Professeur à l'Université de Kiew.

» *Université Impériale.* M. Hippolyte Tcherbatzkom, Professeur extraordinaire.

» M. André Rudnev, Professeur agrégé à l'Université.

» M. Théodore Knauer, Professeur à l'Université de Kiew.

» *Société des Orientalistes Russes.* M. A. Adamoff, Vice-Président de la Société.

Varsovie. *Université.* M. E. M. Pridik, Professeur de philologie grecque à l'Université de St Petersbourg.

Serbie.

Belgrade. *Université.* M. Bogdan Gawrilowich, Recteur de l'Université.

Belgrade. *Université.* M. Bogdan Popovich, Professeur à l'Université. M. Nicolas Vuliç, Professeur à l'Université.

Suède.

Göteborg. *Université.* M. Bror Per Evald Lidén, Professeur de philologie comparée.
» *Société Royale des Sciences et Lettres.* M. Othon Lagercrantz, Professeur de philologie grecque à l'Université.
Lund. *Université.* M. Axel Moberg, Professeur des langues sémitiques.
Upsala. *Université.* M. K. F. Johannson, Professeur à l'Université.

Suisse.

Berne. *Université.* M. *Karl Marti, Professeur de philologie sémitique.
Fribourg. *Université.* M. le Recteur Vincent Zapletal, Professeur de l'exégèse de l'Ancien Testament, chargé de cours de langues et littératures orientales.
Genève. *Université.* M. le Recteur Edouard Montet, Professeur de l'exégèse de l'Ancien Testament et d'arabe.
» M. Paul Oltramare, Professeur de latin.
Zurich. *Université.* M. Edouard Schwyzer, Professeur de linguistique indo-européenne et de philologie classique.

Turquie.

Beirut. *The Syrian Protestant College.* M. Triantaphyllos Ladakis, Phar. D.
Constantinople. Ἑλληνικὸς Φιλολογικὸς Σύλλογος. M. Xénophon Sideridès.
» *Institut archéologique russe.* M. Théodore Schmidt, secrétaire de l'Institut.
» *American College for Girls.* Miss Isabelle Dodd, Litt. D., Professor of Art and Archaeology in this College.

ANNEXE B

LISTE DES MEMBRES À TITRE PRIVE
ET
DES DAMES ACCOMPAGNANTES

On a indiqué par un astérisque les personnes qui n'ont pas assisté au Congrès.

Abd-el Kamil Alayle, au Caire.
Abendanon H. J., D^r à la Haye.
Abercrombry John, Professeur, Secrétaire honoraire de la Société des Antiquaires d'Écosse, à Édinbourg.
Adamantiou Adam., Éphore des monuments chrétiens et médiévaux à Athènes.
Adamoff A., Professeur, à Saint-Pétersbourg.
Adamoff Mme.
Ahmed Teymour Bey, au Caire.
Alevropoulos, à Athènes.
Alister Mac Donald, Recteur de l'Université à Glasgow.
Alton E. H., à Dublin (Trinity College).
Ambrose Edith, à Rome.
Amedroz H. J., à Londres.
Amin Sami Pacha, Ex-Directeur de l'École Normale Nasrieh, au Caire.
Anderson James, Directeur du Télégraphe anglais du Levant à Athènes.
Argyropoulos Michel, Président du Syllogue artistique et litteraire à Smyrne.
Arnold Mme, à Londres N.

Babouris Gr., à Athènes.
Balanos Nicolas, Chef de Section au Ministère de l'Instruction publique, à Athènes.
Baltatzi Georges, ancien Ministre, à Athènes.
Baltatzi Chariclée Mme.
Basile Archimandrite, Directeur des Écoles Patriarcales Orthodoxes, à Damas.
Basiliou Constantin, Professeur à l'Université Capodistrias, à Athènes.
Battis Mlle, à Athènes.
Baynes Herbert, à Londres.
Beckh Hermann, Privatdozent, à Berlin-Steglitz.
*Bees N., Secrétaire de la Société byzantiologique d'Athènes, à Munich.
Beggs H. Gertrude Mme.
Belpaire Bruno, à Anvers.
Bethe Erich Mme.
Bethe Erich Mlle.
Bethman Louise Mlle, à Athènes.
Bezold Adèle Mme, à Heidelberg.
Bezzenberger Helène, à Königsberg.
Bieber Marguérite, Docteur ès Lettres, Institut archéologique allemande, à Athènes.
Bieberstein Martha Rogalla de, Mlle, Auteur, à Berlin.
Bissing W. de, baron, Professeur à l'Université, à Munich.
Bissing W. de, baronne.
Blagden Otto C., à Londres.
Blattner F., Lehramtspraktikant, à Heidelberg.
Bley Müller Helène, à Athènes.
*Bliss H. J., Beyrouth (Syrie).
Blum Gustave.
Boenig Hermann, Professeur du Kneiphöf. Gymnasium, à Königsberg i. Pr.

Bolides Thémistocle, Conservateur des manuscrits à la Bibliothèque Nationale de Grèce, à Athènes.

Boréas Théophile, Professeur à Athènes.

*Bosch Charles, Kommerzienrat, à Charlottenbourg.

Bourchier D. I., Correspondant du journal *Times* à Athènes.

Boutouras Ath., Docteur ès Lettres, à Athènes.

Breton Adela Miss, Fellow Royal Anthropological Institute à Bath en Angleterre.

Brewster Mme.

*Brocco Rog. Joseph, à Venise.

Brockdorff, Cand. phil., à Copenhague.

Brooks W. E., à Londres.

Buhl Ingeborg, Mlle, à Kopenhague.

Bulmering Mme, à Dorpat (Russie).

Bülow-Trummer D^r, Grossherz. Amtsverwalter, à Grevesmühlen (Mecklenburg).

Bülow-Trummer Mme.

Bunker Minnie Mlle, à Athènes.

Burlingham Leo, Professeur, à California (Leland Stanford Junior University).

Callimachos D., D^r en Théologie, Chef Secrétaire du Patriarcat grec, membre de l'Institut égyptien, au Caire.

Capsalis Gherasimos, Directeur de Gymnase à Thèbes.

Carnoy Mme, à Louvain.

Cart Léon, Professeur de Théologie, à Neuchâtel (Suisse).

Cartonier Susanne Mlle, à Rome.

Catérinopoulos Cathérine Mlle, à Athènes.

Cazamian Mme, à Paris.

Ceimming Emma.

Chabert S. Mme, à Grénoble.

Charmeil P., Professeur de Clinique à l'Université. Médecin de l'Hôpital de St Sauveur à Lille.

Charmeil Mme.
Charmeil J. M. Mlle.
Charmeil M. Mlle.
Charmeil Pierre, Étudiant.
Chavannes Isabelle Mlle, à Fontenay aux Roses (Seine).
Chieti Adalgise, Institutrice, à Athènes (Ecole Italienne).
Chieti Italia, à Athènes.
Christensen Arthur, Professeur à Copenhague.
Christmas Captain, à Copenhague.
Claras Nicolas, Directeur du Gymnase de Carditsa (Thessalie).
Clarkson Mary, à Rome.
Clay T. A., à New-Haven (Connecticut-Etats-Unis).
Clemen C., Professeur à l'Université de Bonn.
Clemen Mme.
Cochez Joseph, Professeur au College St Antoine, à Rome.
Colinet Ph., Professeur à l'Université, à Louvain.
Colthurst Mlle, à Salò (Lac de Garda).
Coninck Lacombe de, à Poissy (Seine et Oise).
Consolidès Jean, Docteur en Médécine, à Cavallá (Turquie).
Consolidès Mme.
Critsas Const., Capitaine de vaisseau, à Athènes.
Cruichschauh A. H., Professeur de la langue grecque à l'Université de Durham.
Crusius O., Professeur à l'Université de Munich (Bavière).
Czebe Jules, Docteur ès Lettres, à Athènes.

Dalmeyda Georges, Docteur ès Lettres, Professeur au Lycée Michelet, à Paris.
Damaskinos D. Mlle, à Athènes.
Danino Victor, Avocat défenseur auprès du Tribunal Français de Sousse (Tunisie).
Danon A., Membre correspond. de l'Académie Royale de Madrid, Membre de la Société Asiatique, à Constantinople.

Dattari, Commendeur, à Alexandrie.
David Emmanuel, Directeur du Gymnase, à Mitylène.
Davies Austin Gilbert, Professeur, à Glasgow (Grande-Bretagne).
Davies Emilie, à Glasgow.
Davies Witton J. Mme (Bryn Haul, Bangor, N. Wales).
Davies Mlle.
Dawes Sarah Louise Mme, à Athènes.
Decavalla N., Docteur ès Lettres, à Athènes.
Deffner Michel D^r, à Athènes.
Dei Giunio, Professeur, Docteur à Rome.
Dellios J., Ancien Directeur de Lycée, à Athènes.
Dembowski Ignace de, Docteur, Vice-Président du Conseil de l'Instruction Publique, à Lwow (Galicie).
Diomèdes Alexandre, Docteur en Droit, à Athènes.
Dottin Georges, Professeur à l'Université, Doyen de la Faculté des Lettres, à Rennes.
Drakoulis Platon, Docteur en Droit, à Athènes.
Drakoulis Mme.
Driver G. N., à Oxford (Christ Church).
Driver C. E., à Oxford.
Driver S. R., à Oxford (Christ Church).
Driver Mme.
Dumora Daniel, Greffier en chef de la Cour d'Appel, à Bordeaux.
Dumora Mme.
Duncan Mlle, à Athènes.
Dungern de, Baron, Professeur à l'Université de Czernowitz.
Dungern de, Baronne.
Dupré Garnier Mme.
Dupré Mlle.
Durand H. J.

*Ebert H., Professeur à l'Université, à Munich.
*Eggeling Alfred, à Edinburgh.
Egloffstein Baron de, Docteur, Précepteur de L. L. A. A. R. des Princes de Bulgarie.
Eichler Fritz, Docteur ès Lettres, Membre de l'Institut Archéologique autrichien, à Athènes.
Ernst Maria de, à Athènes.
Euclidès Cathérine Mme, à Athènes.
Euclidès Helène Mlle.
Euclidès Thérese Mlle.
Eufraimidès Adam., à Athènes.
Eufraimidès Mme.
Euringer Sebastien, Professeur, à Dillingen a. D. (Bavière).
Eydoux, Avocat, à France.
Eyser Jean, Sous-secrétaire de la Bibliothèque de l'Université de Copenhague.

Fabricius Ernest, Recteur de l'Université de Fribourg (Brisgovie).
Fabricius Mme.
Fago Vincent, Directeur de la Bibliothèque à l'Université Egyptienne, au Caire.
Fiechter E., Professeur, à Stuttgart.
Fischer Aug. Mme, à Leipzig.
Flemming Jean, Professeur, à Berlin-Friedenau.
Fokker A. Abraham, Docteur, à Amsterdam.
Fontenay le Sage de, Sous-chef des Archives au Ministère des Affaires Étrangères, à Copenhague.
Forster Mme, à Scheffield (Angleterre).
Freeman Henriette.

Gaffron Prittwitz Erich de, à Athènes (Institut archéologique allemand).

Gallieno Fabiani Philippe, à Rome.

Gardiner Gayley Mme, à New-York.

Gardner Ernest, à Surrey (Farm Corner, Tadworth).

Gates F. C. Rev. DD. LLD., Directeur du Robert College, à Constantinople.

*Gautier Lucien, Professeur honoraire à l'Université de Genève.

Gibson Margarete D. M^{rs}, D. D. Litt. D. L. L. D. Castle-Brae Chesterton Lane, à Cambridge (Angleterre).

Giebelhausen Claire, à Sachsa.

Gill A. T., Ramelagh Club, à Londres.

Gilroy Mme, à Aberdeen.

Glasenapp Helmuth de, à Berlin.

Goerkin Mme.

*Goesch C., Docteur en Droit, Landgerichtsrat, à Berlin.

Goldman Hetty Mlle, Membre de l'École Americaine à Athènes.

Goldziher Mme, à Budapest.

Göpfert, Docteur, à Wurzbourg.

Gordlewski Wlad., Professeur à l'École des langues Orientales, à Moscou.

Goudas Michel, Capitaine de frégate à Athènes.

Gradenwitz Othon, Professeur, à Heidelberg.

Grafts Caty Mlle.

Greene Is. Mlle.

*Grierson George A., C. J. E. J. C. S. Rathfarnham, Camberlay, à Surrey (Angleterre).

Gryparis Mlle, à Athènes.

Gubernatis Cordelia de Mlle, à Rome.

Gubernatis Henri de, Envoyé extraordinaire et Ministre prénipotentiaire de S. M. le Roi d'Italie (en retraite), à Sousse (Tunisie).

Guckin Me G. Guillaume, Professeur d'Histoire au Collège de la Ville de New-York.
*Guimet Émile, Directeur du Musée Guimet, à Paris.
Gulick Ch. Mme, à Athènes.
Gulick Mlle.
Günther W. Charles, Libraire, à Leipzig.

Haase Mlle.
Hadaczec Charles.
Hamed bey, au Caire.
Harr Gustave, à Athènes.
Harr Phil. Mme.
Harr Helène Mlle.
Harrassowitz Hans, Représentant de la maison Otto Harrasowitz, à Leipzig.
Harris Dwight Norman, Professeur à la Northwestern University, à Evasnston-Chicago.
Harris Mme.
Hasluck F. W., Bibliothécaire de l'École archéologique brittanique, à Athènes.
Hatzidakis Georges, Mme.
Heberdey Rudolfe, Professeur à l'Université de Graz.
*Hefni Nassef Bey, Vice-Président du Tribunal de Tantah.
Héliopoulos Tim., Professeur de l'Université Capodistrias, à Athènes.
Hell J., Professeur, à Erlangen.
Hell J., Mme.
Heller Guillaume, à Zurich.
Herold Charles, Auteur à Alexandrie.
Herrmann Eugen, Dr. Pastor, à Rohrbach près de Heidelberg.
Hess J. J., Professeur à Zeitoun (Égypte).
Hertz Henriette Mlle, à Rome.

Hesseling Mme, à Leyde.
Hilgenfeld Henri, Professeur à l'Université d'Iena.
*Hiller von Gärtringen Fr., Baron, à Berlin.
Hinckley Rose Mlle, à Athènes.
Hirschberg Jules, Conseiller secret, Professeur à l'Université de Berlin.
Hirst Louise de, Mlle, à Munich.
Hofmeier, Professeur, Conseiller de la Cour, à Wurzbourg.
Hohl Ernest, Docteur ès Lettres, à Toingbourg.
Holding Mlle, à Londres.
*Holm Fritz v., Membre de la Royal Asiatic Society de Londres à New York City.
Hommel Fritz, Professeur à Munich.
Hommel Fritz Mme.
Hubert Ad. Mme, à Dresde.
Hugouneng Louis, Doyen de la Faculté de Médecine de l'Université de Lyon.
Hugouneng Mme.
Hundington H. Georges, B.A., à Constantinople (Robert College).
Hutchinson Corrin J., Membre de l'École archéologique brittanique à Athènes.

Ibrahim Mahmoud pacha, au Caire.
Ingram Mlle, à Londres.
Ioussouff Aktchourd Oglou, Correspondant du journal Fatar «Vakt» d'Orenbourg (Russie), à Constantinople.
Irach Ichangir Sorabji, au Caire.
Ismail Sabid Bey, Notable au Caire.

*Jackson A. V. Williams Mme, à New-York.
Jakovenko Pierre, Privatdocent à l'Université de Dorpat, à Constantinople (Ambassade de Russie. Institut archéologique Russe).

James G., Docteur ès Lettres et en Droit, à Berlin.
Jastrow, Mme Philadelphia, États-Unis.
Jastyembsky Wlad., Professeur de l'Université Impériale, à Kharkhow (Russie).
Jellet Mme, à Dublin.
Jensen Edmond, Professeur, Docteur en médicine, à Copenhague.
Jeremias Elfriede Mlle, à Leipzig.
Jeremias Marthe, à Leipzig.
Jerphanion G. de, à Constantinople.
Johns C. H. W. Rev. D^r, Master of St. Catharine's College, à Cambridge (Angleterre).
Johns Mme.
Jolly Mlle, à Wurzbourg.

Kalapothakis Démétrius, Docteur ès Lettres, à Athènes.
Kalapothakis Mlle, à Athènes.
Kampman Harck.
Karbaum, Professeur, à Charlottenbourg.
Kasdaglis Dém., au Caire.
Kasdaglis Mme.
Kees Hermann A, S., Docteur, à Leipzig.
*Kern Fr., Docteur, à Berlin.
Kittel Mme, à Berlin.
Klebs Georges, Professeur, à Heidelberg.
Klebs Louise Mme.
*Kokowzoff Paul, Professeur à l'Université de St. Pétersbourg.
Kornemann Marie Mme, à Tubingue.
Kotlazewski Gera Mme.
Kougéas Socrate, Docteur ès Lettres, à Athènes.
Koukoulès Phédon, Docteur ès Lettres, à Athènes.
Koukoulès Anastasie Mlle, à Athènes.
Koutousis Sophie Mlle.

Krassas Georges, Avocat, à Alexandrie.
Kretschmer Mme, à Vienne.
Kristensen B. N., Professeur à l'Université, à Leyde.
Kroll, Dr Professeur, à Münster i. W.
Kuhn E. Mme, à Munich.
Kuhn E. Mlle, à Munich.
Kurth Mme, à Rome.
Kurz Isolda Mlle, à Munich.
Kyriakidès Epam., Président du Syllogue d'Asie Mineure «Anatolie», à Athènes.

Laddu T. K. à Halle a/S.
Ladenburg Adolphe Mme à Melton Mowbray (Angleterre).
Ladenburg Adolphe Mlle.
Laforest Marthe, à Bordeaux.
Laing G. J., à Rome.
Lammens Henry, S. J., Professeur à l'Institut Biblique à Rome.
Lampsas I. D., Directeur de l'École Normale, à Athènes.
Landberg S., à Melbon Mowbray (Angleterre).
Lange Robert.
Lascelles P. Brian, à Harrow (Harrow School).
Law Lady, à Athènes.
Leeds Warner, Mlle, à Rome.
Lefons Pasquale, Docteur, à Florence.
*Leggiadrini Charles, Chef de Bureau de Lambert et Ralli, à Alexandrie.
Lehmann-Haupt Thérese Mme, à Liverpool.
Lennan Francis Mac, à Florence.
Leonhard K., Lehramtspraktikant, à Heidelberg.
*Leroux Ernest, Éditeur, à Paris.
*Leroux Mme.
Levy Paul Mme, à Paris.
Levy Jeanne Mlle, à Paris.

Levy Suzanne Mlle, à Paris.
Lewis Agnes S. Mme, D. D. Litt. D. L. L. D. Ph. D. Castle-Brae, à Cambridge (Angleterre).
Lietzmann H., Professeur à l'Université, à Jena.
Lietzmann Mme.
Lord Dana Georges, Professeur d'archéologie à Dartmouth College, à Hanovre (Etats-Unis).
Lorentzatos Panaghis, Directeur de Gymnase à Athènes.
Luciani J. D. Mme, à Alger.
Lüders Mme, à Charlottenburg.
Luschan de Mme, à Berlin.
*Lyall Lady, à Londres.

Maas Karen Mme, à Munich.
Maas Max, Docteur, à Munich.
Maas Paul, Docteur, à Munich.
Macauliffe Max Arthur, Indian Civil Service, à Londres.
Mackinnon James, Professeur à l'Université, à Edinbourg.
Mackinnon Mme.
Mackinnon James A. R., Etudiant en droit, à Edinbourg.
Mac Lennan Francis, à Florence.
Mahaffy P. J. Mlle, à Dublin.
Mahler Ed. Mme, à Budapest.
Maidhof A., Professeur au Lycée Grec-Allemand, à Smyrne.
Malamos Const., Capitaine de vaisseau, à Athènes.
Malamos Chariclée Mme, à Athènes.
Mall Isdar.
Mann Traugott, Directeur de la Realschule allemande, à Aleppo (Syrie).
Margoliouth D. S. Mme, à Oxford.
Marielle L. Mme, à Cannes.
Martinengo-Cesaresco Evelyn, Comtesse, à Salò, Lago di Garda.

Martin-Fortris René, Secrétaire de la Commission internationale de transcription des sons chinois à Authon-du-Perche (Eure et Loir) en France.

*Martini Edgar, Professeur de littérature grecque et latine à l'Université de Leipzig.

Maship Paul, de l'Académie américaine, à Rome.

Massignon Louis, Ancien membre de l'Institut archéologique français du Caire, à Paris.

*Massignon F. Mme.

*Massignon H. Mlle.

Maury F., Professeur de langue et litterature grecque à l'Université de Montpellier.

Maximova M., à St. Pétersbourg.

*Meillet Antoine, Professeur au Collège de France, à Paris.

Melas Andromache Mme, à Athènes.

Menzel Theodore Docteur, à Odessa.

Merckens F., Königl. Baurat, à Bonn.

Metaxas Ange, au Pirée.

Michel Pacha, à Alexandrie.

*Milani Louis, Professeur à Florence.

Miller William Mme, à Rome.

Millingen Alex., Professeur du Robert College, à Constantinople.

Millingen Mme.

Millingen Mlle.

*Mitscherlich Frieda Mlle, Sculpteur, à Berlin.

Moberg Carl Axel, Professeur de langues orientales à l'Université de Lund (Suède).

Moggridge D. Mlle, à Londres.

Mohamed Abd-El-Wahad Effendi, Notable, à Tantah.

*Mohamed Farid Bey, Avocat, au Caire.

Mohamed Nabih Bey, au Caire.

Mohl Ernest, Conseiller d'Etat, à Munich.

Möller Berthold de, Candidat ès Lettres, à Berlin.
Möller Mme.
Monier Prosper Abbé, Étudiant, à Jérusalem.
Monod Adrien Madeleine, à Florence.
Montagnon Mlle, à Athènes (Nouveau Phalère).
Moore Lucie, à Rome.
Moral Mlle, à Londres W.
Moser Rudolphe, à Athènes.
Moser Mme.

Naoum Zoé Mlle, à Athènes.
Nasos Mme (née Abercromby).
Naville Edouard, Professeur à l'Université de Genève, ancien Président du Xe Congrès des Orientalistes.
Nawrath Alfred, Philologue, à Breslau.
Netoliczka Ada de, Docteur ès Lettres, à Athènes.
Netoliczka Anne, à Athènes.
Neufert Dr., Conseiller de l'Instruction Publique, à Charlottenbourg.
Neufert Mme.
Nicodème Archimandrite, Exarque du Très-Saint Sépulcre, à Athènes.
Nunzio de Mme, comtesse, à Rome.

Oeconomos N. Spyridion, Lauréat de la Faculté de Médecine, Interne à l'Hôpital Suburbain, à Montpellier.
Ohrt P. C., Adjoint, à Sorö (Danemarque).
Olympios Jean, Directeur du Gymnase, à Cydonie (Aiwaly).
Outes Félix Mme, à Buenos Ayres.

Palmer H. Walter, à Munich.
Papajannopoulos N. Mme, à Athènes.
Papazachariou Const., Directeur de l'École Commerciale à Chalki (Constantinople).

Pappoulias Dem., Professeur de Droit à l'Université Capodistrias d'Athènes.

Paraskevas S., Professeur du Gymnase, à Chalkis.

*Pargiter F. E., à Oxford.

Pâris J., Membre de l'École française, à Athènes.

Paspatis Georges, à Athènes.

Paspatis Georges Mme.

Pattée Lucie Mlle.

Paul, Métropolite du Liban.

*Peltenburg C., Directeur de la Librairie et Imprimerie E. F. Brill, à Leyde.

Perkins Mme, à Londres.

Perkins Eleonore Mlle.

Pernot Hubert, Professeur à l'École spéciale des Langues Orientales vivantes, à Paris.

Pernot Hubert Mme.

Pertz J. Anne Mme, à Cambridge (Angleterre).

Pertz J. Dorothea Mlle.

Pertz J. Florence Mlle.

Pharr Clyde, Docteur ès Lettres, Membre de l'École archéologique américaine à Athènes.

Ponten Joseph, Auteur, à Munich.

Ponten Joseph Mme.

Porget Hélène, à Paris.

Porro Jean Jacques, Dr., Membre de l'École d'Archéologie italienne à Athènes.

Protassof Sophie, à St. Pétersbourg.

Psachos C., Professeur de musique byzantine au Conservatoire d'Athènes.

Psaroudas Jean, à Athènes.

Pstross Zdenko, Docteur, à Prague.

Puntschart Paul, Professeur à l'Université de Graz.

Pusch Hermann, Professeur, à Dresde.

Pylarinos Denys, Directeur du Lycée grec «Minerva», à Galatz.

*Rabe, Professeur, à Berlin.
*Rabe Mme.
Raghab M. E., à Oxford (Queen's College).
Rallis Alexandre.
*Ranke J., Professeur d'Anthropologie à l'Université de Munich.
*Ranke J. Mme.
Reichelt Hans, Professeur à l'Université, à Czernovitz.
*Reisinger E., Docteur, à Munich.
Renkin L. Mlle, Elève de l'Ecole des Langues orientales vivantes, à Neuilly (Seine).
Renkin S., Elève de l'École du Louvre, à Neuilly (Seine).
Ridding Mlle, à Londres.
Rieseberg Mlle.
Ritchie F. A., Mlle, à Oxford.
Roberts Cutberth, à Londres.
Robertson E., à St. Andrews.
Ronzevalle Louis (Père), S. J., Professeur, Directeur des «Mélanges de la Faculté Orientale» de l'Université St Joseph, à Beyrouth.
*Ross E. D. Mme, à Calcutta.
Rostovtsew Michel, Professeur de latin à l'Université de St. Pétersbourg.
Rostovtsew Mme.
Rousselle A., Erwin, Candidat ès Lettres orientales.
Rousselle Frédéric, à Freibourg.
Rousselle Eug. Mme.
Rudnev Andrej, Docteur, Privatdozent, à St Pétersbourg.

*Sachau E., Professeur, Directeur du «Seminar für orientalische Sprachen», à Berlin.

Sachs Gustave, à Londres.
Sachs Nannie Mme, à Londres.
Saint Mathieu, à Rome.
*Salvator Louis, Archiduc d'Autriche, à S. Remo près de Trieste.
Sangriotis Emmanuel, Directeur du Gymnase à Amphissa.
Sarauw Chr., Docteur ès Lettres, à Copenhague.
Saripolos Nicolas, Professeur à l'Université Capodistrias, à Athènes.
Saroglos Pierre, à Athènes.
Sauborn Ashton, Membre de l'École américaine à Athènes.
Saucine Théophile Docteur, à Athènes.
Sawalsky W.
Scatcherd Felicia Mlle, à Athènes.
*Schiaparelli Célestin, Professeur à l'Université de Rome.
Schiff Fréderic, Etudiant à Berlin.
Schilling Gabriel, Docteur ès Lettres, assistant à l'Institut géographique de l'Université de Kolozvár (Hongrie).
Schlesinger Max, Docteur, à Berlin.
Schlesinger Mme.
Schlieman Agamemnon, à Athènes.
Schlieman Nadine Mme, à Athènes.
Schlieman Sophie Mme, à Athènes.
Schlögl Nivard P. O. Cist. Professeur à l'Université, à Vienne.
Schmidt Dum.
Schmidt Henr. Mlle.
Schmidt P. Mlle.
Schmidt Anna Mlle, à Rome.
Schmidt Valdemar, Professeur d'Égyptiologie et d'Assyriologie à l'Université de Copenhague.
*Schönfeld Ch., Professeur de Gymnase, à Winterthur (Suisse).
Schorr Moïse, Privatdozent de philologie sémitique à l'Université de Lemberg.

Schubring Anna Mme, Ancienne directrice d'Ecole, à Bonn.
Schubring Bertha Mlle.
Schultze Mathilde, à Königsberg.
Schwab Moïse, Conservateur honoraire à la Bibliothèque Nationale, à Paris.
*Schwartz Frédéric, Docteur, à Berlin.
*Schwartz Frédéric Mme.
*Schwartz Frédéric Mlle.
Serpieris L. Mme, à Athènes.
Setbon E. S., à Naples.
Sethe K. Mme à Gottingue.
Sethe K. Mlle.
Seymour Elisabeth Day Mlle, à Athènes.
Siegling Guillaume, Docteur, à Berlin.
Siegling Marie.
Simandiras Jean, Professeur à l'Université Capodistrias, à Athènes.
Simon Helène, Docteur, à Königsberg.
Skene H., à Athènes.
Skias André, Professeur à l'Université Capodistrias, à Athènes.
Skias André Mme.
Sliiper E., Professeur au Lycée d'Utrecht.
Smith Clarke, Membre de l'École Américaine de Rome.
*Smith Marion Mlle, à Londres.
*Smith Robert Guillaume, Recteur de l'Institut Royal de la Santé Publique, Professeur de Médecine et Toxicologie à l'Université Royale, à Londres.
*Smythe Richard, de l'Académie américaine, à Rome.
Snouck Hurgronje Mme, à Leyde.
Soden Hans de, baron, Privadocent à l'Université de Berlin.
Somerset F. A., à Sussex (Angleterre).
Sourdille Camille, à Bordeaux.

Soutzo Alex., Général, à Athènes.
Soutzo Alex. Mme.
Soutzo Alex. Mlle.
Staerk Willy, Professeur de Theologie à l'Université d'Jéna.
Stählin Othon, Professeur, à Wurzbourg.
Stange Charles, Recteur de l'Université de Greifswald, Professeur de Théologie.
Stange Mme.
Stcherbatsky Th. de, Professeur, à St. Pétersbourg.
Steel Daniel, à Athènes.
Steel Mme.
Steinitzer Alfred, Colonel, à Munich.
Steinmann E., Professeur, à Rome.
Stephanos Kyparissos, Professeur à l'Université Nationale, à Athènes.
Stephanos Denys, à Athènes.
Stockhäusen Edna, Baronne, à Florence.
Strauss Fréderic, Professeur, à Nuremberg.
Strauss Othon, Docteur, à Kiel.
Svoronos Jean, Directeur du Musée National Numismatique, à Athènes.

Takla Gabriel, Directeur des journaux Al Ahram et Les Pyramides, au Caire.
Täuber C., Professeur, à Zurich.
Théocharidès D., Professeur, à Merzifoun (Turquie d'Asie).
Théodoropoulos P., Directeur de Gymnase, à Athènes.
Thomas Mme, à Londres.
Thompson Maurice, à Athènes (Institut d'archéologie britannique).
Thomsen, Professeur à l'Université, à Bonn.
*Thomsen Vilh., Professeur de philologie comparée à l'Université, à Copenhague.

Thomson W. H., Professeur à Dublin (Trinity College).
Tourbina Nicolas de, Général en chef à l'État-major russe, Athènes (Nouveau-Phalère).
Traber Albert, à Vevey.
Triantaphyllos M. E., Archéologue, à Neuilly (Seine).
Tricoupis S., Avocat à Athènes.
Tricoupis Mme.
Tsakyroglou M., Docteur en Médecine. Médecin de l'Hôpital civil ottoman, Membre de la Commission sanitaire du Vilayet, à Smyrne.
Tsiboukis M., à Athènes,
Tsiboukis Mme.
Tsusi Z., Membre de l'Institut Historique de l'Université Impériale, Professeur, à Tokyo.
Tsykalas Dem., Médecin, à Alexandrie.
Tsykalas Mme.

Updine Florence.
Ure P. N., Professeur de l'University College, à Reading (Angleterre).

Valk J., van der, Recteur du Marinsc Gymnasium, à Rotterdam (Hollande).
Vasmer Max, Privatdozent à l'Université Impériale, à St Pétersbourg.
Vasmer Mme.
Villat Henri, Maître de Conférences à la Faculté des Sciences de Montpellier (La «Source», Cellneuve Hérault).
Villat Mme.
Vollgraff W. C., Professeur, à Groningue.
Vollgraff M. Mme.
Volonakis Michel, Directeur de Gymnase, à Ægion.
Vulic Nicolas, Professeur à l'Université, à Belgrade.

*Wachtler, Professeur, à Steglitz (Berlin).
Walker Serlie, Mlle, Membre de l'Ecole américaine, Athènes.
Walter Othon, Docteur, Secrétaire de l'Ecole archéologique autrichienne, à Athènes.
Walter Mme.
Wear Thomas Lula Mme, à Florence.
Wear Frieda Mme.
Webb A. T., Docteur, à Rome.
Webb Mme.
Weissbach François, Professeur à l'Université, à Leipzig.
*Westland Mildred A. Miss, à Oxford.
Wien, Professeur à l'Université de Wurzbourg.
Worrewski Agnès, Mme à Berlin.
Wulff Court, Docteur, à Copenhague.
Wulff Mme.
*Wyss Hess de Mme, à Zurich.

Ximenez Saturnino, Directeur des Archives Asiatiques, à Athènes (Nouveau - Phalère).

Young Carleton James, à Minneapolis (États - Unis).

Zarzanos Achille, Professeur de l'École Normale, à Athènes.
*Zernecke Alfred, Directeur de Gymnase, à Charlottenburg.
*Zernecke Mme.
Zésiou Const., Professeur de Gymnase, à Athènes.
Zervos Skevos, Médecin, à Athènes.
Zielinski Véronique Mme, à St Pétersbourg.

ANNEXE C

LISTE DES LIVRES DÉPOSÉS

Adyar library. Voir **Report**.
Kaiserliche Akademie der Wissenschaften (Wien). Schriften der Sprachenkommission. Band I-III. Wien 1909, 1910, 1911[1].

    Kaiserliche Akademie der Wissenschaften (Wien).
        Südarabische Expedition.

Band	Wien
I, 1,	Wien 1900
II, 2,	„ 1902
III,	„ 1902
IV, 1,	„ 1902
V, Teil 1, 3,	„ 1903
VI, 2,	„ 1905
VII, 3,	„ 1907
VIII, 1,	„ 1908
IX,	„ 1909
X, 2,	„ 1911.

    Archaeological Survey of India. Annual Report 1902—1903, 1903—1904, 1904—1905, 1905—1906, 1906—1907, 1907—1908. Calcutta. Office of the Superintendent, Government printing. India (1904, 1906, 1908, 1909, 1909, 1911).

    Archaeological Survey Northern Circle. Annual Progress Report 1909, 1910 Penjab: Economical Press.

    Archaeological Survey Eastern Circle. Annual Report 1908—1909, 1909—1910, 1910—1911. Calcutta: Bengal Secretariat Press.

    Archaeological Survey Departement. Southern Circle.

---

[1] Voir aussi *Dieterich, Kretschmer*.

Annual Progress Report 1908—1909, 1909—1910, 1910—1911. M a d r a s: Government Press.

Archaeological Survey of India. Frontier Circle. Annual Report 1908—1909, 1909—1910,1910—1911. P e s h a v a r: Government Press, North-West Frontier Province.

Archaeological Survey Burma. Report 1909, 1910, 1911. R a n g o o n: Office of the Superintendent, Government Printing, Burma.

Archaeological Surveyor. Annual Progress Report 1909, 1910. A l l a h a b a b.

Archaeology. Government of Bombay. Progress Report 1909, 1910, 1911.

B a y n e s H. The idea of god and the moral sense in the light of language by Herbert Baynes. Williams and Norgate (Henrietta Street, Covent garden), L o n d o n. 1895.

B r o w n e E. Voir **Ross Denison.**

Βυζαντινὰ Χρονικά. Τόμος 17ος, τεῦχος Α'- Δ'. (1910). Ἐν Πετρουπόλει. 1911.

B ü h l e r C. Voir **Wiener Zeitschrift.**

C a r u s P a u l The Nestorian monument. An ancient record of Christianity in China with special reference to the expedition of Frits v. Holm member of Royal Asiatic Society, London etc. etc. Edited by C h i c a g o. The open Court Publishing Company 1909.

Catalogue of Coins in the **Phayre Provincial Museum.** R a n g o o n: Office of the Superintendent, Government Printing. B u r m a 1909.

A descriptive **Catalogue** of the **Sanskrit** manuscripts etc.[1].

Vol.				
IV	Itihasa and purana: First part:	M a d r a s	1907
„ IV	Upapuranas etc.: second part	„	1908
„ V	Dharma-śastra	„	1909
„ VI	„ „ (continued)	„	1909
„ VII	„ „ „	„	1909
„ VIII	Arthaśatra, kamaśatra etc.	„	1910
„ IX	System of Indian philosophy etc.	„	1910
„ X	„ „ „ „ „ „	„	1911
„ XI	„ „ „ „ „ (continued)	„	1911

[1] 20 exemplaires de chaque volume.

Catalogue of the library of the India office. vol. II, Part. I—V, London, 1897, 1900, 1902, 1905, 1908.

Catalogue of Persian and Arabic manuscripts in the Oriental public library at Bankipore. Vol. I Persian poetry Firdausi to Hafiz: Calcutta 1908; Vol. II Persian poetry Kamâl Khujandî to Faydî. Calcutta 1910; Vol. IV Arabic medical Works. Calcutta 1910.

Cesaresco M. The place of animals in human thought by Countess Martinengo Cesaresco. T. Fischer Unwin, London; Leipzig (Inselstr. 20), 1909.

Cohen H. System der Philosophie. Dritter Teil. **Ästhetik des reinen Gefühls,** Cohen Hermann. Vol. I—II, Berlin (Bruno Cassirer) 1912.

The Conferences of Orientalists including Museums and Archaeology conferences, held at Simla, July 1911. Simla: Government central branch press 1911.

Coomaraswamy. Voir **Mediaeval.**

Danon A. Amulettes Sabatiennes par M. Danon (extrait du „Journal asiatique", Mars-April 1910, Paris. Imprimérie nationale MDCCCCX).

Dieterich K. Kaiserl. Akademie der Wissenschaften (Wien). — Schriften der Balkankommission. Linguistische Abteilung VII; **Sprache und Volksüberlieferungen der südlichen Sporaden,** von Karl Dieterich, Wien 1908.

Dihigo J. Divers traités, Tom. I—II.

Dvořak R. Bâkî's Dîwân Ghazalijjât von Dr. Rudolf Dvořak, Leiden 1911.

Dvořak R. Žalmy. Podle zásad Hebrejska metriky, podává, Dr. Rudolf Dvořak, Čast I, V Praze 1911.

Ember A. Preliminary bibliography of Paul Haupt W. W. Spence Prof. of the Semitic languages etc., compiled by A. Ember.

Endle Sidney-Anderson J. The Kacháris, by the laty rev. Sidney Endle, with an introduction by J. D. Anderson, London 1911.

Epigraphia Indica and record of the archaeological Survey of India:

Vol.   I   part.   I — VIII   Calcutta 1888-1891
 „   II   „   IX — XVI   „   1891-1894
 „   III   „   I — VIII   „   Jan. 1894-Issued 1897
 „   IV   „   I — VIII   „   Sept. 1895-Decemb. 1897
 „   V   „   I — VIII   „   Jan. 1898-Oct. 1899
 „   VI   „   I — VIII   „   Jan. 1900-Issued 1903
 „   VII   „   I — IV   „   Jan. 1902-Issued Jun. 1904
 „ VIII   „   I — VIII   „   Jan. 1905-Issued Nov. 1907
 „   IX   „   I — VIII   „   Jan. 1907-Oct. 1908
 „   X   „   I — VI   „   Jan. 1909-April 1910 [1].

Ethé Hermann. Catalogue of Persian mss. in the India office library, by Hermann Ethé. Vol. I. London 1903.

Fleet F. J. Corpus inscriptionum indicarum. Vol. III, Inscriptions of the early Gupta kings and their successors, by John Faithfull Fleet, C. I. E. Calcutta: 1888.

Forget Corpus Scriptorum Christianorum Orientalium. Scriptores Arabici. Textus series tertia Tom. XVIII, **Synaxarium Alexandrinum,** Tom. I edidit I. Forget-, Beryti-Parisiis-Lipsiae, MDCCCCXI [2].

Formichi C. Biblioteca di cultura moderna. **C. Formichi. Açvaghosa poeta del Buddismo.** Bari (Gius. Laterna e figli) 1912.

Foster W. The English factories in India 1624—1629. A Calendar of documents in the India office etc., by William Foster. Oxford 1909.

Foster W. The English factories in India 1630—1633. A calendar of documents in the India office etc., by William Foster. Oxford 1910.

Foster W. The English factories in India 1634—1636. A calendar of documents in the India office etc., by William Foster. Oxford 1911 [3].

Gibson Dunlop M. Horae semiticae. N° V, VI, VII, IX. The Commentaries of Ishôded of Merv bishof of Hadatha in Syriac and English edited and translated by

---

[1] Voir aussi *Ross Denison*.
[2] Deux exemplaires.
[3] Voir aussi *Sainsbury Brune*.

Margaret Dunlop Gibson. Vol. I Translation, Vol. II Matthew and Mark in Syriac, Vol. III Luke and John in Syriac. C a m b r i d g e. At the University Press 1911.

Giornale della Società Asiatica Italiana. Vol. ventiquattresimo 1911. F i r e n z e. 1912.

G r a n d j e a n J. Les interdictions alimentaires chez les Hebreux, par J. M. Grandjean, M o n t a u b a n 1911.

G r i e r s o n G. Linguistic Survey of India, compiled and edited, by G. A. Grierson, c. i. e. phi. D. litt. Vol. II, III, 1, 2, 3. IV, V, 1, 2. VI, VII, IX, 2, 3. C a l c u t t a.

Grundriss der Indo-Arischen Philologie und Altertumskunde, herausgegeben von H. Lüders und J. Wackernagel. II. Band. 5. Heft. S t r a s s b u r g. Verlag von Karl J. Trübner 1912.

H a u p t P. An ancient protest against the curse on eve, by Paul Haupt. Reprinted from Proceedings of the American Philosophical Society, Vol. L, No. 201, Sept. 1911 [1].

H a u p t P. The burning bysh and the origin of Judaism eve, by Paul Haupt. Reprinted from Proceedings of the rican Philosophical Society, vol. XLVIII, No. 193, 1909.

H a v e l l E. The ideals of Indian art, by E. B. Havell. L o n d o n: John Murray, Albemarle street, 1911.

Hindu and Buddhist Monument. Northern Circle. Annual Progress Report 1911.

H o l m F r i t s v. Voir **Carus Paul.**

Imperial record departement Calendar of Persian Correspondence, Vol. I, 1759—1767. C a l c u t t a 1911 [2].

The **Imperial Gazetteer of India.** The Indian empire.
Vol. I   descriptive: new edition: Oxford 1907
,,   II   historical: ,,   ,,   ,,   1908
,,   III   economic: ,,   ,,   ,,   1908
,,   IV   administrative ,,   ,,   ,,   1907

Selected examples of **Indian** art.

The India society. Report for the Jear ending December 31, 1911 with list of membres. L o n d o n 1912.

---

[1] Voir aussi *Ember*.
[2] Cinq exemplaires.

Bulletin de **l'Institut Egyptien.** Année 1880—1896, 1899—1900, 1902—1911[1].

Mémoires présentés et lus à **l'Institut Egyptien;** publiés sous les auspices de S. A. Méhémet Thewfik pacha Khédive d'Egypte. Vol. II—VII. (1889—1911). Le Caire[2].

Institut Egyptien, Séance extraordinaire du 2 Decembre 1898.

Institut Egyptien. Règlement intérieur. Le Caire 1906.

Institut Egyptien. Statuts. Le Caire 1906.

Livre d'or de **l'Institut Egyptien.** 1899, 1911. planches.

A la mémoire de Louis Pierre Mouillard, hommage de **l'Institut Egyptien.** Le Caire 15 Févr. 1912.

Der Islam. Zeitschrift für Geschichte und Kultur des islamischen Orients, herausgegeben von C. H. Becker. Band III, Heft 1—2. Strassburg 1912. Verlag von Karl J. Trübner.

K a l i m a J. **Die russischen Lehnwörter im syrjänischen.** Helsingsfors 1911.

K r e t s c h m e r P. Kaiserliche Akademie der Wissenschaften (Wien). **Schriften der Balkankommission,** linguistische Abteilung VI. **Der heutige lesbische Dialekt** von Paul Kretschmer, Wien 1905.

L é b é d e w O l g a. **Traité sur le soufisme de l'imâm érudit Abou 'l-kâsim Abd'Oul-kérîm Ibn Hawâzin el Kochâïri,** traduit par Mme Olga de Lébédew. Roma. Casa editrice italiana, 1911.

L e w i s S c h m i d t A. The old Syriac Gospels or Evangelion Da-mepharreshê, edited by Agnes Smith Lewis. London XCMX.

Lüders H. Voir **Grundriss.**

M a c a u l i f f e M. **The Sike Religion,** by M. A. Macauliffe.

M a c k i n n o n J a m e s. **A history of modern liberty.** Tom. I Introduction, origins, the Middle ages; Tom. II The age of the Reformation, Tom. III The struggle with the Stuarts. Longmanns and Co. London 1906.

---

[1] Cette publication, à cause de sa spécialité, a été déposée à la Bibliothèque de l'Institut géologique de l'Université Nationale.

[2] Idem.

Mackinnon J. The growth and decline of the French monarchy, by James Mackinnon. Longmanns and Co., London 1902.

Martin-Fortris R. Manuel international de transcription des sons de la langue mandarine, compilé conformément aux vœux du XIIme Congrès des Orientalistes par René Martin-Fortris. Paris (Imprimérie nationale) MDCCCCXI.

Mediaeval Sihhalese art., by Ananda K. Coomaraswamy D. Sc. Fellow of University College, London.

Bilderhefte der Königl. **Messbildanstalt im Ministerium der geistl. und Unterrichts-Angelegenheiten.** Heft I. Griechenland. Berlin W 56, Schinkelplatz 6. 1912.

Muhammedan and British Monuments Northern Circle. Allahabab. Government Press.

Muir W.-Weir T. The life of Mohammad from original sources, by Sir William Muir, new edition by. T. H. Weir. Edinburg 1912.

Naville E. Papyrus funéraires de la XXIme dynastie. Le papyrus hiéroglyphique de Kamara et le papyrus hiératique de Nesikhonsou au Musée du Caire, précédés d'une introduction par Edouard Naville. Paris. Ernest Leroux, éditeur 1912.

РАМСТЕДТЬ Г. І. Сравнительная фонетика монгольскаго письменнаго языка. St. Petersbourg 1908.

Perugi G. Le note tironiane di Giuseppe Ludovico Perugi. Roma 1911.

Pullé F. Studi Italiani di filologia Indo-iranica, diretti da Francesco L. Pullé. tom. I, II, III, IV, IV atlante, V, V atlante VI, VIII (deux fascicules). Firenze.

M. Rangacarya. M. A. Rao Bahad. A descriptive catalogue of the Sanskrit manuscripts of the Government Oriental manuscripts library, Madras, by the late M. Seshagiri Sastri, M. A. etc.:

Vol. I Vedic literature. First part. Madras 1901
„   „   „   second part. „ 1904
„   „   „   third part. „ 1905
„   II „   „   „ 1905
„   III Grammar, lexicogr. and prosod. „ 1906

Report. 25th Adyar library report 1911.

(Antonio Ricci) Riccardi. Il P. Matteo Ricci et la sua missione in Cina. Firenze 1910.

Opere storiche del P. Matteo Ricci, edite a cura del Comitato per le onoranze nationali etc. vol. I, 1 commentari della Cina. Macerata 1911.

Rivista degli studi orientali, pubblicata a cura dei professori della scuola orientale nella R. Università di Roma:

<pre>
Anno I,   vol. 1   Roma-(Lipsia)   1907
  „   II,   „ II,   „   „   1908-1909
  „   III,   „ III,   „   „   1910
  „   IV,   „ IV, fasc. 1-2   „   1911
</pre>

Ross Denison E (Archaeological departement of India). **Alphabetical list of the titles of Works in the Chinese Buddhist tripitaka,** prepared by E. Denison Ross. Calcutta: Superintendent Government printing, India 1910.

Ross Denison E.-Browne E. Catalogue of two **collections of Persian and Arabic manuscripts preserved in the India Office library,** by E. Denison Ross and Edw. G. Browne. London 1902.

Ross Denison E. Epigraphia Indo-Moslemica, edited by Dr. E. Denison Ross. 1907-1908. Calcutta[1].

Ross Denison E. Indian texts series. **An Arabic history of Gujarat etc.,** edited by E. Denison Ross. Vol. I. London 1910.

Новыя данныя по живой Манджурской рѣчи и шаманству. АНДРЕЙ РУДНЕВЪ. St Petersbourg 1912 (Otto Harrassowitz. Leipzig).

Матеріалы по говорамъ восточной Монголіи. АНДРЕЙ РУДНЕВЪ. St Petersbourg 1911 (Otto Harrassowitz. Leipzig).

Sainsbury Bruce E.-Foster W. The English factories in India. A calendar of the court minutes etc., of the East India company **1640-1643,** by Ethel Bruce Sainsbury with an introduction and notes by William Foster. Oxford 1909[2].

**Sainsbury Bruce E.-Foster W. The English fac-

---

[1] Complement de l' *Epigraphia Indica*.
[2] Voir aussi *Foster W*.

tories in India. A Calendar of the court minutes etc., of the East India company **1644-1649,** by Ethel Bruce Sainsbury with an introduction and notes by William Foster. Oxford 1912.

Shastri M. H. Report on the Seach for Sanskrit manuscripts 1906—1907 to 1910—1911, by Mahamahopadhyaya Haraprasad Shastri. Calcutta 1911.

Schmidt Vald. De Graesk-Aegyptiske terrakotter i ny Carlsberg Glyptotek, at Waldemar Schmidt. Copenhague 1911.

Schmidt Valdemar. Glyptothèque Ny-Carlsberg. Choix de monuments Egyptiens, 2me série, par Valdemar Schmidt. Bruxelles, Vromant et Co.

Schmidt Valdemar. Graesk-Aegyptiske statuetter thèque Ny Carlsberg à Copenhague, par Valdemar Schmidt. demar Schmidt. Copenhague 1911.

Schmidt Valdemar. Museum Münterianum. Collection de stèles Egyptiennes . . . conservées à la Glyptoog lignende i nationalmuseets antiksamling, udgivne af Val- Bruxelles, Vromant et Co., Fevr. 1910.

Schmidt Valdemar. Ny Carlsberg Glyptotek — den Aegyptiske samling, ved Valdemar Schmidt. Copenhague 1908.

Schrader O. Advance-copy. **The minor upanisads** critically edited for the Adyar library (Theosophical Society) by F. Otto Schrader, phil. D. Vol. I. **Samnyasa-upanisads.** Madras 1912.

Schwab M. Bibliographie d'Aristote, par Mse Schwab. Paris, Librairie H. Welter. MDCCCXCVI (fascicule lithographié).

Schwab M. Rapport sur les inscriptions hébraïques de la France, par M. Moïse Schwab. Paris, Imprimerie nationale MDCCCCIV.

Soutzo M. C. Ministère de l'instruction publique et des beaux-arts. **Délégation en Perse. Mémoires publiés sous la direction de M. J. de Morgan, délégué général** T. XII, **Recherches archéologiques,** 4me serie, Etude des monuments pondéraux de Suse par **M. C. Soutzo. Paris 1911.**

Suomalais-Ugrilaisen-Seuran. Aikakauskirja. Journal de la Société finno-ougrienne. Helsinki 1911.

Tawney. C.-Thomas F. Catalogue of two collections of Sanskrit manuscripts preserved in the India office library. Compiled by Charles H. Tawney and Frederic W. Thomas. London 1903.

Temple Carnac R. Indian records series. The diaries of Streynsham Master 1675-1680, edited by Sir Richard Carnac Temple T. I—II. Published for the Government of India. London 1911.

Θωμοπούλου Ἰακώβου. Πελασγικὰ, ἤτοι περὶ τῆς γλώσσης τῶν Πελασγῶν ὑπὸ Ἰακώβου Θωμοπούλου. Ἐν Ἀθήναις 1912.

Thurston E. Castes and tribes of Southern India, by Edgar Thurston assisted by K. Rangachári, Vol. I—VII. Government press. Madras 1911.

Weir T. A short history of the Hebrew text of the Old Testament, by Thomas H. Weir, B. D. Second edition. London 1907.

Wiener Zeitschrift für die Kunde des Morgenlandes, begründet von G. Bühler etc. Wien. Band I—XXV.

Zéki Ahmed. Mémoire sur les moyens propres à déterminer en Egypte une renaissance des lettres Arabes. Le Caire 1910.

Zéki Ahmed. L'aviation chez les Musulmans, par le Prof. Ahmed Zéki pacha. Le Caire 1912.

Zéki Ahmed. Safadi. Dictionnaire biographique des aveugles illustres de l'Orient. Notice bibliographique et analytique par le Prof. Ahmed Zéki pacha. Le Caire 1911.

ANNEXE D

THÉATRE ROYAL

SOIRÉE DE GALA

EN L'HONNEUR DES MEMBRES

DU XVIᴱ CONGRÈS DES ORIENTALISTES

ET DES DÉLÉGUÉS

AU 75ᴹᴱ ANNIVERSAIRE DE L'UNIVERSITÉ

D'ATHÈNES

PREMIÈRE PARTIE

ŒDIPE ROI

DE SOPHOCLE

TRADUCTION GRECQUE MODERNE DE M. A. VLACHOS

DISTRIBUTION

Oedipe	Ed. Fürst
Prêtre	S. Chantas
Creon	Eug. Delenardos
Coryphées du Chœur	E. Moustakas D. Terzakis
Tiresias	D. Tavoularis
Iocaste	Rosalie Nica
1er messager	An. Nica
2me messager	N. Miliadès
Un suivant	S. Savvas

Musique d'Edmond Membrée.

Chef d'orchestre Georges Sclavos.

SECONDE PARTIE

Tableau vivant :

"LA GRÈCE ANCIENNE ET MODERNE,,

Avec le gracieux concours des Demoiselles

Amira, Antonopoulo, Versis, Gennadis, Zacharitsa, Lambros, Levidis, Lycourezos, Louriotis, Naoum, Nicolaïdès, Papahadji, Petsalis, Hager.

Pendant la durée du tableau de la Grèce ancienne l'orchestre jouera « l'Hymne d'Apollon » orchestré par M^r Th. Polycrate, et pendant la durée du tableau de la Grèce nouvelle « Le pont d'Arta », chanson populaire tirée du recueil de Mr Psachos et arrangée pour orchestre par Mr Sclavos.

ANNEXE E

L'APRÈS-MIDI MUSICALE DU "PARNASSE„

ALLOCUTION DE M. S. C. SAKELLAROPOULOS

PRÉSIDENT DE LA SOCIÉTÉ LITTÉRAIRE LE PARNASSE

AVANT LE CONCERT DONNÉ PAR LE PARNASSE

Messieurs les Délégués au Jubilé de l'Université,
Messieurs les Délégués au Congrès des Orientalistes,
Messieurs les Congressistes,
Mesdames,

J'ai eu déjà l'honneur de concert avec mes collègues de l'Université de vous saluer en ma qualité de Doyen de la Faculté des Lettres. Je réitère aujourd'hui de tout cœur mon salut comme Président du Cercle litteraire „Le Parnasse„.

Notre Société n'est pas un corps savant; c'est une Association dont le but est de favoriser les lettres et les beaux-arts et qui à fondé des écoles fréquentées le soir par un millier d'enfants pauvres à qui le travail journalier ne permet pas de suivre les leçons des écoles publiques.

Mais c'est dans les traditions de notre Cercle de s'honorer en donnant quelques moments d'hospitalité cordiale aux savants de tout pays de passage à Athènes. Aussi est-il heureux aujourd'hui de vous voir réunis sous son toit, vous qui représentez tout ce qu'il y a de grand et de noble dans la vie humaine, la science et la recherche de la vérité.

Notre concert a surtout le but de vous donner une idée de quelques mélodies nationales et de vous faire entendre quelques compositions grecques. C'est le cœur grec qui parlera par la musique, comme il parle dans ce moment par ma voix. Soyez les bien venus, Messieurs.

FÊTES JUBILAIRES
DE L'UNIVERSITÉ NATIONALE DE GRÈCE
ET DU XVIe CONGRÈS DES ORIENTALISTES

SOCIÉTÉ LITTÉRAIRE LE "PARNASSE"

APRÈS-MIDI MUSICALE

MERCREDI, le 28 Mars/10 Avril 1912, 6 p m.

PROGRAMME

Allocution du président de la Société,
M. le Professeur SAKELLAROPOULOS

1. a. **Andante du Quintette** . . . . GOLDMARK
   Quintette Hellénique: MM. M. **Calomiris** (piano), G. **Choraphas** (I violon), M. **Casasis** (II violon), Ph. **Œconomidis** (alto), R. **Geudenberger** (violoncello) Professeurs du Conservatoire.

2. a. *Ὁ Γέρω - Δῆμος* . . . . CARRER
   b. *Τῆς κοπέλλας τὸ νερὸ* . . . . SAMARA
   Chant Mlle **Coromila**.

3. a. **Tristan et Iseult** (La mort d'Iseult) . . . WAGNER - LISZT
   b. **Prélude** . . . . RACHMANINOFF
   Piano Mlle **Raphaël**.

4. a. **Fabliau** . . . . PALADILHE
   b. *Τὰ φιλιὰ* . . . . LAMBELET
   c. **Chansons populaires grecques**
   Chant Mme **Monferratos**.

5. a. **Intermezzo du Quintette en re mineur.** . M. KALOMIRIS
   Quintette Hellénique.

6. a. **Chanson du papillon** . . . . CAMPRA
   b. **Manon** . . . . MASSENET
   c. *Ἡ ἀνθοστεφάνωτη* . . . . LAMBELET
   Chant Mme **Phocas**, Professeur du Conservatoire.

Toilette de promenade.

ANNEXE F
SUPPLEMENT

RÉSUMÉ DE LA COMMUNICATION
DE M. LE PROFESSEUR
PAUL KRETSCHMER

(Voir page 50)

Redner giebt der Ansicht Ausdruck, daß allgemeinere Vortragsthemata mit rein praktischen Gesichtspunkten den Zwecken eines wissenschaftlichen Kongresses am meisten entsprechen, und hat daher zum Gegenstand seiner zwanglosen Ausführungen die Entwicklung der indogermanischen Sprachwissenschaft gewählt.

Wir können in der noch nicht ein volles Jahrhundert umfassenden Geschichte dieser Disziplin, wenn wir ihre Methode in den Vordergrund stellen, drei Perioden unterscheiden. Die I., die Redner als die komparative bezeichnen möchte, ist die Epoche, in der nach Entdeckung der indogermanischen Sprachverwandtschaft von Bopp, Rask, F. Grimm, Pott u. a. das Gebäude einer vergleichenden Grammatik der indogermanischen Sprachen aufgerichtet wurde. Die komparative Methode beherrschte damals so ausschließlich alle Aufmerksamkeit der Indogermanisten, daß auf ihre Thätigkeit selbst eines Wilhelm von Humboldt Forschungen über das Wesen der Sprache wenig Einfluß übten.

Erst als alle nächstliegenden Folgerungen aus der Sprachvergleichung gezogen waren, kam man auf diese Grundfragen der Sprachwissenschaft zurück. Die Debatte um die Ausnahmslosigkeit der Lautgesetze führte zu einer neuen Feststellung der Prinzipien der Linguistik überhaupt. Es wurde der psychische Charakter der sprachlichen Vorgänge erkannt, und die psychologische Methode der Sprachwissenschaft trat neben die komparative und gab dieser II. Periode das Gepräge, die wir daher als die psychologische bezeichnen können. In der I. Periode hatte von den einzelnen Teilen der Grammatik die Flexionslehre im Vordergrund des Interesses gestanden; das war noch eine Erbschaft aus dem 18. Jahrhundert. In der II. Periode trat neben der Flexionslehre die Lautlehre stark hervor: sie wurde durch die Untersuchungen der Natur des Lautwandels auf eine neue Grundlage gestellt. Die Entdeckung, dass Griechisch und Lateinisch im Vokalismus das Sanskrit an Altertümlichkeit übertreffen, führte zur «Entthronung des Sanskrits» und zu einer Verschiebung des Schwergewichts innerhalb der Indogermanischen Grammatik vom Altindischen auf die klassischen Sprachen.

Hatte in der I. Periode das Sanskrit als das Idiom, das durch seine Altertümlichkeit zur Entdeckung der Verwandtschaft der indogermanischen Sprachen geführt hatte, eine dominirende Stellung eingenommen, so traten nunmehr die klassischen Sprachen in den Vordergrund. In der griechischen und lateinischen Grammatik hatte aber die Abneigung der klassischen Philologen gegen die Sprachvergleichung die Folge gehabt, daß hier die philologische Methode nicht genügend zur Geltung gekommen war, und eine philologische Revision, Ergänzung und Vertiefung der bisherigen sprachwissenschaftlichen Ergebnisse war daher hier das dringendste Erfordernis. So bildete sich im letzten Jahrzehnt des 19. Jahrhunderts eine philologische Richtung in der Sprachwissenschaft aus, die heute so dominirt, dass wir von einer philologischen Periode dieser Disziplin sprechen dürfen. Die komparative Methode erscheint dagegen etwas zurückgedrängt. Der eminent philologische Betrieb und die dabei entstehende Schwierigkeit oder gar Unmöglichkeit, mit gleicher philologischer Intensität viele Sprachen auf einmal zu beherrschen, hat einen gewissen Spezialismus zur notwendigen Folge, und es bedarf organisatorischer Maßregeln, wenn die indogermanische Sprachwissenschaft ein übersichtliches Ganze bleiben und auch die vergleichende Methode ihr Recht behalten soll.

Der Vortragende erörterte hier die Wichtigkeit von Bibliographien und Litteraturberichten, von Handbüchern und anderen zusammenfassenden Werken namentlich für den jetzt besonders schwierig gewordenen Universitätsunterricht, auch die Frage sprachwissenschaftlicher Kongresse. Er besprach ferner den Plan eines Thesaurus der griechischen Sprache, den er wegen der schwer aufzubringenden großen Kosten vorschlug auf einen nur die ältere Gräzität in der Periode der Dialekte, also bis Alexander, umfassenden Thesaurus linguae graecae antiquissimae zu beschränken. — Zum Schluß berührte er die mutmaßliche zukünftige Entwicklung der indogermanischen Sprachwissenschaft. Deutlich ist das stärkere Hervortreten der Syntax, die bisher etwas zurückgesetzt der Forschung umsomehr Neuland bietet und die größte Ausbeute verspricht. Die Etymologie, die in allen Perioden blühte, entwickelt sich zur Wortgeschichte. Die fortschreitende Erforschung der nichtindogermanischen Sprachen (Redner gedachte hier der Verdienste des zu früh verstorbenen F. N. Finck) dürfte nicht ohne Einfluß auch auf die indogermanische Wissenschaft bleiben, und aus der grammatischen Betrachtung der sprachlichen Vorgänge wird sich hoffentlich eine wahrhaft sprachgeschichtliche Auffassung entwickeln.

RÉSUMÉ DE LA COMMUNICATION
DE M. HERBERT BAYNES

(Voir page 50)

Our alphabet came to us from the mother of cities with Roman civilisation, but the Romans were not its inventors. It came to Rome from Cumae, where, for the first time, it appears in almost its present form. To this once flourishing city it was brought from Greece, but the Greeks had received it in another form from the Phoenicians, and some scholars hold that it came to Phoenicia from Egypt.

The word alphabetum is used by Tertullian and St.

Jerome, and Juvenal speaks of the A. B. C. of Roman girls as an alphabet. And, although we do not find the noun ἀλφάβητος in old times, a Greek comedian named Philyllius, who lived about 392 B. C., makes use of the privative compound adjective ἀναλφάβητος in the sense of a man who does not know the first two letters.

Herodotus tells us that the Phoenicians who came with Cadmus (B. C. 1257) as they brought other knowledge into Greece, so they likewise introduced letters, which, it seemed to him, were not in Greece before. Indeed at one time the word φοινικίζειν was used in the sense of ἀναγιγνώσκειν, to read. But the best proof of the borrowing by the Greeks is found in the names of the letters themselves, which are not Aryan but Semetic. And just as the Tell-el-Amarna Tablets have shown that the Cuneiform Script was the means of communication between the dwellers in Mesopotamia and those in the valley of the Nile, so the Greek alphabet shows that in very early times there was considerable intercourse between Semites and Aryans.

At different times in the world's history both Babylonia and Egypt held sway over those parts of Asia to which the Phoenicians had access and would be likely to visit, and this fact has led Assyrian scholars to look to Mesopotamia as the home of letters, whilst those whose studies have been mostly Egyptian have found it in Egypt.

The oldest forms of Semitic letters with which we are acquainted are the Phoenician characters of the Moabite Stone, the date of which is about 900 B. C. The next question is, therefore, to find out alike the form, the name and the meaning of these letters.

The first is called Aleph, meaning an Ox, and is represented thus ∆, a form in which one can still trace an ox's head with horns and ears.

The second is Bêth, a House, and by its form ⟁ we can see at least the roof and one side of such an object.

Both in form and name it is not difficult to recognise in Gîmel the Camel: ⟋ at all events the head and neck.

Dâleth is Door; Hê a Lattice or Window; Vâv a Hook

or Tent-Peg; Zani a Weapon: Chêth an Enclosure; Têth a Snake; Yôd a Hand; Kaph also a Hand; Lâmed an Ox-goad; Mêm means Water, and Nûn a Fish; Sâmek is a Prop; Ain an Eye; Pê a mouth; Tsâdhê a Fish-hook; Kôph the back of the Head; Rêsh also means Head but mostly likely a profile only. S'hîn is a Tooth and Tâv a Cross.

The letters all having a resemblance to the meaning of their names it is clear that the alphabet is derived from pictures by gradual deterioration and simplification. By savage tribes all over the world as well as by children of the civilised who cannot speak, the medium of communication used is picture-writing and gesture-language, which may be described as the two sides of the same mental curve. The pictures first formed in the air would soon come to be cut into the rock, the bones of a reindeer or the bark of a tree. Nay more; amongst the Redskins the tone-artist made use of precisely the same means to represent his compositions, so that both ideas and musik were first expressed pictorially.

Having traced the letters of the Alphabet to a Semitic original we have to ask: Were the ideograms invented by the Phoenicians or did they borrow them from the hieroglyphics of Egypt? Now it seems to me that there is no need to go to Egypt for an explanation. Picture-writing has been found not only in China but also in Babylonia as well as Egypt. And if, as M. Renan held, the Phoenicians were the first to leave the cradle of the Semitic race, somewhere in Mesopotamia, they would probably take with them the hieroglyphs used by the Akkadians.

The real difficulty is to find out why the beginning of the alphabet should denote objects implying a pastoral life, the middle a fisherman's or sea-faring occupation, and the end various parts of the body.

On the whole I am inclined to think that the Phoenicians began with the Ox, the Tent and the Camel because these objects were the most familiar and really represented their wealth; that when they became a sea-faring and commercial people they added the signs for Sea and Fish, and ended by introducing parts of the human frame as being intelligible not only to themselves but to all with whom they might come into contact.

RÉSUMÉ DE LA COMMUNICATION
DE M. LE DOCTEUR N. BEES

Περί τινων ἑλληνοεβραϊκῶν ἐλεγείων Κερκύρας

(A ajouter à la fin de la page 73)

Ὁ Δ^ρ Νῖκος Α. Βέης ἀποδεικνύει, ὅτι αἱ ἐν τῷ Ε΄ τόμῳ τῆς Ἐπετηρίδος τοῦ Φιλολογικοῦ Συλλόγου Παρνασσοῦ (σελ. 157 ἡ κ.ἑ.) δημοσιευθεῖσαι ἐλεγεῖαι, αἱ ἐν ἑλληνικῇ μὲν γλώσσῃ συντεταγμέναι, δι' ἑβραϊκῶν δὲ γραμμάτων παραδεδομέναι, δὲν εἶνε ἄλλο τι εἰμὴ ἀπάνθισμα καὶ σταχυολογία ἐκ δημοτικῶν ἑλληνικῶν μοιρολογίων καὶ ἐξ ἑλληνικῶν δημοτικῶν ᾀσμάτων τῶν λεγομένων τῆς ξενιτειᾶς.

INDEX ALPHABÉTIQUE
DES NOMS PROPRES

(Exceptées les pages 189-234)

Adamantiou Ad. 16, 150, 161.
Alexandris Ap. 5, 24, 180.
Amira Mlle 237.
Andersen Dines 99, 104.
Antonopoulo Mlle 237.

Bailey Graham 52.
Balanos Nic. 44.
Ballini Ambroise 94.
Basset René 117.
Baynes Herbert 50, 247.
Bees N. 73, 154, 157, 165, 250.
Beckh Hermann 101, 103.
Bekker C. 115.
Bevan 121.
Bezold Charles 35, 71, 74, 76, 86.
Bezzenberger Adalbert 34, 48, 49, 51, 54, 177, 185.
Blagden O. C. 36, 106, 111, 183.
Blum Gustave 145.
Boisack Emile 52.
Bolidès Thémistocle 17, 163.
Boll F. 44.
Boni 181.
Boréas Théophile 73, 74.
Boutouras A. 171, 174.
Boyer Paul 181.
Brill E. J. 16.
Budde Charles 35.

Callimachos D. 152, 170.
Caftandjoglou Jean 16.
Carolidès Paul 5.
Chamonard Joseph 15 n.
Chavannes Ed. 21 n., 36, 42, 106, 109, 111, 112, 177, 178.
Christensen Arthur 104.
Clay Albert 66.
Clemen C. 35, 64.
Colasanti 181.
Collignon Max. 21, 29.
Coiyvas Alexis 17.
Constantin, Prince Royal de Grèce 5, 15, 22, 23, 185.
Coromila Mlle 242.
Coucoulès Phédon 37, 156, 167.
Czebe Jules 146.

Dalleggio André 13.
Danon A. 52, 114, 170.
David Emmanuel 141.
Davids Rhys 35, 94, 95, 98, 99, 101, 103, 177, 178, 185 n.
Davies Witton T. 60.
Dawkins R. M. 6.
Delbrück Berthold 21, 30.
Decavalla N. 34, 169.
Deny Jean 120.
Diehl Charles 37, 146, 147, 154.

Dihigo J. Michel 128, 177.
Dörpfeld Guillaume 6.
Driver J. R. 80.
Dugas Charles 15 n.
Dvôrák Rodolphe 118.

Ehrhard A. 159.
Erráruriz Urmeneta R. 37, 128, 129, 177.
Euringer Seb. 62.
Eyser Jean 56, 103, 104.

Fischer Aug. 121, 178.
Fokker Abr. 36, 106, 109, 110.
Forget J. 114.
Formichi Charles 93, 94.
Fortris. Voir Martin.
Fouad pacha 177, 178.
Franke Othon 108, 109.

Galanos Dém. 95, 96, 182.
Geiger 182.
Gennadis Mlle 237.
Giannelia 181.
Goldziher Ignace 36, 113, 115, 116, 120, 121, 177, 178, 185 n.
Goudas Michel 154, 157, 165.
Grimme H. 81, 113.
Gubernatis Ange de, 34, 41, 44, 47, 107, 131, 177, 185.
Guidi Ignace 178.
Gulick Burton Charles 6.

Hadjidakis George 6, 37, 56, 166, 167, 177, 184.
Hager Mlle 237.
Hakin G. 35.
Harrassowitz Othon 16.

Haupt Paul 35, 58, 61, 63, 64, 65, 70, 72, 74, 84, 86, 177, 178, 185 n.
Heisenberg Auguste 45, 148, 150, 156.
Hess J. J. 47, 120.
Hesseling D. C. 37, 146, 147, 152, 155, 157.
Hikmet Ahmet bey 119.
Hill Hodge B. 6.
Hillebrandt A. 87, 94, 100.
Holm Frits von 19 n.
Hommel Fritz 69, 76.
Homolle Théophile 6.
Hopkins Washburn E. 53.
Hultzsch Eugène 94, 101.
Hurgronje Snouck 36, 115, 119, 121, 177, 178, 185 n.
Hyvernat H. 157.

Jacobidès George 16.
Jastrow Morris J^r 67, 71.
Jerphanion G. de 47.
Johns C. H. W. 69.
Jolly J. 100.

Kambouroglou Dém. 37, 167, 177.
Karo Georges 6, 86 n.
Kees Hermann 36, 123.
Kittel Rodolphe 64.
Kougéas S. 37, 146, 149, 152, 166.
Kretschmer Paul 50, 245.
Kugler 181.
Kuhn Ernest 17, 18, 35, 95, 98, 101, 103, 177, 178, 182, 185 n.

Lambrakis Christo 13.
Lambros Mlle 237.

Lambros Spyridion 5, 15, 17, 20, 28, 37, 73 n., 146, 177, 178, 180 ss., 185.
Lébédew Olga 116.
Lehmann-Haupt 62, 77, 80, 86, 134.
Lemmens H. 113, 117.
Léonardos Basile 6.
Leroux Ernest 16.
Levidis Mlle 237.
Lewis Mme 64.
Lidén Ewald 50.
Loewy 181.
Lorentzatos P. 37, 166, 173, 177.
Louriotis Mlle 237.
Lüders Henri 94, 95, 99, 104.
Luschan Félix von 42.
Luzac et Cie 16.
Lyall Charles 19.
Lycourezos Mlle 237.

Maas Paul 37, 79, 146, 149, 161.
Macdonell Arthur 95, 99.
Mahaffy Jean 21, 32, 133.
Mahler Edouard 124, 125, 183.
Margoliouth David 36, 116.
Mariani L. 15, 181.
Martin-Fortris 42, 107, 110, 111.
Massignon Louis 36, 117, 118.
Matsas Zaph. 5.
Mistruzzi Aurèle 15.
Monferratos Mme
Monpherratos André 151, 154.

Naoum Mlle 237.
Nassef Hafni bey 119.
Naville Edouard 36, 123, 124, 177, 178.

Nicolaïdès Mlle 237.
Nowack Guillaume 74, 76, 79, 80.

Oldenbourg S. 178.
Olympios Jean 141.
Oppenheim baron de 86 n.
Orlandos An. 15.
Othonéos Nic. 14.
Outes Félix 37, 128.

Papahadji Mlle 237.
Papajannopoulos Nic. 6, 70.
Pappoulias Dém. 137.
Pargiter F. F. 104 n.
Pâris J. 128.
Paspatis Alexandre 96, 97, 182.
Paspatis George 182 n.
Pavolini P. E. 17, 95, 96, 97, 177.
Pernier Louis 6, 143.
Pernot Hubert 45, 151, 152.
Petsalis Mlles 237.
Phocas Mme 242.
Politis Nicolas 6, 147, 152, 154, 155, 159, 183.
Polycrate Th. 237.
Premerstein Antoine de 6.
Probsthain et Cie 16.
Psachos Constantin 46, 241.
Pullé L. François 13, 87, 186.

Raphael Mlle 242.
Rapson Edouard 95.
Reichelt Hans 55.
Reisch Emile 37, 130, 133, 143, 177.
Ricci (Conrad) 181.
Ronzevalle Louis 113, 120, 167.

Rudnev André 36, 108.
Rhys. Voir Davids.

Sachs Gustave 71.
Sakandary Cheyk 113, 117.
Sakellaropoulos S. 15, 241.
Salaville S. 180.
Sangriotis Emm. 143.
Scatcherd Felicia 123 n.
Schliemann Sophie 15.
Schlögl Nivard 48.
Schmidt Valdemar 58, 59, 124, 125, 126, 183.
Schober Arnold 37.
Schorr Moïse 35, 70, 71.
Schrader Othon 99, 103.
Schwab Moïse 85.
Schwyzer Edouard 51.
Sethe Court 124.
Sode 181.
Stählin Othon 150.
Strauss Othon 35.
Supka Géza 113.

Takakusu Juneyro 109.

Théocharidès D. T. 173.
Thomas F. W. 36, 98, 99, 101, 103.
Thumb Albert 184.
Torp Alf 50.
Tsountas Christos 6.
Tsusi 109.

Urmeneta. Voir Errázuriz.
Ussani Vincent 132.

Vasmer Max 55, 161.
Vassiliou Constantin 154.
Versis Mlle 237.

White Laura 123 n.
Wulff K. 36, 106.

Zacharitsa Mlle 237.
Zarzanos Achille 172.
Zéki Ahmet pacha 41, 115, 117, 121, 148, 183.
Zervos Skevos 69, 82.
Zésiou Constantin 175, 176.
Zimmern H. 66, 71, 79.

ERRATA

				au lieu de	lire
Page	17	ligne	20	M. F.	M.
»	19	»	23	Gharles	Charles
»	»	»	28	empéchée	empêchée
»	»	»	»	malenteudu	malentendu
»	20	»	36	replca	replica
»	»	»	39	stading	standing
»	23	»	14	pans	dans
»	35	»	12	Clément	Clemen
»	36	»	»	Thomes	Thomas
»	37	»	6	Felix	Félix
»	42	»	»	anologies	analogies
»	43	»	1	immigrès	immigrés
»	»	»	2	recents	récents
»	44	»	5	heros	héros
»	45	»	24	weisst	weist
»	47	»	5	Compte	Comte
»	52	»	26	explorer	explorer
»	57	»	18	läst	lässt
»	63	»	12	welcher	daher
»	76	»	16	begiunt	beginnt
»	85	»	19	einen	einem
»	90	»	5	ad all'	e dall'
»	91	»	4	viene ac-	come si
»	»	»	29	stesca	stessa
»	101	»	24	Guerson	Grierson
»	109	»	33	Canditae	Candidate
»	110	»	11	tought	taught
»	»	»	12	phoneties	phonetics
»	»	»	18	Javonese	Javanese
»	111	»	11	phonetie	phonetic
»	113	»	28	Gésa	Géza
»	116	»	17	Lebedew	Lébédew
»	120	»	8	Dény	Deny
»	123	»	18	conjuctions	conjunctions
»	128	»	3	D. Pâris	J. Pâris
»	»	»	10	communication	communications
»	»	»	16 et 18	Errazuriz	Errázuriz

TABLE DES MATIÈRES

	page
Première partie. Historique du Congrès	3
Deuxième partie. Procès-verbaux des séances	39

    Séances plénières p. 41. — Section Ire p. 48. — Sections IIe et VIIe réunies p. 58. — Section IIIe p. 87. — Section V^e p. 105. — Section VIe p. 106. — Section V^e et VIe réunies p. 106. — Section VIIIe p. 113. — Section IXe p. 123. — Section X^e p. 128. — Section XI^a p. 130. — Section XI^b p. 146. — Section XI^c p. 166. — Séances de la Présidence et des Délégués p. 177. — Séance de clôture p. 180.

Troisième partie. Annexes	189

    Annexe A. Liste des Délégués officiels au Congrès p. 189. — **Annexe B.** Liste des Membres à titre privé et des Dames accompagnantes p. 204. — **Annexe C.** Liste des livres déposés p. 225. — **Annexe D.** Programme de la Soirée de gala au Théâtre Royal p. 235. — **Annexe E.** L'après-midi musicale au Parnasse p. 239. — **Annexe F.** Supplement p. 243.

Index alphabétique des noms propres	249
Errata	253

GRAVURES INSÉRÉES DANS LE TEXTE

Carte de Congressiste	12
Le tableau vivant de l'Erechthéion	14
L'insigne du Congrès	15
Le Parthénon	22
L'Aula de l'Université Nationale	33
L'Académie	49
La Bibliothèque Nationale	59
Démétrios Galanos	96
Alexandre Paspatis	97

ILLUSTRATIONS HORS TEXTE

L'Université Nationale	2
Le Monument Nestorien de Peilin	20

www.ingramcontent.com/pod-product-compliance
Lightning Source LLC
Chambersburg PA
CBHW050335170426
43200CB00009BA/1608